반갑습니다!

마인크래프트에서는 상상할 수 있는 모든 것을 만들 수 있습니다.
기발한 아이디어가 담긴 이 책을 통해 자신의 창의력을
마음껏 발휘해 보세요. 150개의 미니 프로젝트를 설계하고, 구현하고,
개조하는 방법에 대한 팁들을 이 책에 담았습니다.
이 책을 읽고 나면 블록들을 더 창의적으로 다룰 수 있을 것입니다.
화면 옆에 책을 세워 놓고, 소재를 찾아 책장을 넘기면서,
만들기 시작하세요!

책을 세우는 방법

1. 앞표지를 넘기세요

2. 구멍을 통해서 단추를 끼우세요

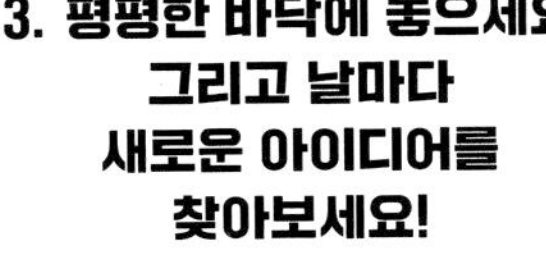

3. 평평한 바닥에 놓으세요. 그리고 날마다 새로운 아이디어를 찾아보세요!

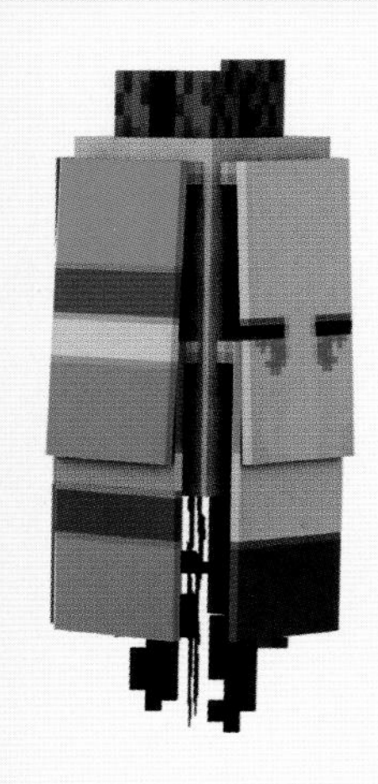

안전하게 인터넷 이용하기

온라인에서 게임을 플레이하거나, 동영상을 시청하거나,
다른 사람들과 대화할 때에는 다음 수칙을 꼭 지키세요.

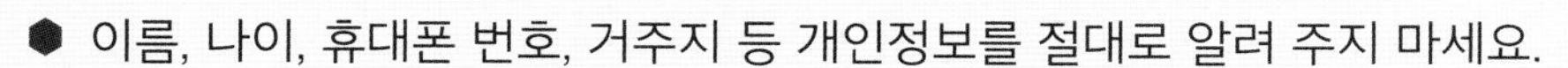

- 이름, 나이, 휴대폰 번호, 거주지 등 개인정보를 절대로 알려 주지 마세요.

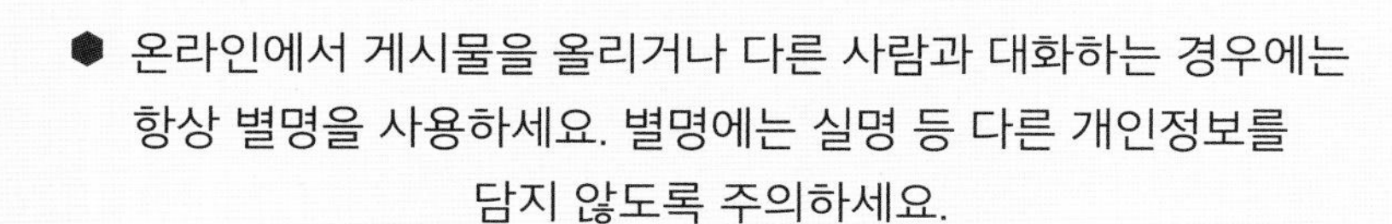

- 온라인에서 게시물을 올리거나 다른 사람과 대화하는 경우에는 항상 별명을 사용하세요. 별명에는 실명 등 다른 개인정보를 담지 않도록 주의하세요.

- 다니는 학교의 이름이나 위치를 누구에게도 알려 주지 마세요.
- 부모님이나 보호자를 제외한 다른 사람에게는 비밀번호나 로그인 정보를 공유하지 마세요.
- 자신이 나온 사진은 누구에게도 보내지 마세요.
- 회원가입을 하고 싶다면 반드시 부모님이나 보호자로부터 허락을 받으세요. 대부분의 웹사이트에서는 만 14세부터 회원가입이 가능합니다.

- 온라인에서 걱정되는 일이나 불쾌한 일이 생기면 꼭 부모님이나 선생님께 알려주세요.

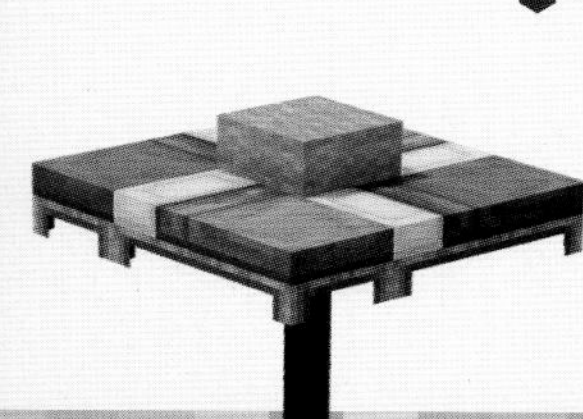

핵심 정리

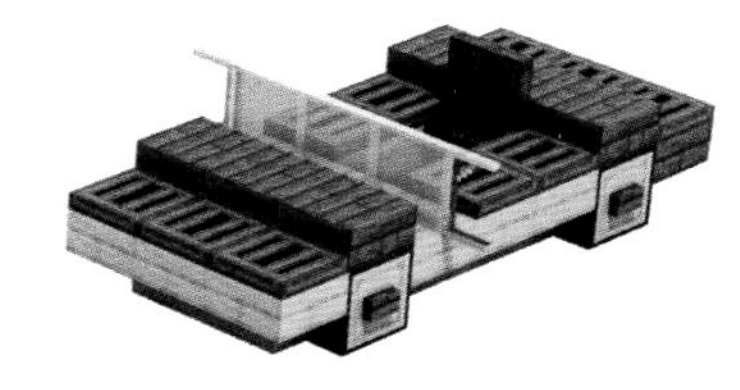

멋진 건축물을 만드는 방법을 알아봅시다!

게임 모드 선택하기

건축에는 크리에이티브 모드가 적합합니다. 날 수 있고, 죽지 않고, 모든 블록을 꺼내 쓸 수 있습니다. 도전하기를 좋아한다면 서바이벌 모드를 해 보세요. 도구를 제작하고, 자원을 채굴하고, 적대적인 몹을 경계하면서 건축해야 합니다.

소재 찾기

이 책에는 소재로 활용할 수 있는 150가지 건축물이 실려 있지만, 소재는 다른 곳에서도 얼마든지 찾을 수 있습니다. 집에서 키우는 반려동물이나 꿈에 그리던 침실을 만들어 보는 것은 어떨까요? 상상력을 마음껏 발휘하세요!

블록 고르기

크리에이티브 모드에서는 제작 메뉴를 열고, 돋보기를 선택하고, 원하는 블록의 이름을 입력하기만 하면 블록을 얻을 수 있습니다. 이 책에서 블록들을 활용하는 수많은 아이디어를 찾아보세요.

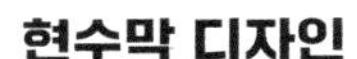

현수막 디자인

자신만의 현수막을 만들려면 먼저 땅에 베틀을 설치하세요. 꾸미려는 현수막과 염료를 추가하고, 제일 마음에 드는 디자인을 결정하세요. 다양한 디자인 중에서 선택할 수 있습니다.

명당 찾기

첫 번째 블록을 설치하기에 앞서, 건축하기에 적합한 장소를 찾아야 합니다. 좋아하는 생물 군계를 고르고, 대규모 건축을 하는 경우에는 충분한 공간도 확보하세요!

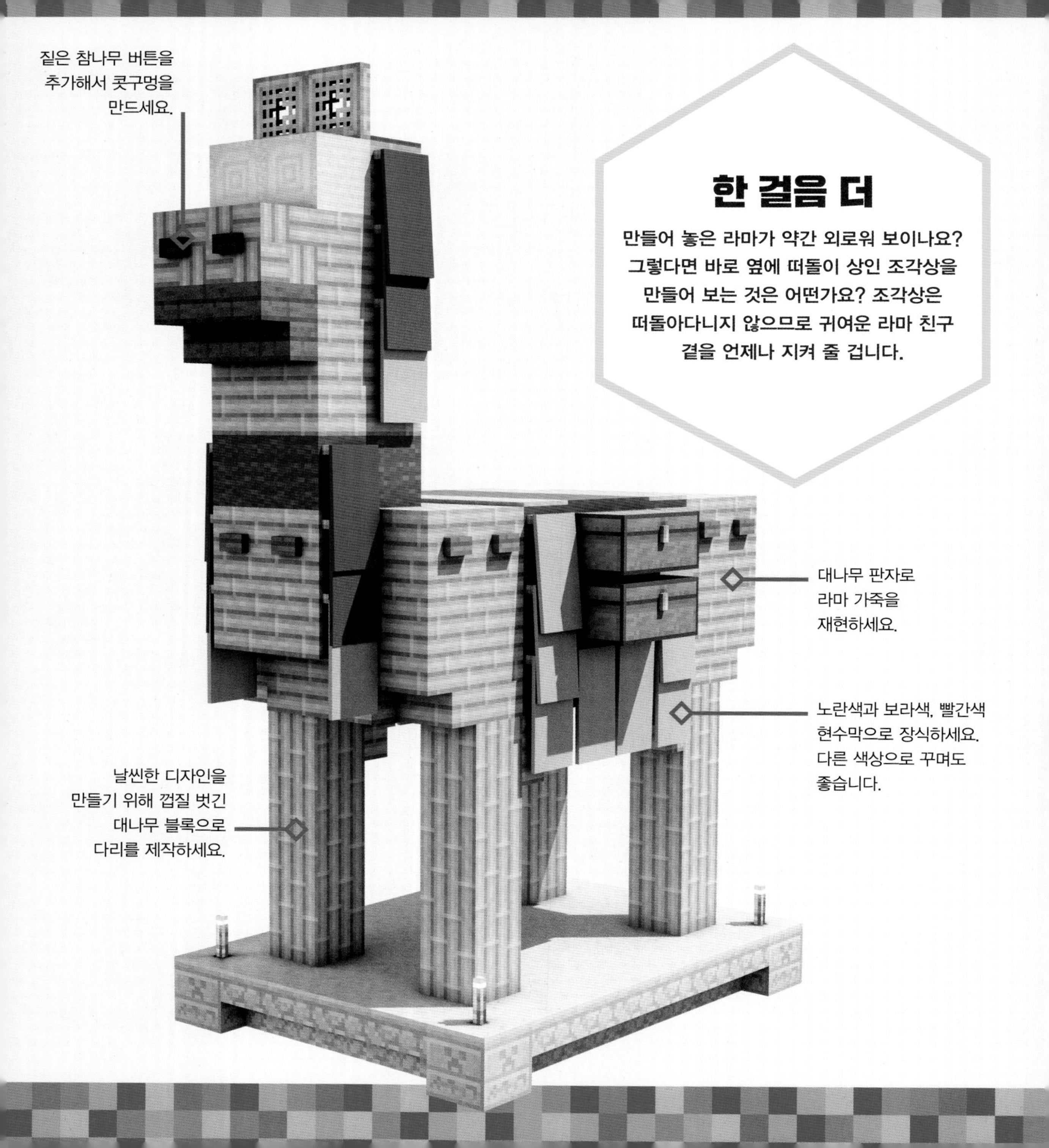
짙은 참나무 버튼을
추가해서 콧구멍을
만드세요.
한 걸음 더
만들어 놓은 라마가 약간 외로워 보이나요? 그렇다면 바로 옆에 떠돌이 상인 조각상을 만들어 보는 것은 어떤가요? 조각상은 떠돌아다니지 않으므로 귀여운 라마 친구 곁을 언제나 지켜 줄 겁니다.
대나무 판자로
라마 가죽을
재현하세요.
노란색과 보라색, 빨간색
현수막으로 장식하세요.
다른 색상으로 꾸며도
좋습니다.
날씬한 디자인을
만들기 위해 껍질 벗긴
대나무 블록으로
다리를 제작하세요.

1

라마 조각상

라마 조각상은 인상적으로 생겼을 뿐만 아니라, 좋아하는 아이템들을 편리하게 보관할 수 있는 상자도 갖추고 있습니다. 결정적으로 입 부분에 폭포만 안 만든다면 라마가 뱉은 침에 맞을 위험 없이 놀 수 있습니다!

건축 팁

수영장의 수심은 원하는 대로 만들어도 되고, 바다와 연결해도 됩니다. 폐광을 파지 않도록 주의하세요. 폐광까지 파면 물이 모두 쏟아져 나올 수 있습니다!

자홍색 양탄자로 아이싱을 올린 도넛 모양의 물놀이용 튜브를 만드세요.

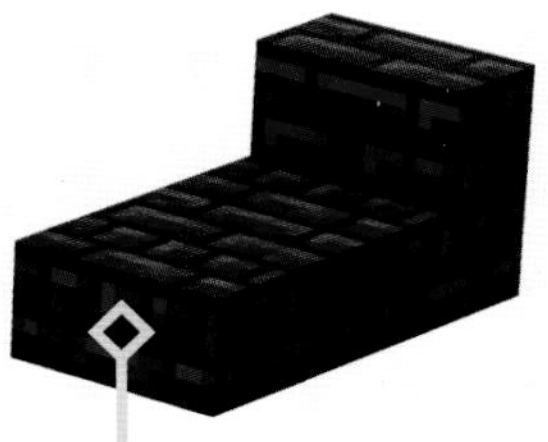

붉은 네더 벽돌 계단 및 반 블록을 사용해서 간단한 일광욕 의자를 제작하세요.

다양한 색상의 침대로 멋진 무늬를 만드세요.

파라솔

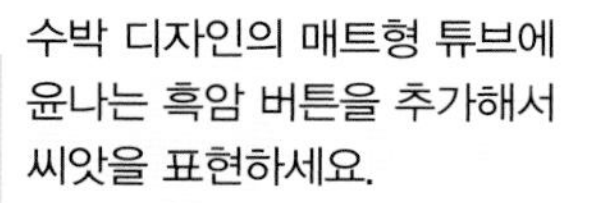

수박 디자인의 매트형 튜브에 윤나는 흑암 버튼을 추가해서 씨앗을 표현하세요.

아카시아나무 다락문으로 커다란 부리를 만드세요.

분홍색 양털 블록 밑에 벚나무 울타리 블록을 설치해서 플라밍고의 기다란 목을 표현하세요.

플라밍고 튜브

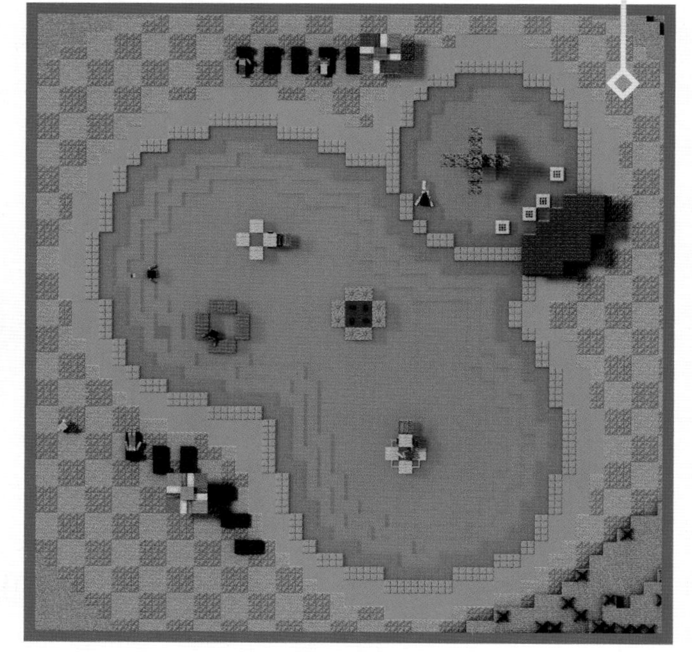

서로 대비되는 두 가지 색상을 사용해서 체크무늬 타일을 만드세요.

위에서 본 모습

수영장 파티

마인크래프트의 바다에서는 파티를 열지 마세요. 드라운드가 득시글거리거든요! 대신에 낭만적인 수영장을 만들어 보세요. 여름철 친구들과 함께 담소를 나누기에 더할 나위 없이 좋은 곳이 될 겁니다. 어서 수영장으로 뛰어들어 물놀이를 시작하세요!

건축 팁

먼저 승선원이 지낼 선실을 만드세요. 포근한 침대를 비롯해서 배에 필요한 것들을 모두 배치할 수 있도록 선실 내부를 충분히 크게 만드세요.

벚나무 울타리 블록으로 대각선을 만들어서 돛대 꼭대기와 선두를 연결하는 밧줄을 표현하세요.

옆면

양털로 화려한 줄무늬를 만들어서 돛을 제작하세요. 수시로 정면으로 가서 줄무늬가 제대로 만들어졌는지 확인하세요.

앞면

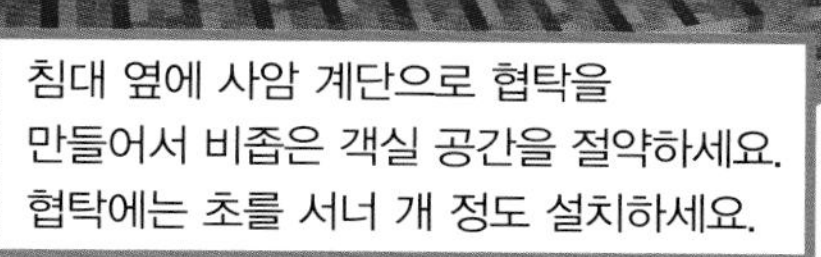

침대 옆에 사암 계단으로 협탁을 만들어서 비좁은 객실 공간을 절약하세요. 협탁에는 초를 서너 개 정도 설치하세요.

3

항해 중인 배

모두들 출항할 준비됐나요? 마인크래프트의 바다를 화려하게 물들이러 무지갯빛 돛을 단 배를 물에 띄워 봅시다. 벚나무 판자로 갑판을 만들고 객실을 화려하게 꾸며서 활기가 넘치는 배를 만드세요. 그런 다음 같이 항해할 친구들을 초대하세요!

건축 팁

이번 건축물처럼 기다란 건물을 지을 때에는 기초부터 시작해서 한 번에 한 층씩 쌓으세요. 이러면 오르락내리락하지 않아도 됩니다.

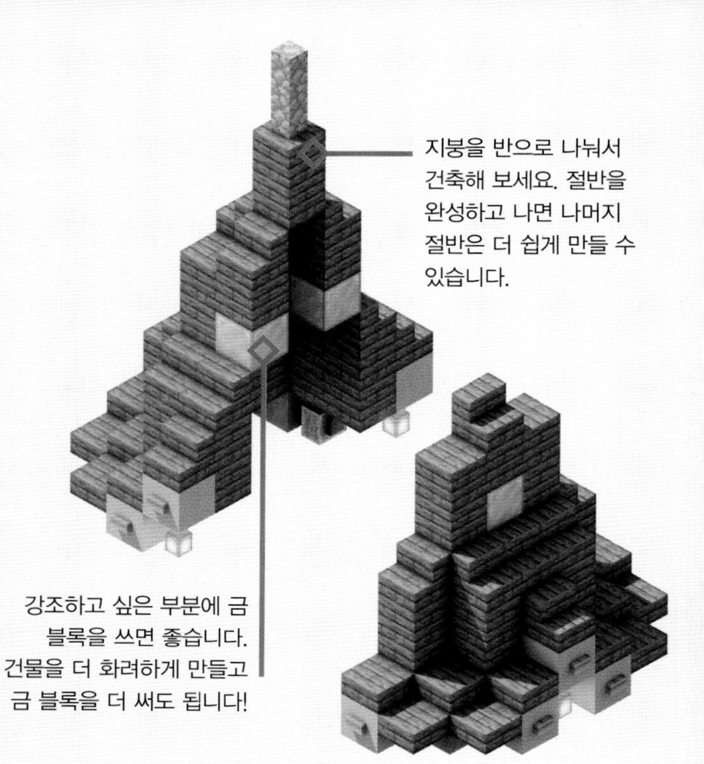

지붕을 반으로 나눠서 건축해 보세요. 절반을 완성하고 나면 나머지 절반은 더 쉽게 만들 수 있습니다.

강조하고 싶은 부분에 금 블록을 쓰면 좋습니다. 건물을 더 화려하게 만들고 금 블록을 더 써도 됩니다!

입구 주위에 프리즈머린 담장을 설치하세요. 밝은 청록색이 신비로운 분위기를 더해 줍니다.

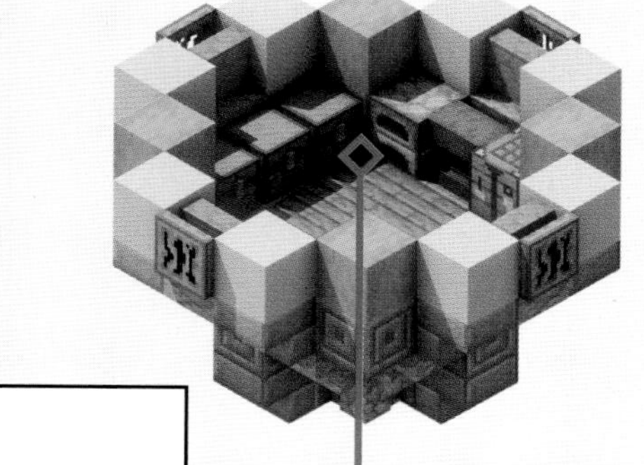

제작대, 화로, 상자 등 마법사에게 필요한 도구들을 추가하세요. 물약을 양조할 수 있도록 양조기를 꼭 설치하세요!

추천 블록

석재 벽돌

석재 벽돌 계단

뒤틀린 계단

조각된 석재 벽돌

마법사의 집

마법사가 차를 마시러 온다고요? 그렇다면 마법사가 당신을 개구리로 만들어 버리지 않도록 마법사에게 어울리는 집을 지으세요! 다행히도 멋진 건물을 만들기 위해서 마력이 필요하지는 않습니다. 마인크래프트에 관한 지식만 있으면 됩니다.

금고 문에 4중 잠금장치가 달린 것처럼 보이도록 밀랍칠한 구리 블록을 중심으로 피뢰침을 설치하세요.

바꿔 보세요

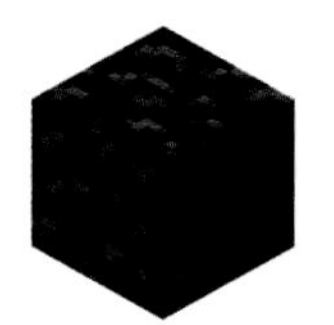
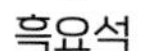
흑요석

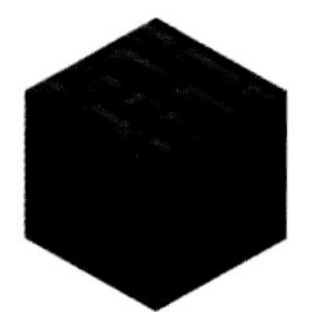
네더 벽돌

분홍색 양털

금 블록을 쌓고 아이템 액자를 추가해서 금 주괴를 만드세요. 누가 봐도 귀중한 보물이 생겼네요!

레버와 엔드 막대기로 현실적인 조명 기구를 만드세요.

회색 셜커 상자로 벽을 만들어서 매우 튼튼한 벽을 표현하세요.

바다 랜턴으로 빛나는 바닥을 만들고 그 위에 회색 색유리 블록을 한 겹 덮으세요.

5

금고

마인크래프트에서 귀중품을 안전하게 보관하기 위해서라면 아무리 조심해도 지나치지 않습니다. 도둑들이 범접할 수 없는 금고를 건축해서 도둑질은 꿈도 꿀 수 없게 만들어 보세요.

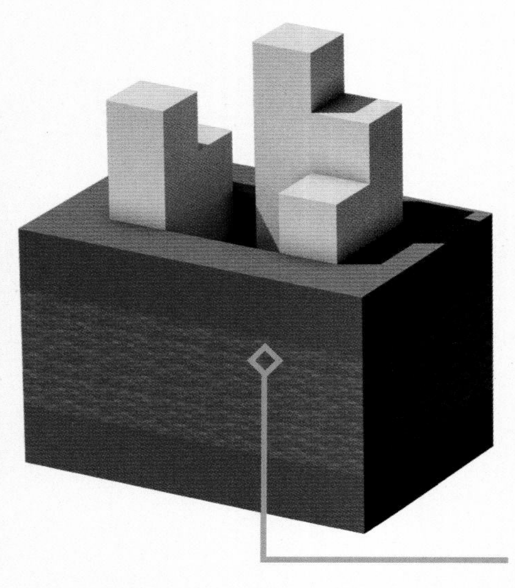

한 걸음 더

마인크래프트에서도 소스를 추가할 수 있습니다! 머스터드소스를 만들었다면, 이번에는 붉은 네더 벽돌 반 블록으로 케첩을 추가하거나, 석영 반 블록으로 마요네즈를 추가해 보세요. 그런 다음 빨간색 콘크리트를 사용해서 예쁘고 신선한 토마토 조각을 만들어 보세요!

빨간색 콘크리트와 빨간색 양털을 사용해서 상자를 만드세요. 그런 다음 노란색 콘크리트로 감자튀김을 만드세요.

사암 반 블록으로 머스터드소스를 만드세요. 아마도 맛있을 겁니다.

먼저 노란색 콘크리트로 바닥에 빵을 만들고, 이 위에 빨간색 콘크리트를 추가해서 소시지를 만드세요. 그런 다음 핫도그 주위에 빵 옆면을 만드세요.

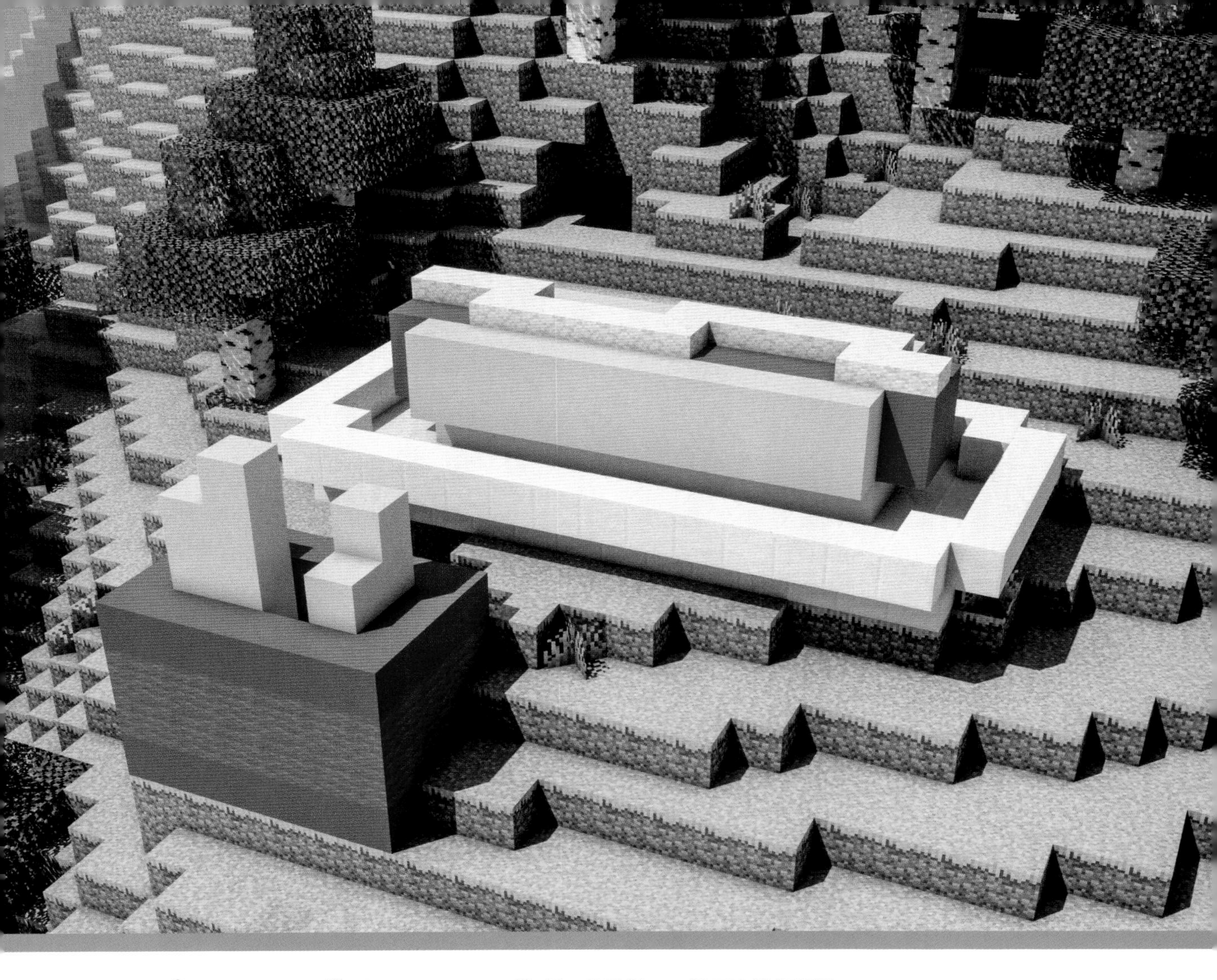

6

핫도그와 감자튀김

빠르게 만들 수 있는 패스트푸드를 좋아하시나요? 맛있게 생긴 건축물을 지어서 핫도그와 감자튀김을 즐겨 보세요. 배가 고플 때는 짓지 마세요. 더 배고파질 테니까요!

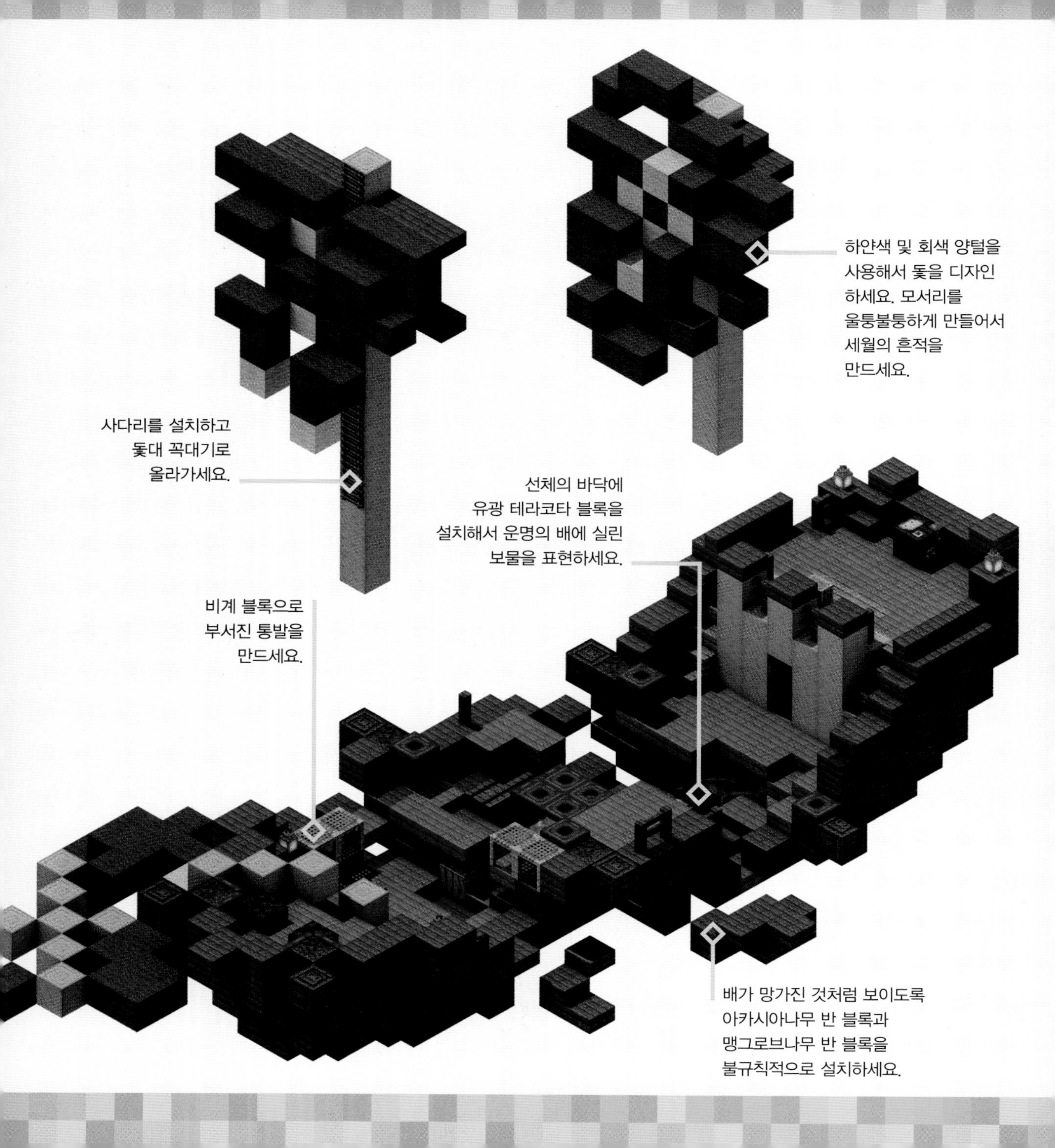
하얀색 및 회색 양털을
사용해서 돛을 디자인
하세요. 모서리를
울퉁불퉁하게 만들어서
세월의 흔적을
만드세요.
사다리를 설치하고
돛대 꼭대기로
올라가세요.
선체의 바닥에
유광 테라코타 블록을
설치해서 운명의 배에 실린
보물을 표현하세요.
비계 블록으로
부서진 통발을
만드세요.
배가 망가진 것처럼 보이도록
아카시아나무 반 블록과
맹그로브나무 반 블록을
불규칙적으로 설치하세요.

난파된 해적선

가엽게도 몇몇 해적들은 마인크래프트에도 뜨지 못하는 배가 있다는 사실을 몰랐나 봐요! 깊은 바닷속으로 잠수해서 나무 블록을 꺼내 들고, 해적들의 위험천만한 여행 이야기를 담은 해적선을 만들어 보세요. 선실에는 해적들이 가지고 다녔을 보물들을 숨겨 놓으세요.

추천 블록

짙은 참나무 반 블록

분홍색 초

가마솥

대나무 등 자연스럽게 생긴 블록으로 기둥을 만드세요.

곳곳에 포자 꽃을 추가하세요. 포자 꽃에서는 초록색 입자가 흩날립니다.

바닥에 잔디 블록 몇 개를 설치해서 분홍 꽃잎을 키우세요.

이 블록은 나무처럼 생겼지만, 실제로는 벌집입니다!

무성한 거실

실내에서도 야외의 정취를 느낄 수 있으면 좋지 않을까요? 발상의 전환을 해 보세요! 마인크래프트에서 좋아하는 풀과 꽃을 가져와서 정원처럼 아름다운 공간을 직접 만들어 보세요. 그러면 언제 비가 내려도 이상하지 않을 실내가 완성될 거예요!

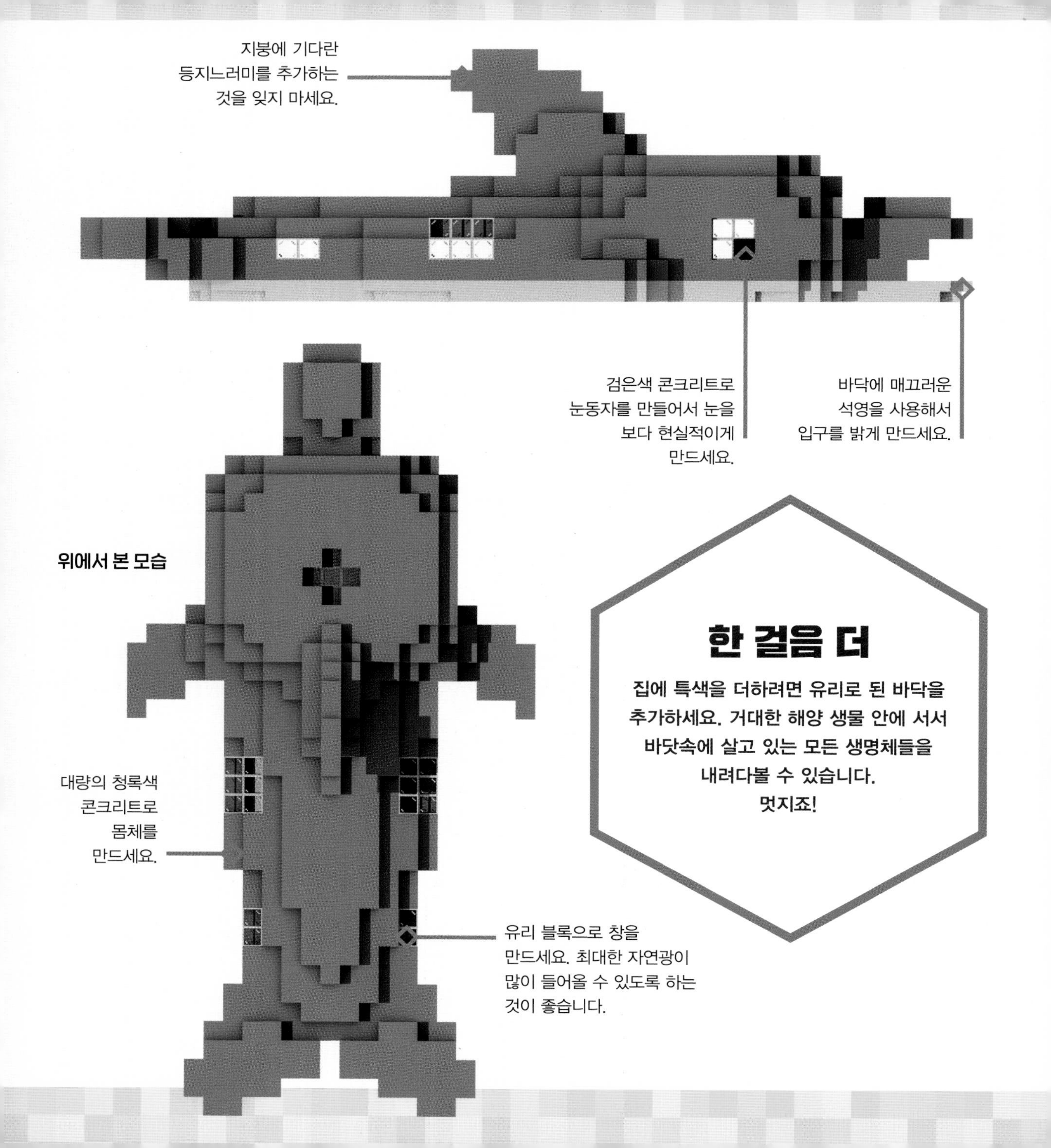

한 걸음 더

집에 특색을 더하려면 유리로 된 바닥을 추가하세요. 거대한 해양 생물 안에 서서 바닷속에 살고 있는 모든 생명체들을 내려다볼 수 있습니다. 멋지죠!

돌고래 집

귀여운 돌고래 모양의 집에서 사는 것은 바다에서의 생활을 즐기는 좋은 방법입니다. 돌고래의 입에 있는 현관문에서 바로 수영하러 가거나, 지느러미에서 다이빙을 하거나, 아니면 그냥 등에 누워 있거나 숨구멍 옆에서 일광욕을 즐겨 보세요.

회백색 양털 블록을 계단 형태로 설치해서 빨대를 만드세요. 줄무늬를 만들고 싶다면 서로 다른 색상을 번갈아 사용하세요.

건축 팁

각 컵의 바닥은 색유리 블록 8개로 만듭니다. 처음 설치한 블록을 바닥으로 정하고, 맛있는 음료수가 완성될 때까지 점진적으로 바깥을 향해서 유리 블록을 넓혀 가세요.

무엇을 마시는 것인지 볼 수 있도록 하얀색 색유리를 사용해서 컵을 만드세요.

버블티의 펄은 다양한 색상으로 표현할 수 있습니다. 음료수의 나머지 부분에 비해서 눈에 띄는 색깔이기만 하면 됩니다.

바꿔 보세요

노란색 콘크리트 가루

자수정 블록

푸른얼음

버블티

제작은 금세 갈증이 생기는 작업입니다. 맛있는 버블티를 만드는 작업을 하고 있다면 더더욱이요! 현실에서 펄이 가득한 버블티를 마시고 싶다는 생각 없이 버블티를 제작하기란 꽤 어려울 거예요. 분명히 경고했어요…

기다란 사슬과 양조기, 숫돌 블록을 사용해서 도르래를 표현하세요.

집에 어울리도록 폭이 좁고 높이가 긴 창문을 만드세요.

인도에서 몇 블록 밑에 차도를 만들어서 집이 조금 더 커 보이게 만드세요.

창문 뒤에 빛나는 블록을 설치하세요. 이렇게 하면 예쁘고 화사한 조명을 만들 수 있습니다.

추천 블록

매끄러운 석영 반 블록

진흙 벽돌

자작나무 다락문

심층암 조약돌

네덜란드식 타운하우스

마인크래프트에서 가꾸는 마을을 대대적으로 업그레이드해 보세요. 드높은 타운하우스가 빼곡히 들어서서 아름다운 풍경을 이루고 있는 거리를 만들어 보세요. 다양한 색상의 블록들을 사용하여 한 채 한 채를 독특하게 제작하고, 제일 살고 싶은 집을 골라 보세요.

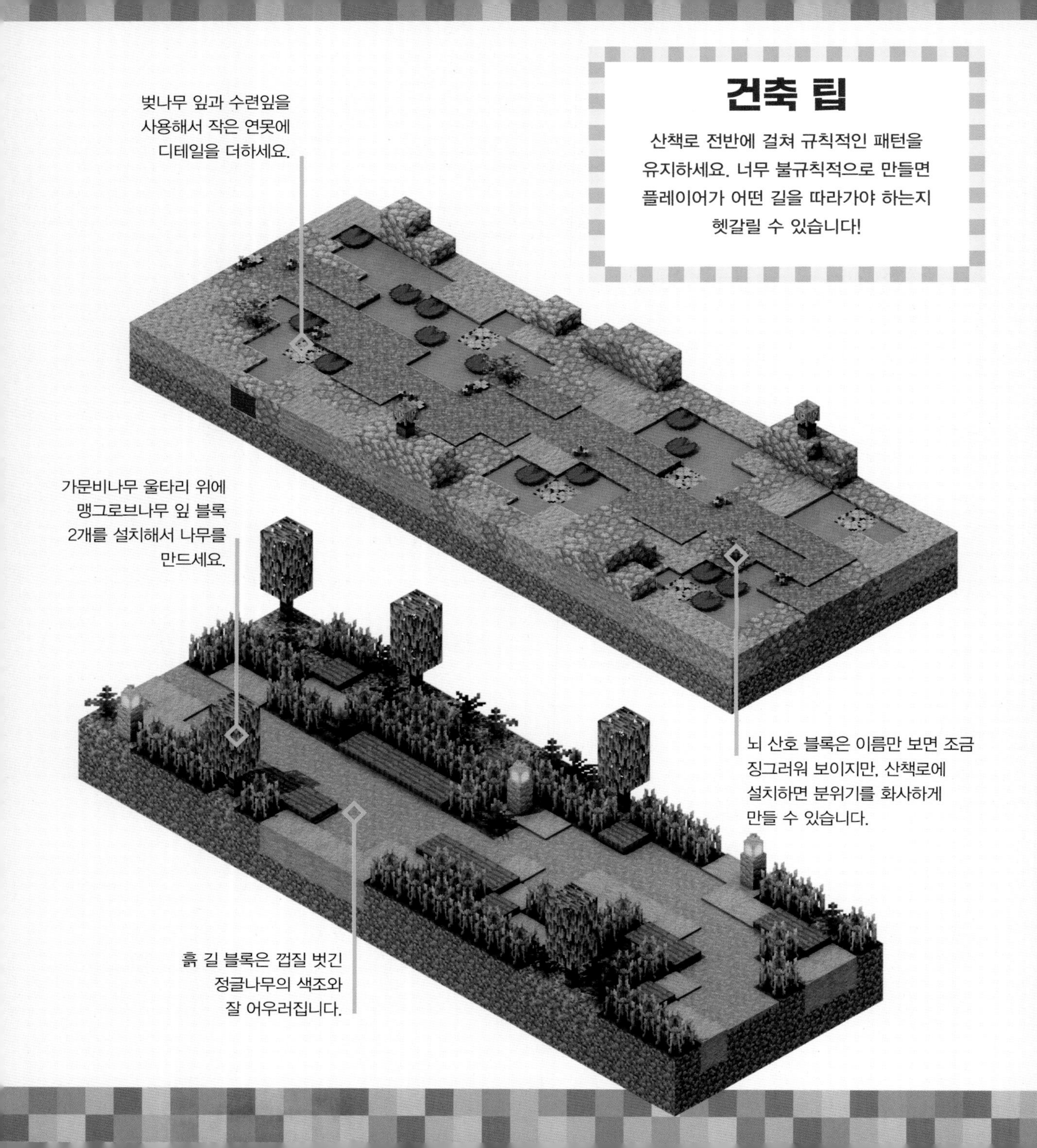
건축 팁
산책로 전반에 걸쳐 규칙적인 패턴을 유지하세요. 너무 불규칙적으로 만들면 플레이어가 어떤 길을 따라가야 하는지 헷갈릴 수 있습니다!
벚나무 잎과 수련잎을 사용해서 작은 연못에 디테일을 더하세요.
가문비나무 울타리 위에 맹그로브나무 잎 블록 2개를 설치해서 나무를 만드세요.
뇌 산호 블록은 이름만 보면 조금 징그러워 보이지만, 산책로에 설치하면 분위기를 화사하게 만들 수 있습니다.
흙 길 블록은 껍질 벗긴 정글나무의 색조와 잘 어우러집니다.

12

걷고 싶은 거리

밀밭 사이로 난 길을 따라 여유롭게 산책을 하고 싶나요? 아니면 연못가를 살금살금 걷고 싶나요? 자신의 마음에 쏙 드는 산책로를 조성해서 발이 즐거운 걸음을 걸어 보세요.

건축 팁

이 동굴의 무서운 정도는
눈을 어떻게 만드느냐에 달려 있습니다.
동굴 입구에 환대하는 분위기를 조성하고
싶다면 색다른 모양과 표현 방법을
가지고서 실험해 보세요.

이곳에서는 주로 돌을 사용해서 만들었습니다. 하지만 다른 블록을 써도 됩니다. 폭신한 양털 동굴은 어떤가요?

우는 흑요석으로 눈을 만들어서 소름 끼치는 시선을 동굴에 만드세요.

건축물을 처음부터 만들기보다는, 산을 찾고 블록을 제거해서 동굴을 만드세요.

으스스한 동굴

당신이 얼마나 많은 동굴 입구를 들여다봤을지는 모르겠지만, 플레이어를 들여다보는 동굴은 본 적이 없으시겠죠? 정말로 용감한 모험가가 아니라면 이 동굴을 보고서 다들 까무러칠 거예요. 무시무시한 동굴을 만들고 감히 들어오는 자가 누구인지 지켜보세요!

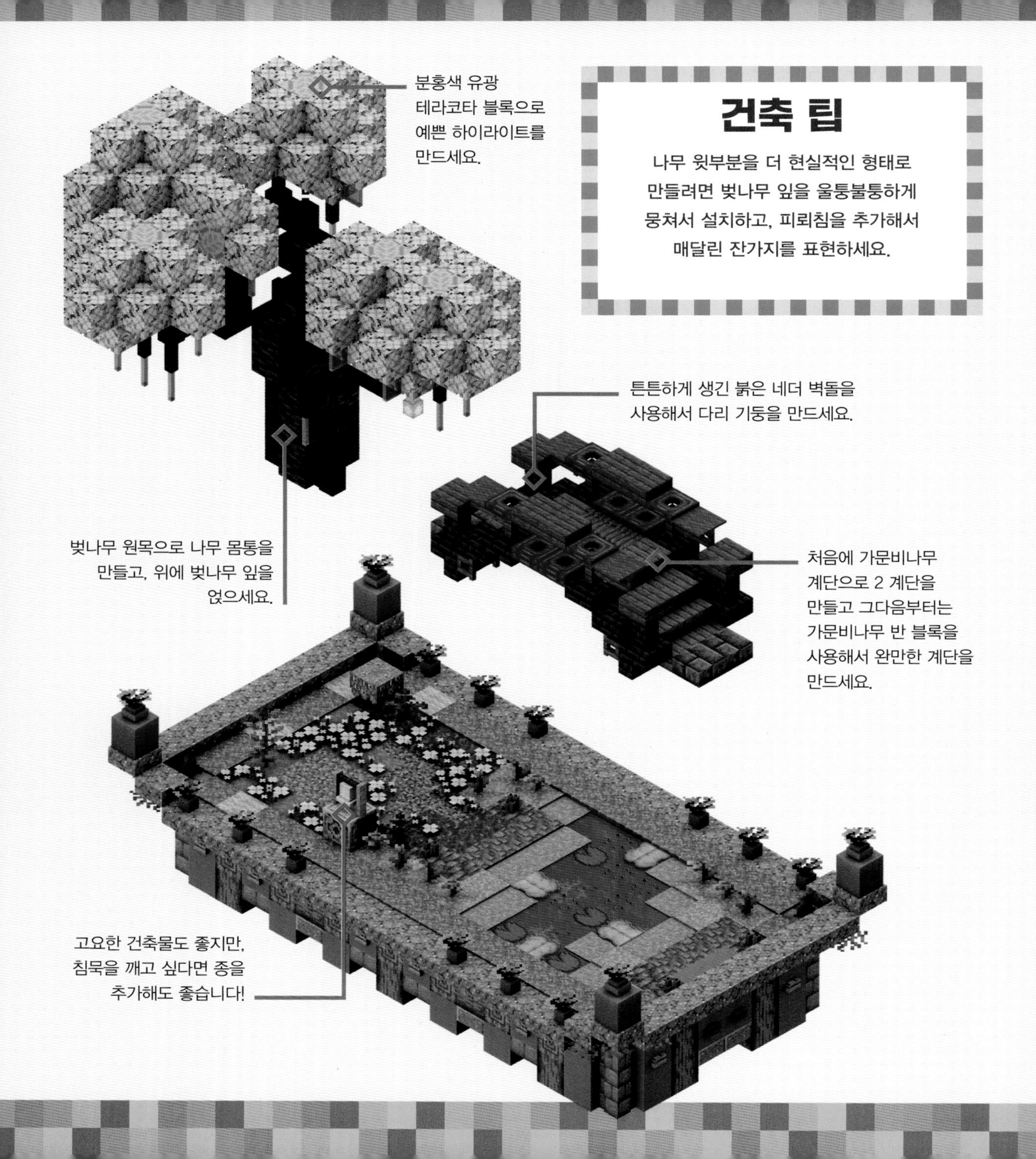

건축 팁

나무 윗부분을 더 현실적인 형태로 만들려면 벚나무 잎을 울퉁불퉁하게 뭉쳐서 설치하고, 피뢰침을 추가해서 매달린 잔가지를 표현하세요.

14

고요한 은신처

몬스터들을 피하고 팬텀에게서 달아나느라 지치셨나요?
이럴 때 필요한 것이 바로 느긋한 휴식입니다. 평온하고 꽃들이
만개한 정원에서 휴식을 취해 보세요. 다른 방해를 받고 싶지 않다면
은신처의 위치는 비밀로 부쳐 두세요.

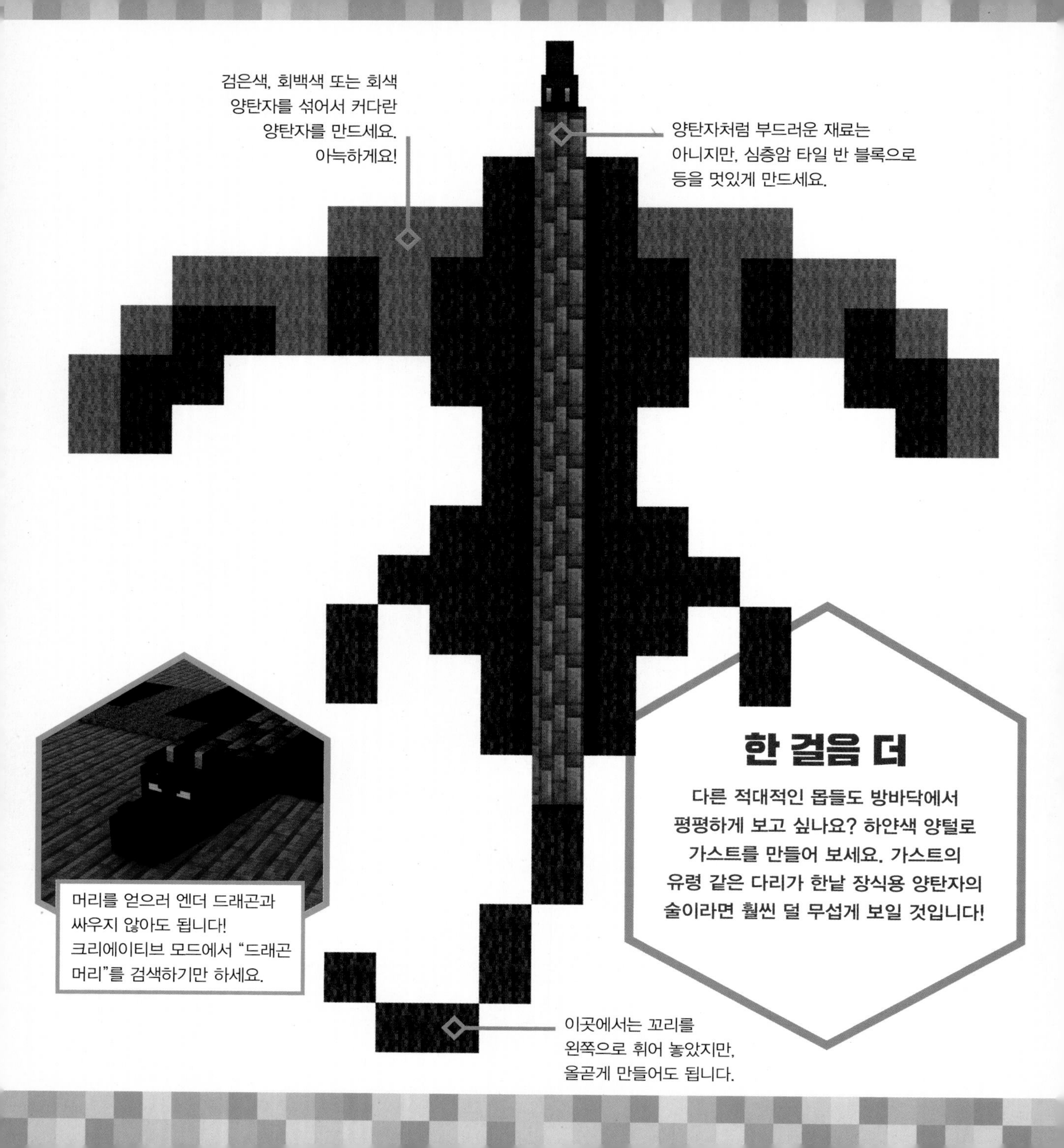

한 걸음 더

다른 적대적인 몹들도 방바닥에서 평평하게 보고 싶나요? 하얀색 양털로 가스트를 만들어 보세요. 가스트의 유령 같은 다리가 한낱 장식용 양탄자의 술이라면 훨씬 덜 무섭게 보일 것입니다!

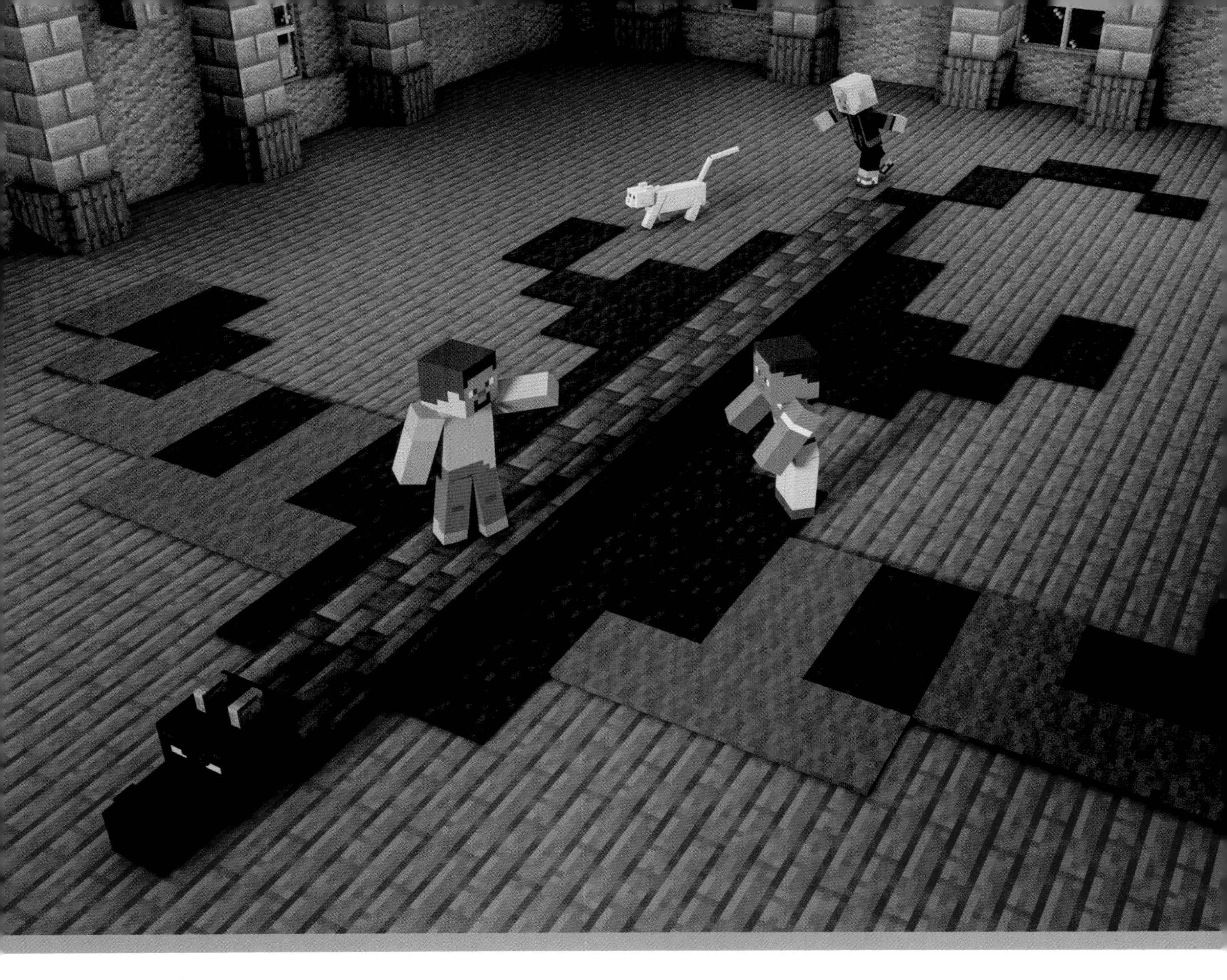

15

드래곤 양탄자

엔더 드래곤을 발로 밟고 다닌다는 것은 매우 위험하고 어리석은 행동 같아 보입니다. 하지만 이곳에 있는 엔더 드래곤 위에서는 아주 안전하게 뛰어놀 수 있습니다. 머리에 걸려 넘어지지만 않는다면요!

추천 블록

매끄러운
석영

윤나는
섬록암

매끄러운
붉은 사암

피뢰침 위에 아이템 액자를
설치해서 핸들을 만드세요.

윤나는 섬록암으로
오리의 날개를 만드세요.
윤나는 섬록암은
매끄러운 석영으로 만든
몸체 가운데서
돋보입니다.

가문비나무
반 블록과
가문비나무
다락문을
사용해서 좌석을
제작하세요.

매끄러운 붉은 사암
위에 윤나는 흑암
반 블록을 설치해서
부리를 만드세요.

플레이어가 보트에
승선할 수 있도록
반드시 사다리를
설치하세요.

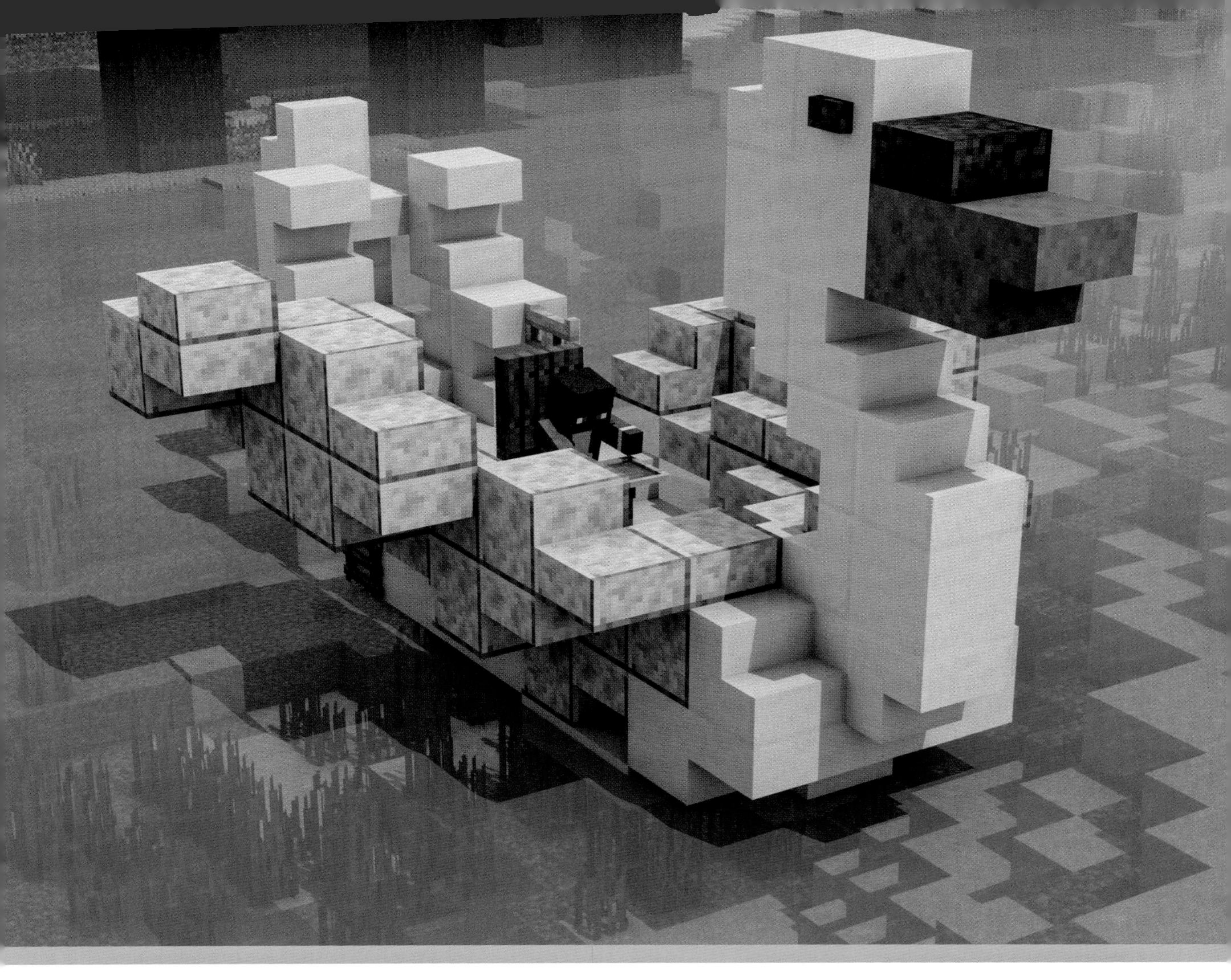

오리배

보트가 다 같은 모양이어야 한다거나, 배에는 돛이 반드시 있어야 한다는 법이 있나요? 아름다운 오리배를 만들어 보세요. 거대한 새에 올라타면 금세 마인크래프트에서 물놀이를 즐기는 최고의 방법이라는 것을 알 수 있을 겁니다.

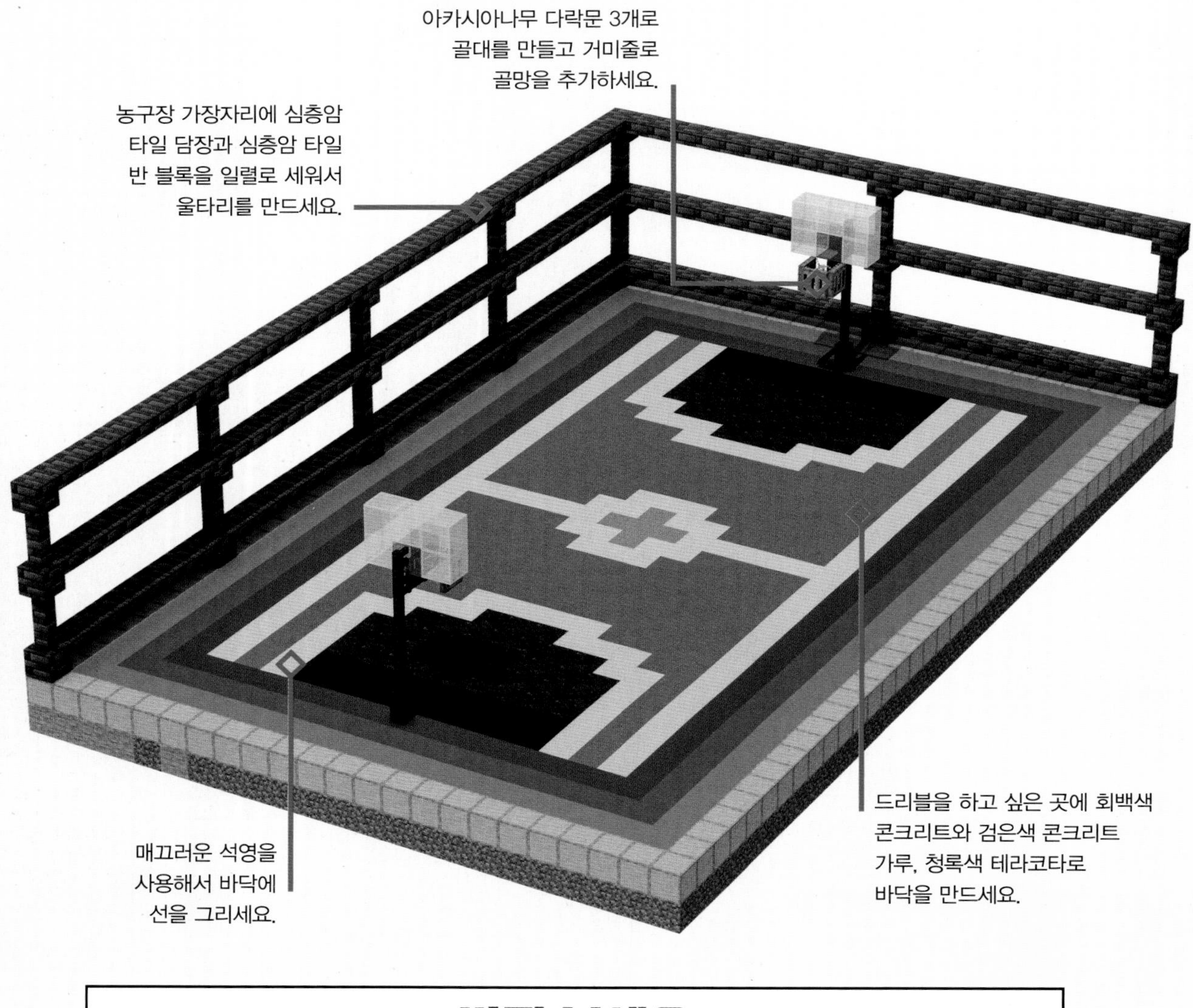
아카시아나무 다락문 3개로
골대를 만들고 거미줄로
골망을 추가하세요.
농구장 가장자리에 심층암
타일 담장과 심층암 타일
반 블록을 일렬로 세워서
울타리를 만드세요.
드리블을 하고 싶은 곳에 회백색
콘크리트와 검은색 콘크리트
가루, 청록색 테라코타로
바닥을 만드세요.
매끄러운 석영을
사용해서 바닥에
선을 그리세요.

바꿔 보세요

주황색
콘크리트 가루
껍질 벗긴
참나무
아카시아나무
판자
주황색
셜커 상자
주황색
테라코타

농구장

마인크래프트 플레이어가 농구를 좋아하는 까닭을 알고 있나요? 둘 다 슛과 블록으로 이루어진 게임이기 때문이에요! 스포츠 팬들이 환호할 멋진 경기장을 제작해 보세요. 건축계의 슬램덩크를 만들어 봅시다!

기둥을 중심으로 매끄러운 사암 반 블록을 설치해서 나선형 계단을 만드세요.

벚나무 잎에서는 마법처럼 꽃잎이 흩날립니다.

노란색 유광 테라코타로 화려한 양탄자를 만드세요.

앉아서 휴식을 취할 수 있는 공간을 2층에도 만드세요.

추천 블록

노란색 콘크리트 가루

벌통

장식된 도자기

맹그로브나무 반 블록

동화책 도서관

옛날 옛적에 신기한 책과 편안한 의자와 분홍 꽃잎이 휘날리는 마법 도서관이 있었습니다. 마녀 같은 몹은 잊어버리세요. 이 도서관이 여러분에게 마법을 걸어 줄 겁니다!

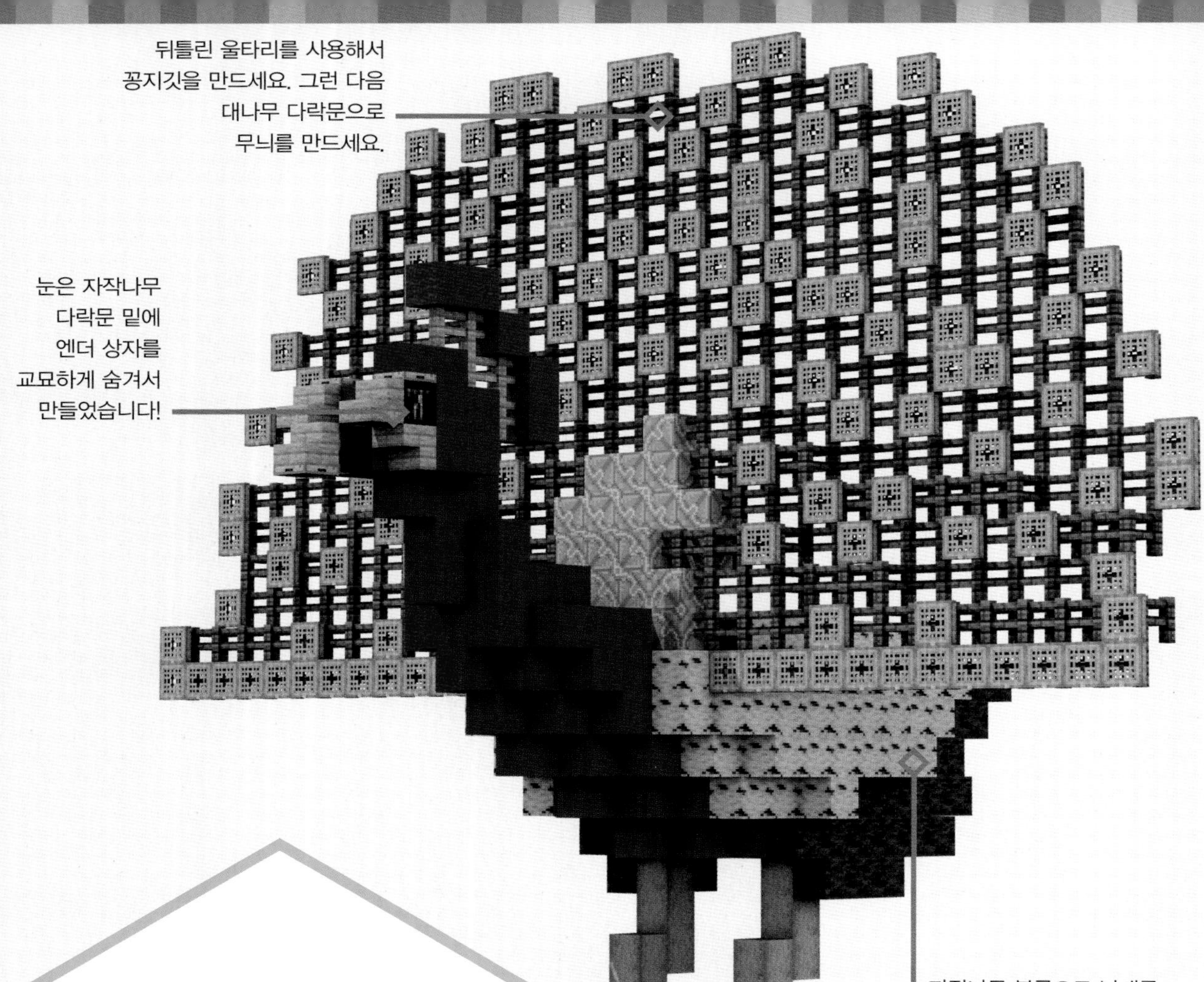

한 걸음 더

자신이 좋아하는 색상의 블록을 꺼내 보세요. 유광 테라코타를 이용해서 복잡한 디자인을 만들거나 염색된 양털을 하나씩 활용하세요. 현실의 공작보다 화려한 공작이 탄생할지도 모릅니다!

19

공작새 조각상

괭장히 화려한 외양을 뽐내는 공작새를 보면 다른 동물들은 과연 치장하려는 노력은 하는 것인지 의문이 들 정도예요! 마당에 멋진 공작새 조각상을 건축해서 자신의 능력을 자랑해 봅시다. 모두가 부러움 섞인 시선으로 바라볼 거예요!

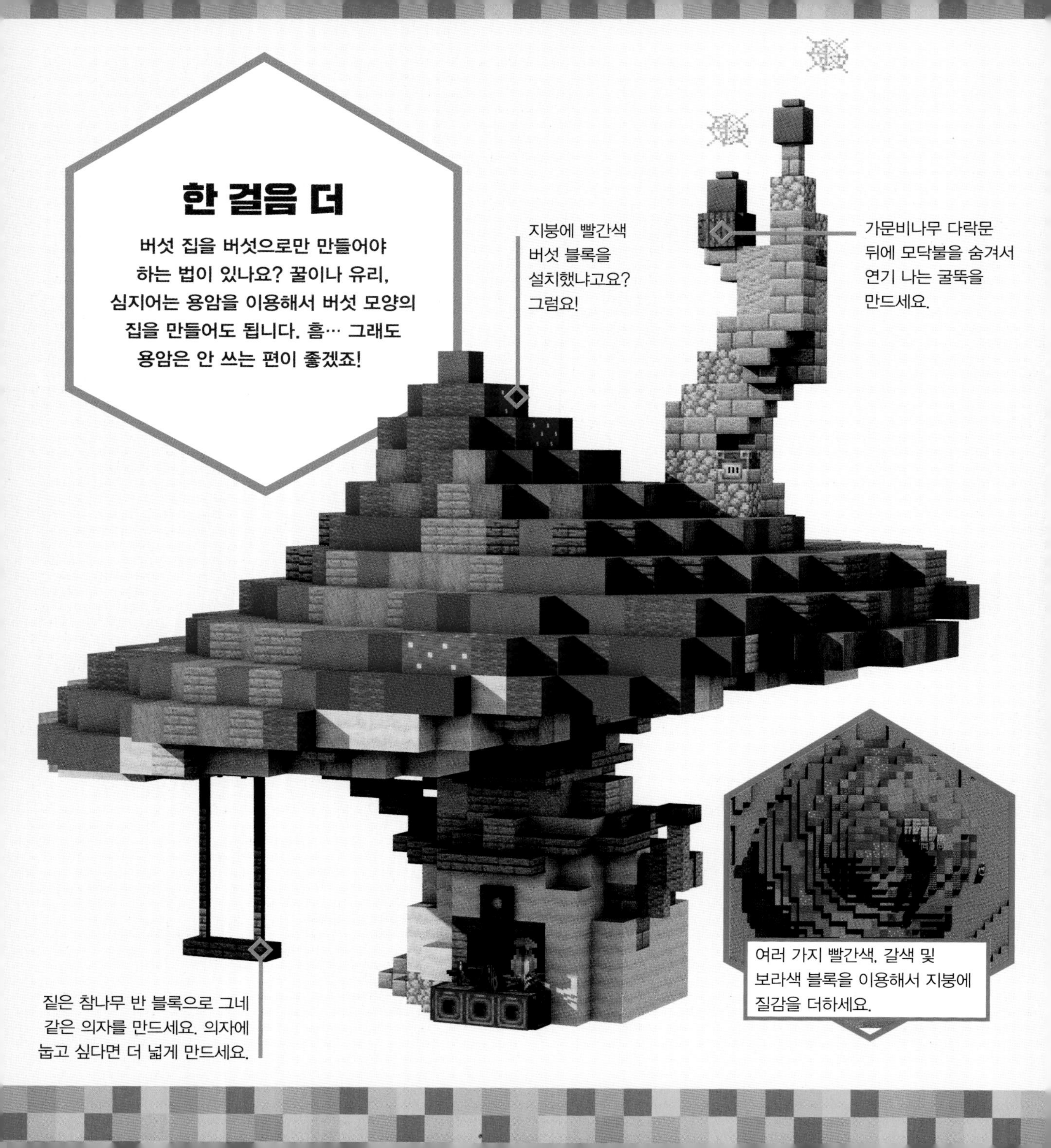
한 걸음 더
버섯 집을 버섯으로만 만들어야 하는 법이 있나요? 꿀이나 유리, 심지어는 용암을 이용해서 버섯 모양의 집을 만들어도 됩니다. 흠… 그래도 용암은 안 쓰는 편이 좋겠죠!
지붕에 빨간색 버섯 블록을 설치했냐고요? 그럼요!
가문비나무 다락문 뒤에 모닥불을 숨겨서 연기 나는 굴뚝을 만드세요.
여러 가지 빨간색, 갈색 및 보라색 블록을 이용해서 지붕에 질감을 더하세요.
짙은 참나무 반 블록으로 그네 같은 의자를 만드세요. 의자에 눕고 싶다면 더 넓게 만드세요.

버섯 집

비가 내려도 끄떡없는 집을 찾고 있다면 특이한 생김새를 자랑하는 버섯 집에 오세요! 거대한 빨간색 갓이 자신은 물론 친구와 근처를 지나는 무시룸도 보호해 줍니다!

건축 팁

너무 매끄러운 모양을 만들지 않도록 주의하세요. 뾰족하고 불규칙적인 형태로 블록을 설치하세요. 오래되고 울퉁불퉁한 뼈로 구성된 것처럼 보이도록 공룡 화석을 만드세요!

사암 반 블록, 담장 및 계단을 사용하세요. 얼룩덜룩한 질감으로 선사시대의 흔적을 재현하세요.

이 건축물에는 대량의 뼈 블록이 필요합니다!

자작나무 판자, 계단 및 다락문을 조합해서 다리뼈를 만드세요.

바꿔 보세요

우는 흑요석

붉은 네더 벽돌

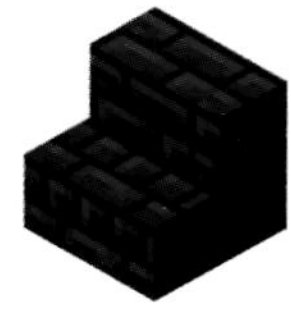

붉은 네더 벽돌 계단

마그마 블록

공룡 화석

으아! 오래된 흔적에 불과하지만 거대한 티렉스 공룡은 여전히 무섭게 생긴 것 같아요! 용감하게 뼈 블록을 잔뜩 모아서 환상적인 화석을 직접 만들어 보세요. 화석을 만들면서 너무 겁을 먹거나 비명을 지르지는 마세요.

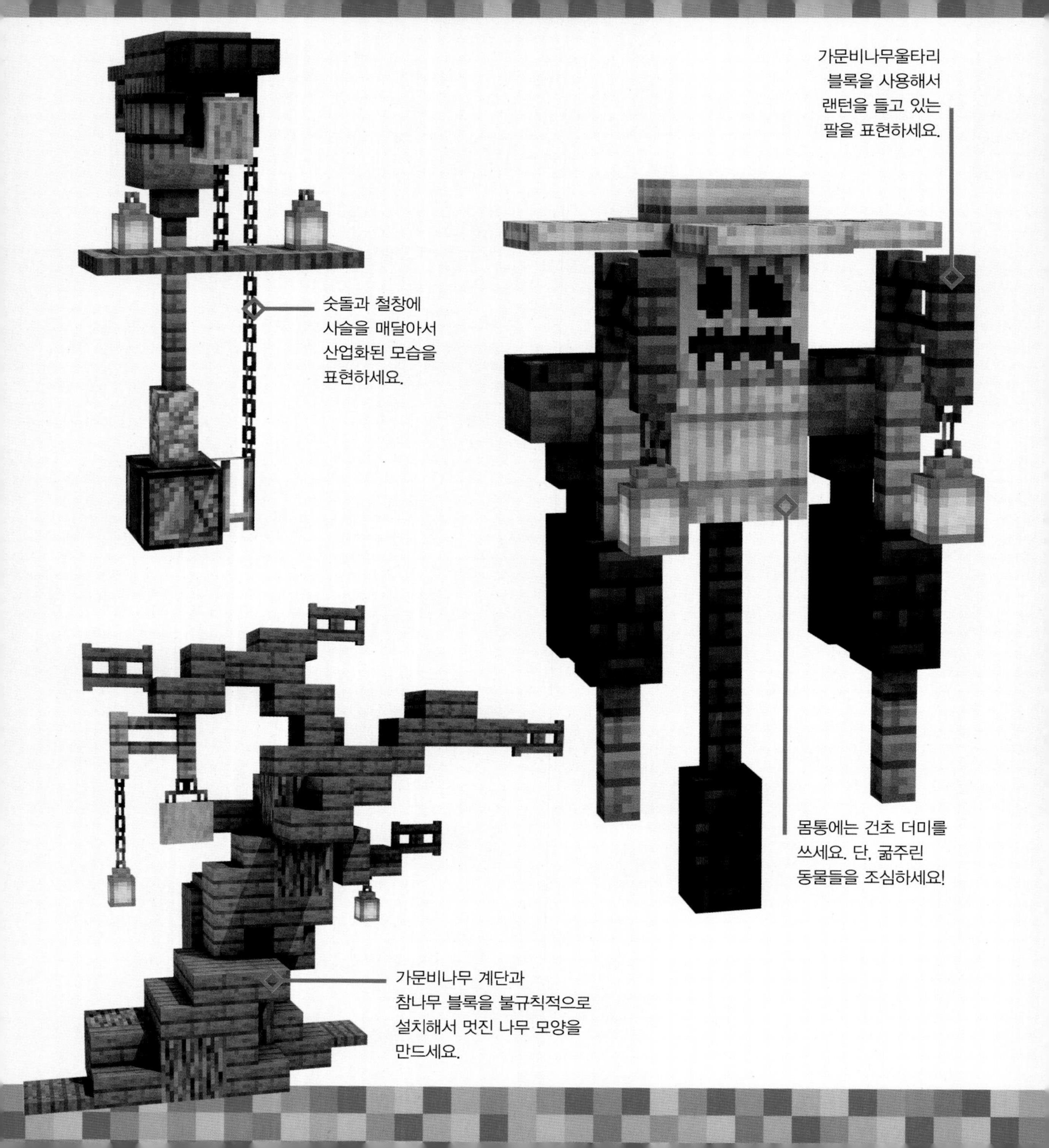
가문비나무울타리
블록을 사용해서
랜턴을 들고 있는
팔을 표현하세요.
숯돌과 철창에
사슬을 매달아서
산업화된 모습을
표현하세요.
몸통에는 건초 더미를
쓰세요. 단, 굶주린
동물들을 조심하세요!
가문비나무 계단과
참나무 블록을 불규칙적으로
설치해서 멋진 나무 모양을
만드세요.

22

가로등

산책로를 만들다 보면 너무 어두운 지점이 생깁니다. 칙칙한 마을이나 깜깜한 흙 길을 환하게 만들고 싶다면 독특하게 생긴 가로등을 만들어 보세요!

블록 6개 높이로 귀를 만드세요. 고양이 대신 행운의 토끼를 원한다면 더 길게 만드세요!

사슬 끝에 피뢰침을 설치해서 수염을 만드세요.

버섯 자루 블록을 사용해서 그림자 진 하얀색 털을 만드세요.

벚나무 울타리 문으로 날카로워 보이는 발톱을 만드세요. 이 고양이를 함부로 대하지 못하게요!

바꿔 보세요

구리 블록

밀랍칠한 산화된 깎인 구리 반 블록

레드스톤 블록

갈색 유광 테라코타

23

행운의 고양이

불운의 고양이를 만들지 마세요. 만들어 봤자 크리퍼가 터뜨릴 겁니다! 대신에 복슬복슬한 고양이를 만들어 보세요. 고양이를 좋아한다면 마음에 쏙 들 겁니다. 손을 흔들며 반갑게 맞아 주는 고양이를 만들어 봅시다.

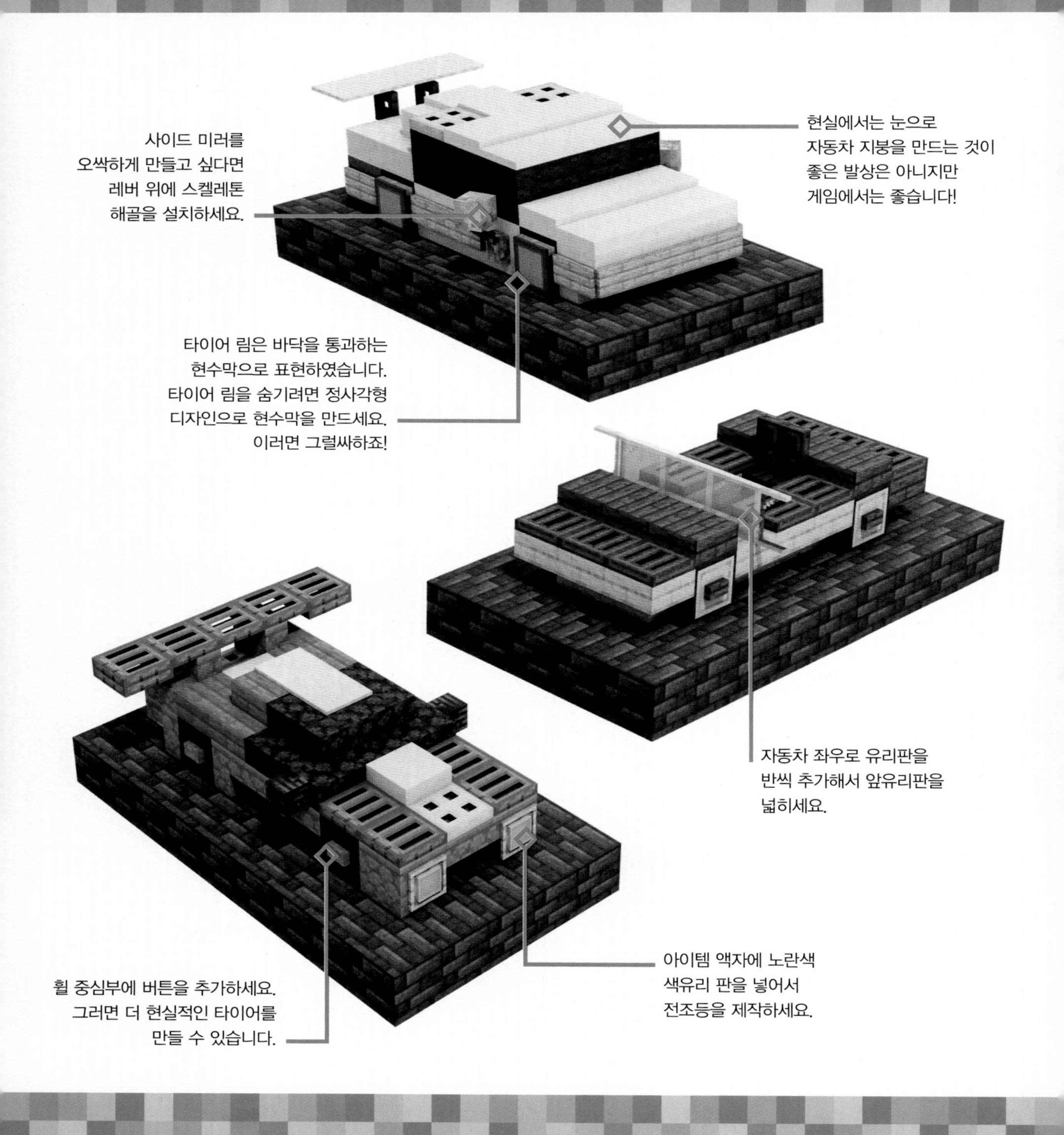
사이드 미러를
오싹하게 만들고 싶다면
레버 위에 스켈레톤
해골을 설치하세요.
현실에서는 눈으로
자동차 지붕을 만드는 것이
좋은 발상은 아니지만
게임에서는 좋습니다!
타이어 림은 바닥을 통과하는
현수막으로 표현하였습니다.
타이어 림을 숨기려면 정사각형
디자인으로 현수막을 만드세요.
이러면 그럴싸하죠!
자동차 좌우로 유리판을
반씩 추가해서 앞유리판을
넓히세요.
휠 중심부에 버튼을 추가하세요.
그러면 더 현실적인 타이어를
만들 수 있습니다.
아이템 액자에 노란색
색유리 판을 넣어서
전조등을 제작하세요.

슈퍼 카

이곳에 있는 슈퍼 카 사이에서 사진을 찍기 위해서는 운전면허가 없어도 됩니다. 집 밖에 슈퍼 카를 만들고 같은 동네에 사는 주민들의 부러운 시선을 느껴 보세요. 주민들이 "흐으으음!" 소리를 낸다면 무척 부러워한다는 말일 겁니다!

지붕에 밝은 색상의 현수막을 거세요. 직접 디자인한 현수막을 걸어도 됩니다.

붉은 네더 벽돌 계단과 가문비나무 계단을 혼용해서 화려한 지붕을 만드세요.

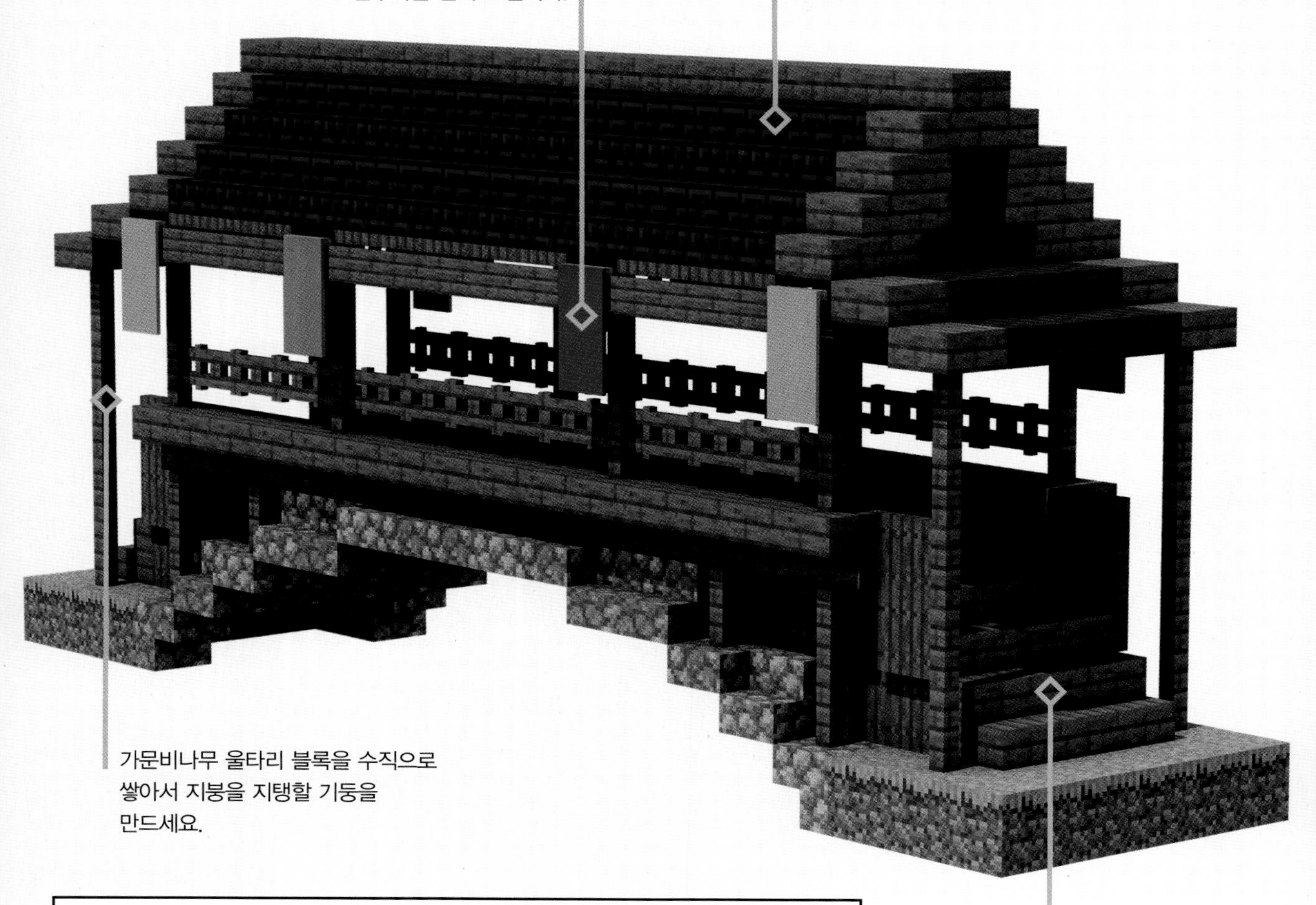

가문비나무 울타리 블록을 수직으로 쌓아서 지붕을 지탱할 기둥을 만드세요.

다리 양쪽에 넓은 가문비나무 계단을 만드세요.

추천 블록

붉은 네더 벽돌 계단

가문비나무 계단

이끼 낀 조약돌 계단

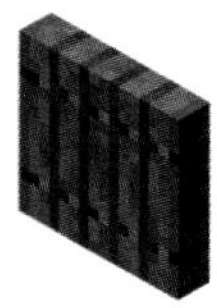

가문비나무 다락문

현수막이 펄럭이는 다리

축축함 없이 강을 건너고 싶나요? 이 다리를 지으면 발을 적시지 않고 아주 화려하게 횡단할 수 있습니다. 밝은 색상의 현수막으로 다리를 장식하거나 독창적인 디자인의 현수막을 만들어서 특별한 다리를 만들어 보세요.

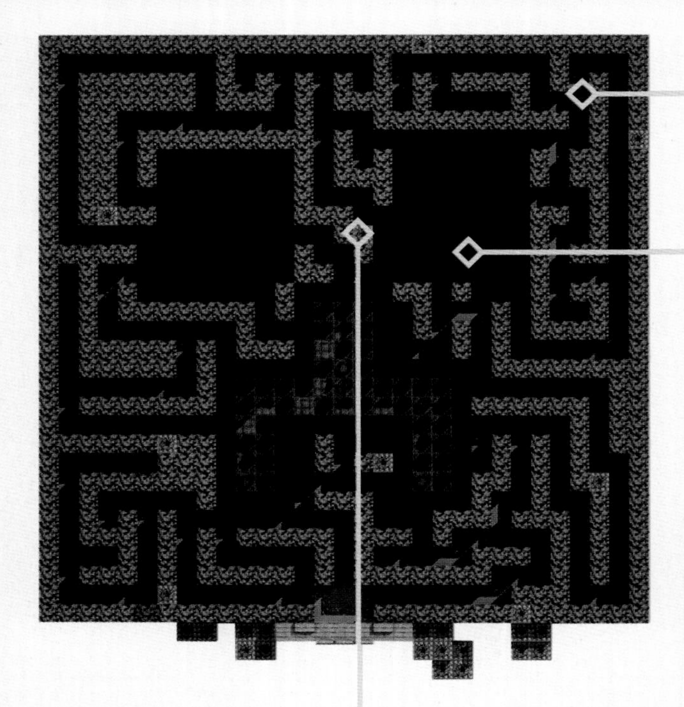

통로의 너비는 한 블록이어도 됩니다. 탐험하기 어렵게 미로를 만드세요.

먼저 검은색 콘크리트로 크리퍼 모양을 잡고, 크리퍼 모양을 중심으로 미로를 제작하세요.

아치로 만든 입구에 현수막을 매달아 두면 입구를 화려하고 인상적으로 만들 수 있습니다.

미로를 해결한 플레이어를 위해 보상을 담은 상자를 만드세요. 썩은 살점과 흙 블록을 담은 상자도 만들어 보세요. 미로를 해결한 줄 알도록 속이는 거죠!

플레이어가 미로를 탈출할 수 있도록 담장 위 높은 곳에 TNT 블록을 설치하세요.

건축 팁

미로 위를 높이 날아다니면서 미로를 건축하세요. 작업물을 위에서 내려다보면 실수한 부분을 쉽게 포착할 수 있습니다.

26

크리퍼 미로

크리퍼와 함께 미로에 갇히는 것보다 나쁜 일이 또 있을까요? 그럼요! 잘못된 길로 틀 때마다 TNT 블록이 나타나는 몹 머리 모양의 미로에 빠지는 겁니다! 재미있는 미로를 만들고 플레이어가 미로를 풀어가는 모습을 앉아서 지켜보세요.

중형 무게 압력판은 식탁보로
활용하기에 좋아요. 이제 디저트
메뉴만 고민하면 되겠네요!

돌 압력판을
사용해서 식탁에
밝은 느낌을 주세요.

엔드 막대기를 뒤집어
설치해서 조명을
만드세요.

샹들리에

자작나무 표지판으로 팔걸이를 만들고
자작나무 다락문으로 등받이를
만들어서 의자를 제작하세요.

노란색 양털 블록 옆에 노란색
양탄자를 설치해서 양탄자에
눌린 자국을 만드세요.

27

연회장

이번 건축물을 본 당신의 눈이 반짝이는군요! 한 번 화려한 샹들리에 밑에서 즐거운 식사를 즐긴 손님들은 이후 다른 방식으로 식사를 하지 못하게 될 겁니다. 썩은 살점을 내준 게 아니라면요. 으악!

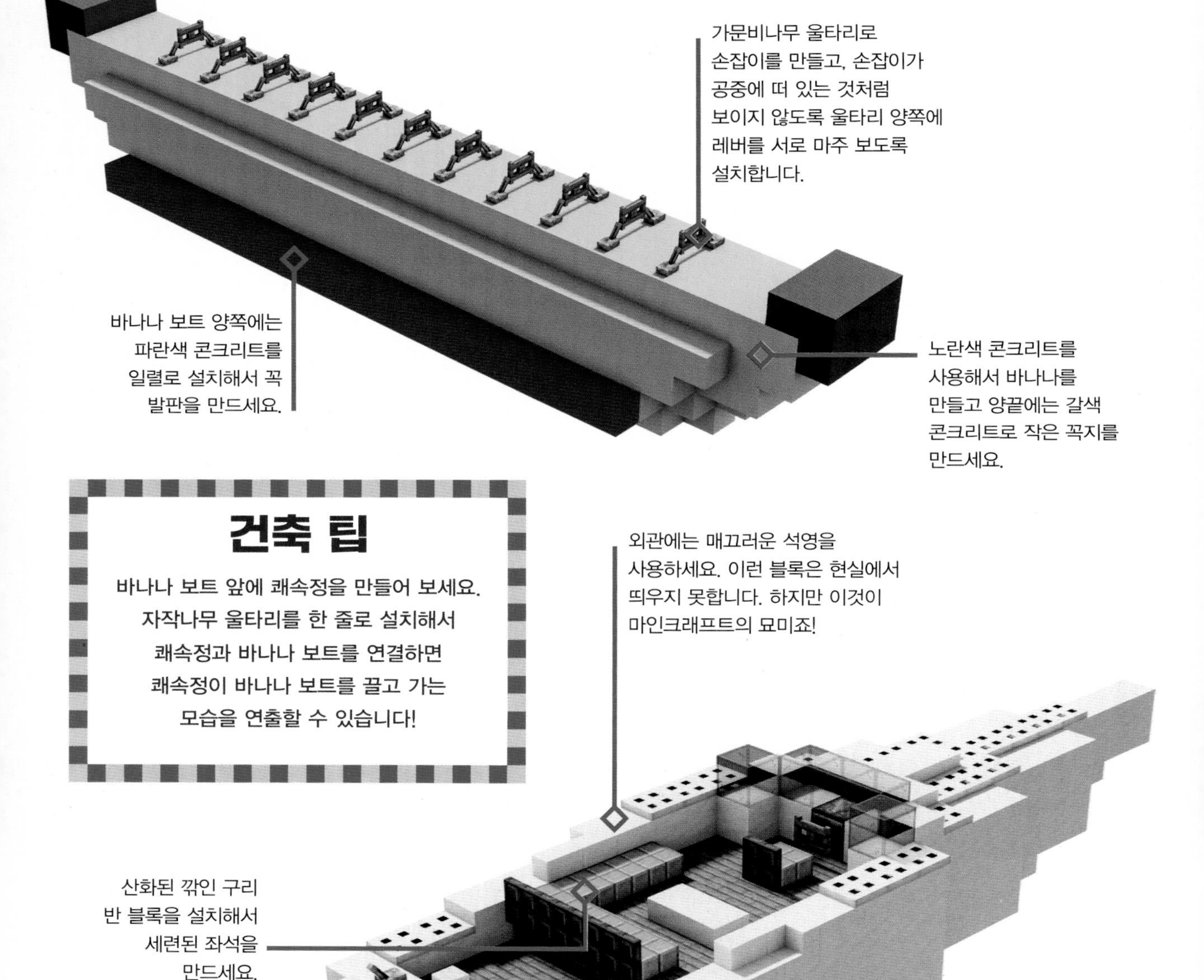

건축 팁

바나나 보트 앞에 쾌속정을 만들어 보세요. 자작나무 울타리를 한 줄로 설치해서 쾌속정과 바나나 보트를 연결하면 쾌속정이 바나나 보트를 끌고 가는 모습을 연출할 수 있습니다!

외관에는 매끄러운 석영을 사용하세요. 이런 블록은 현실에서 띄우지 못합니다. 하지만 이것이 마인크래프트의 묘미죠!

산화된 깎인 구리 반 블록을 설치해서 세련된 좌석을 만드세요.

쾌속정

바나나 보트

화사한 바나나 보트는 무척 먹음직스럽게 생겼습니다. 보트에 오를 때는 발밑을 조심하세요. 물에 빠지는 걸 좋아하지 않는다면요. 이 보트를 타고 어디로 가냐고요? 아주 신나는 모험을 하러 갈 겁니다!

엔드 막대를 사용하면 샹들리에를 정말로 반짝거리게 만들 수 있습니다.

보라색 색유리를 자수정 군집으로 감싸세요. 멀리에서는 유리가 잘 보이지 않으므로, 이렇게 하면 자수정 군집이 공중에 떠 있는 것처럼 만들 수 있습니다!

한 걸음 더

더 크게 만들어 보세요! 먼저 마음에 드는 샹들리에 하나를 만들어 보고, 천장이 전부 밝아질 때까지 샹들리에를 크게 만들어 보세요. 한 천장만이 아니라 모든 천장에요! 모든 방이 화려해질 겁니다.

받침용으로 쓸 블록 위에 초를 설치하고 블록을 제거하면 초가 오싹하게 떠 있는 효과를 만들 수 있습니다.

샹들리에

마인크래프트에서 집을 짓고 안에 모닥불을 피워서 화사한 분위기를 만들고 있나요? 더 좋은 방법도 있어요! 제일 고급스러운 조명 기구인 샹들리에를 제작해 보세요. 훨씬 더 화사한 발상이죠!

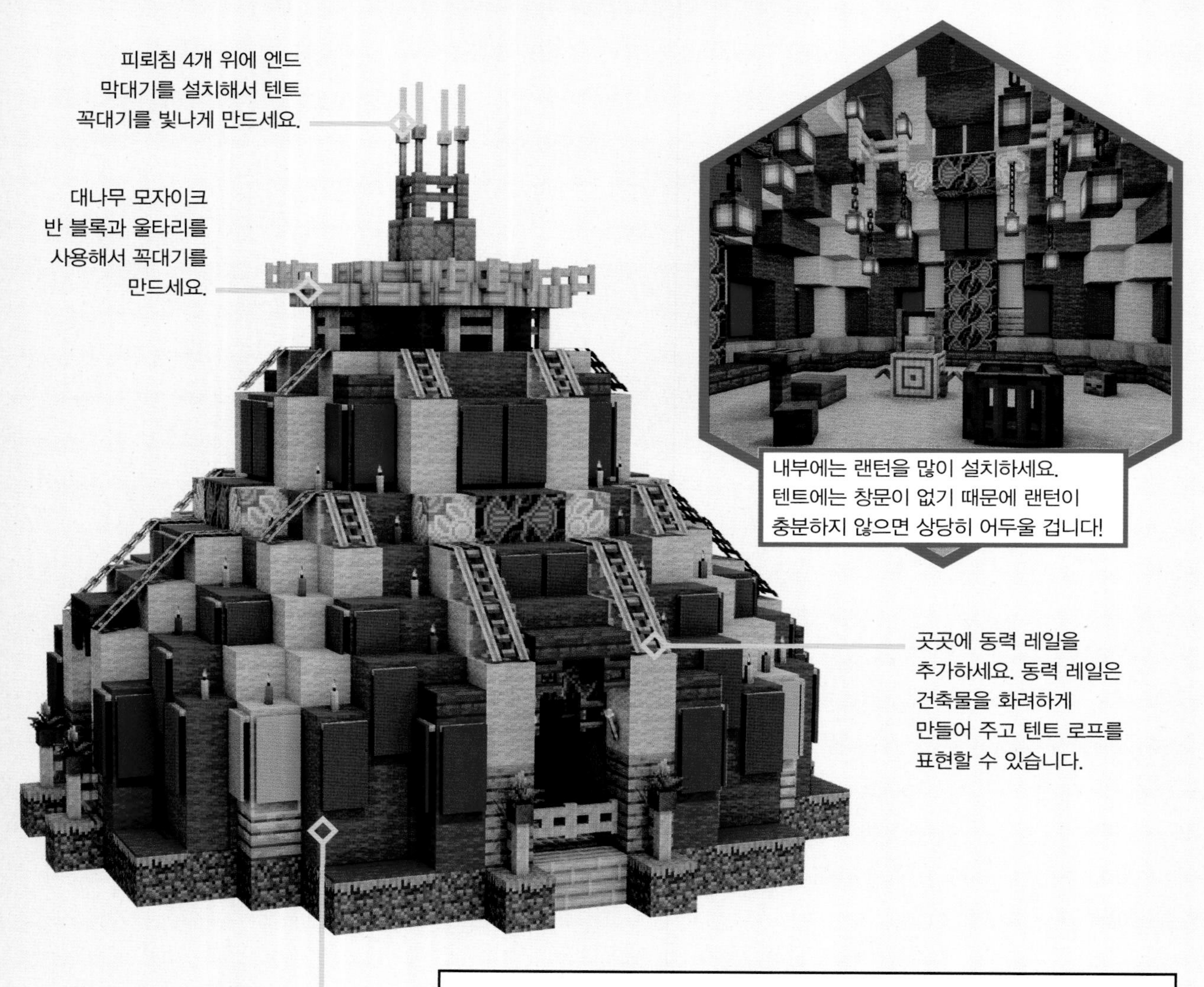

피뢰침 4개 위에 엔드 막대기를 설치해서 텐트 꼭대기를 빛나게 만드세요.

대나무 모자이크 반 블록과 울타리를 사용해서 꼭대기를 만드세요.

내부에는 랜턴을 많이 설치하세요. 텐트에는 창문이 없기 때문에 랜턴이 충분하지 않으면 상당히 어두울 겁니다!

곳곳에 동력 레일을 추가하세요. 동력 레일은 건축물을 화려하게 만들어 주고 텐트 로프를 표현할 수 있습니다.

파란색과 노란색 양털 블록을 설치하고 나서 현수막을 추가해서 장식하세요.

추천 블록

노란색 양털

파란색 양털

노란색 유광 테라코타

과녁 블록

서커스 텐트

서둘러요! 마인크래프트 마을에 거대한 텐트를 지어서 서커스단을 부르세요. 높고 밝게 짓되, 광대에게 건축을 맡기지는 마세요. 그랬다가는 끔찍한 결과를 초래할 수 있습니다!

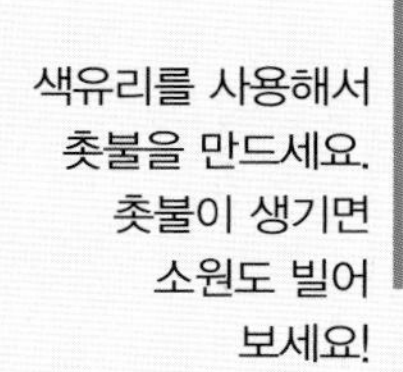

색유리를 사용해서
촛불을 만드세요.
촛불이 생기면
소원도 빌어
보세요!

껍질 벗긴 가문비나무와 가문비나무
판자로 케이크를 만드세요. 재료를
알게 되니 갑자기 식욕이 떨어지네요!

분홍색 콘크리트로
초를 만들고 심층암
타일 담장으로 심지를
만드세요.

매끄러운 석영을 사용해서
아이싱 모형을 만드세요.
그런 다음 버섯 블록을
추가해서 딸기를
표현하세요.

한 걸음 더

**이 케이크는 2층으로 구성되어 있습니다.
그런데 2층으로만 만들어야 할까요?
3층이나 4층, 7백만 층으로 만들 수는
없을까요? 7백만 층까지는 만들 수 없지만
원한다면 층수를 더 늘릴 수 있습니다.**

31

생일 케이크 집

오늘이 생일이 아니더라도 지붕에 아이싱을 올린 케이크 모양의 집에서 즐거운 삶을 보낼 수 있습니다. 케이크 조각이 너무나도 맛있어 보이는 나머지, 배고픈 손님들이 벽을 먹으려고 하는 모습을 보게 될 수도 있습니다!

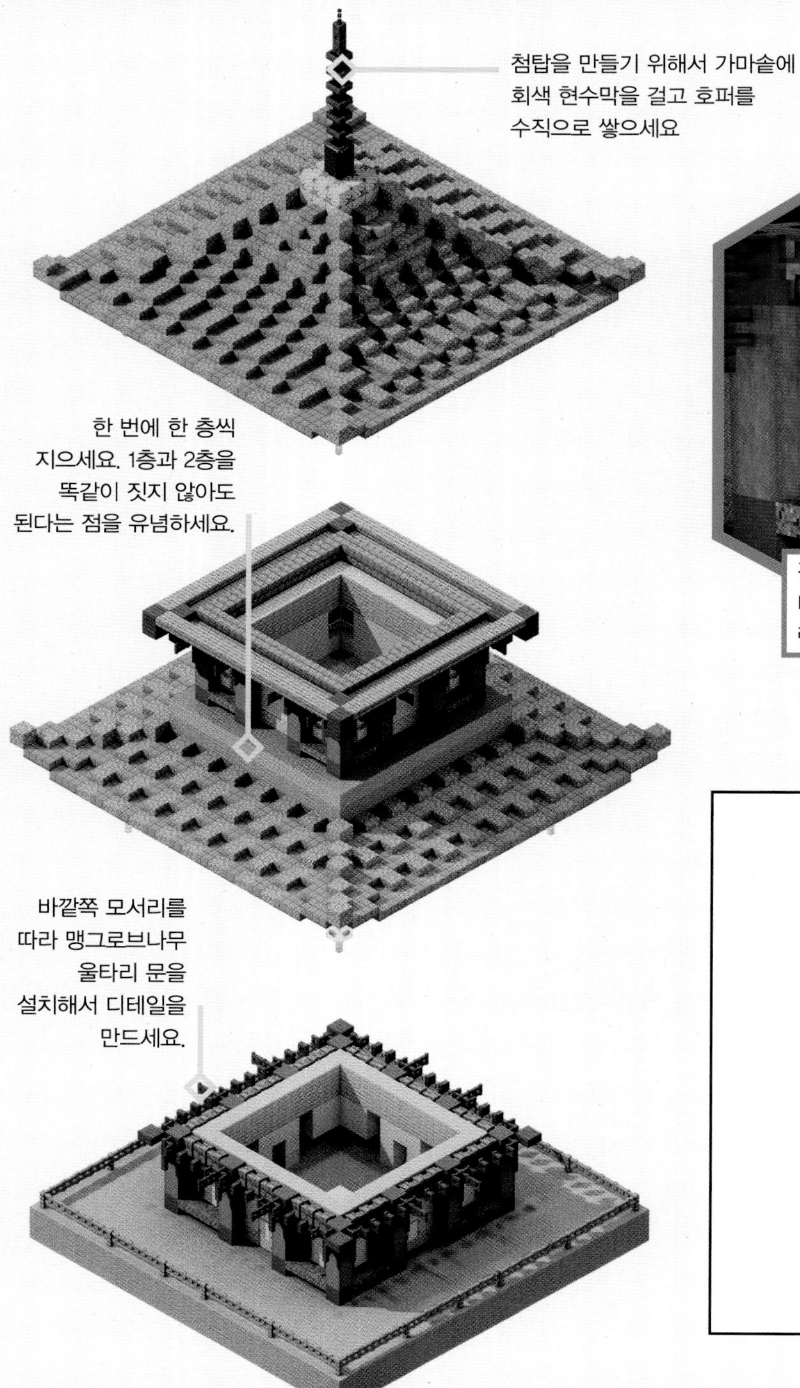

첨탑을 만들기 위해서 가마솥에
회색 현수막을 걸고 호퍼를
수직으로 쌓으세요

한 번에 한 층씩
지으세요. 1층과 2층을
똑같이 짓지 않아도
된다는 점을 유념하세요.

바깥쪽 모서리를
따라 맹그로브나무
울타리 문을
설치해서 디테일을
만드세요.

진줏빛 개구리불 블록에 벚나무
버튼과 울타리를 추가해서 장식용
랜턴을 만드세요.

바꿔 보세요

매끄러운
사암

심층암

이끼 블록

녹슨 구리

평화로운 불탑

용암을 뛰어넘고, 떨어지는 모루를 피하고, 스켈레톤의 화살로부터 도망치셨나요? 이제 피난처를 찾을 차례입니다! 평온한 2층짜리 불탑을 지어서 반짝이는 랜턴을 추가하고 처마 아래서 휴식을 취해 봅시다.

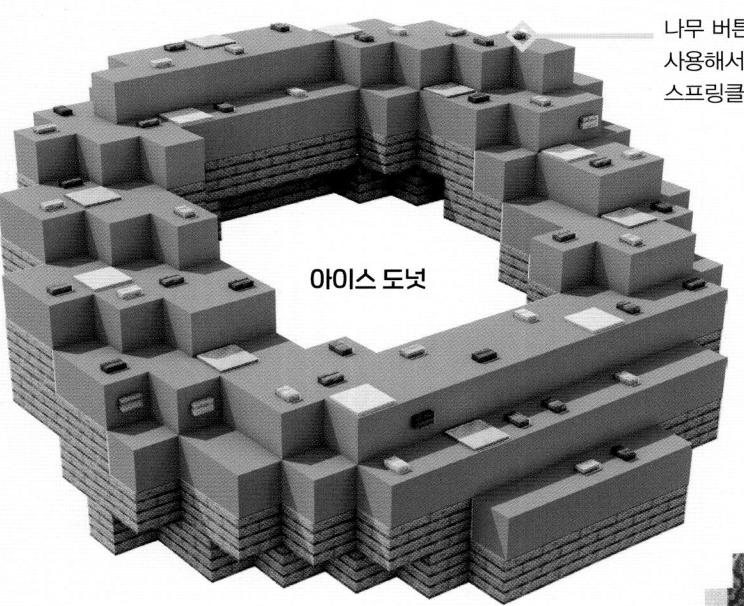

아이스 도넛

나무 버튼과 압력판을
사용해서 다양한 크기의
스프링클을 만드세요.

다양한 색상의
콘크리트를 사용해서
스프링클을 만드세요.

컵케이크

파란색 콘크리트
가루로 만든 머핀 위에
눈 블록으로 기둥을
세우세요.

컵케이크

사탕 막대기

원하는 색상의 블록을
계단식으로 설치해서 사탕
막대기의 줄무늬를 만드세요.

매끄러운 석영 블록과
자수정, 퍼퍼 블록으로
막대사탕의 소용돌이무늬를
만드세요.

막대사탕

추천 블록

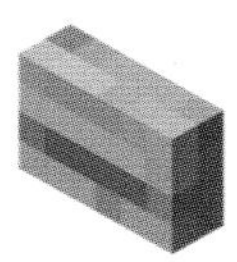

벚나무 버튼

빨간색 유광
테라코타

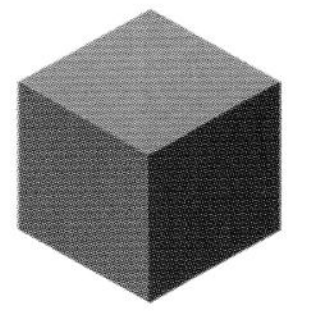

분홍색
콘크리트

껍질 벗긴
참나무 원목

사탕 섬

과자를 좋아하신다면 사탕 섬 아이디어를 보고 기쁨의 눈물을 흘리실 것 같네요! 치과의사는 그렇지 않겠지만요. 치과의사라면 그냥 눈물을 흘리겠죠! 다음에는 거대한 칫솔이라도 만들어야겠습니다.

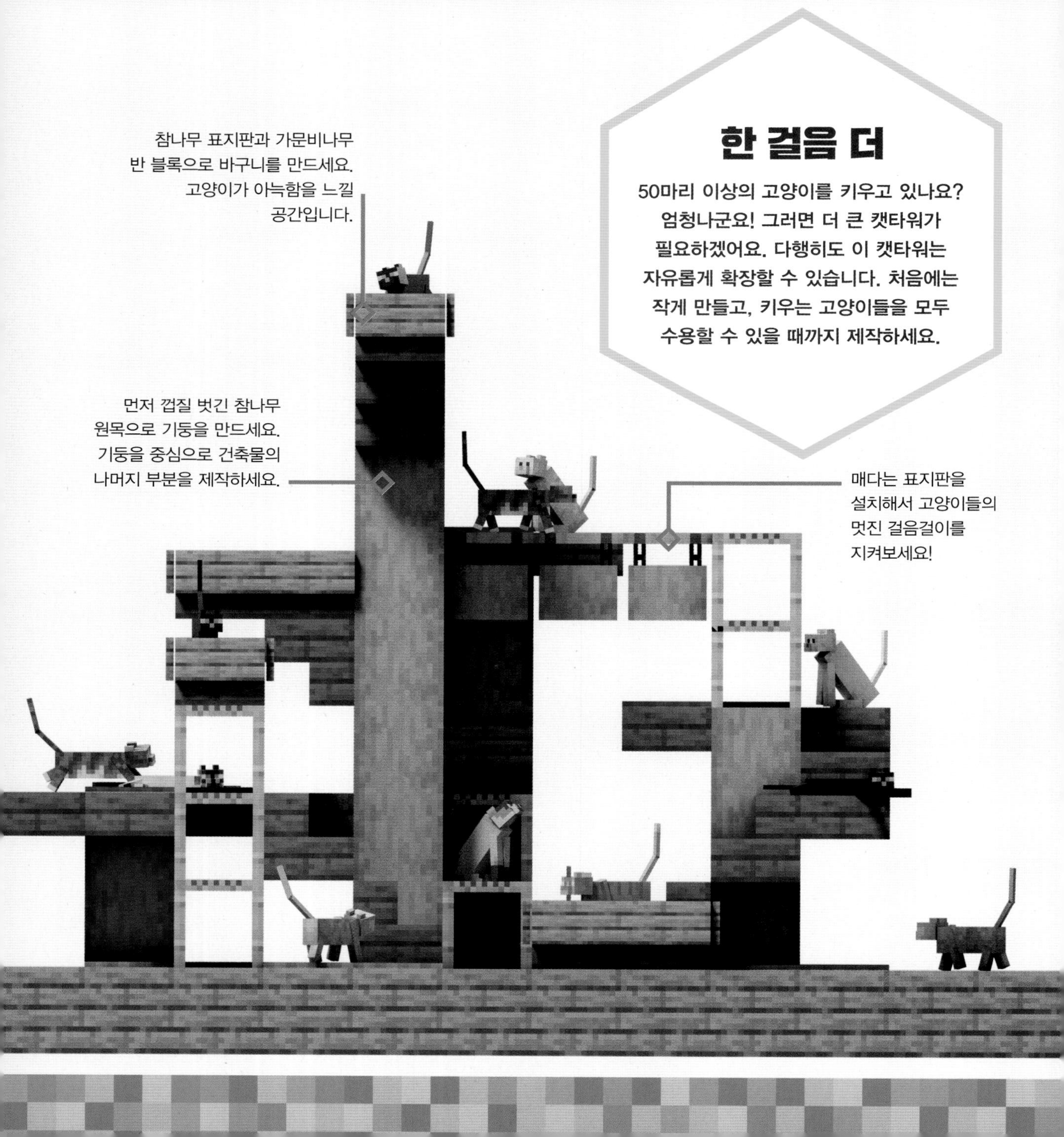

한 걸음 더

50마리 이상의 고양이를 키우고 있나요? 엄청나군요! 그러면 더 큰 캣타워가 필요하겠어요. 다행히도 이 캣타워는 자유롭게 확장할 수 있습니다. 처음에는 작게 만들고, 키우는 고양이들을 모두 수용할 수 있을 때까지 제작하세요.

캣 타워

복슬복슬하고 다리가 네 개 달린 친구를 위해 마인크래프트에서 가장 완벽한 놀이터를 만들어 보세요. 놀이터가 너무 재미있어서, 고양이가 아니라 인간 친구가 노는 모습을 볼 수 있을지도 모릅니다. 특히 고양이를 무서워하는 크리퍼와 숨바꼭질을 하고 있다면요!

바꿔 보세요

짙은 프리즈머린

프리즈머린 벽돌

레드스톤 블록

철창을 사용해서 등대 램프 주위에 현실적인 구조물을 만드세요.

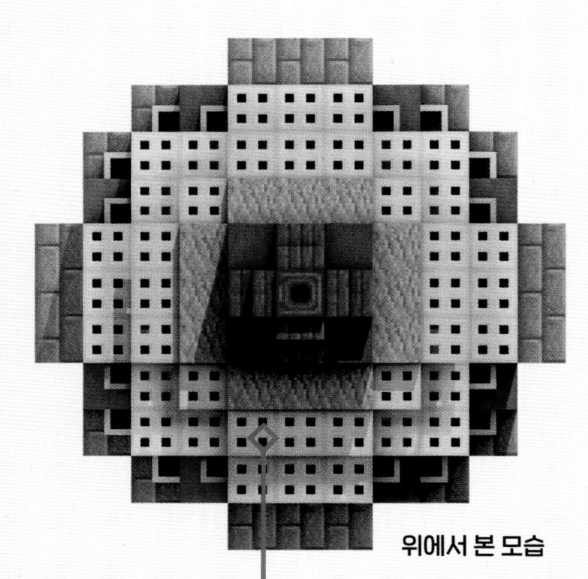
위에서 본 모습

껍질 벗긴 아카시아나무를 사용해서 빨간색과 하얀색 줄무늬에 포인트를 만들어 보세요.

철 다락문을 추가할 때 건축물 위로 날아다니면서 형태를 어떻게 정할지 생각해 보세요.

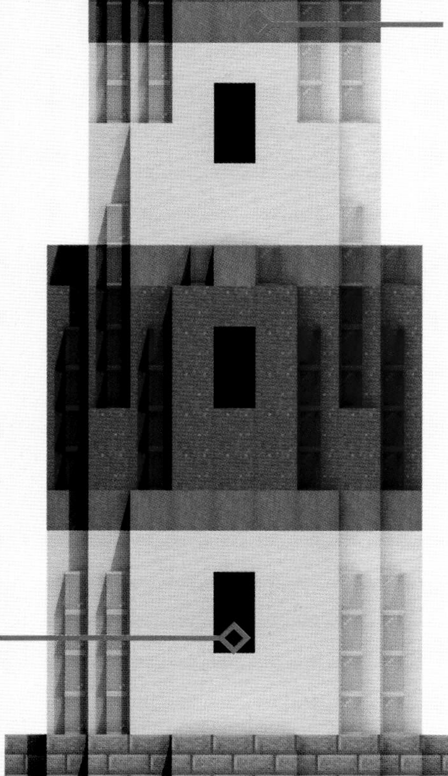

실내를 신비롭게 유지하세요. 검은색 색유리로 창문을 만들어서 실내를 가리세요.

등대

모험으로 하루를 보내고 나서 길을 완전히 잃어버린 경험이 있나요? 이럴 때 필요한 것이 바로 집으로 가는 길을 안내하는 등대입니다. 빨간색과 하얀색이 줄무늬를 이룬 등대를 지어 보세요. 눈부신 등대를 지으면 금세 바른길을 찾을 수 있을 거예요!

추천 블록

가문비나무 판자

맹그로브나무 다락문

이끼 낀 석재 벽돌

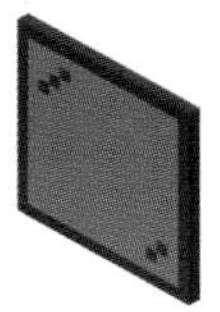
검은색 색유리 판

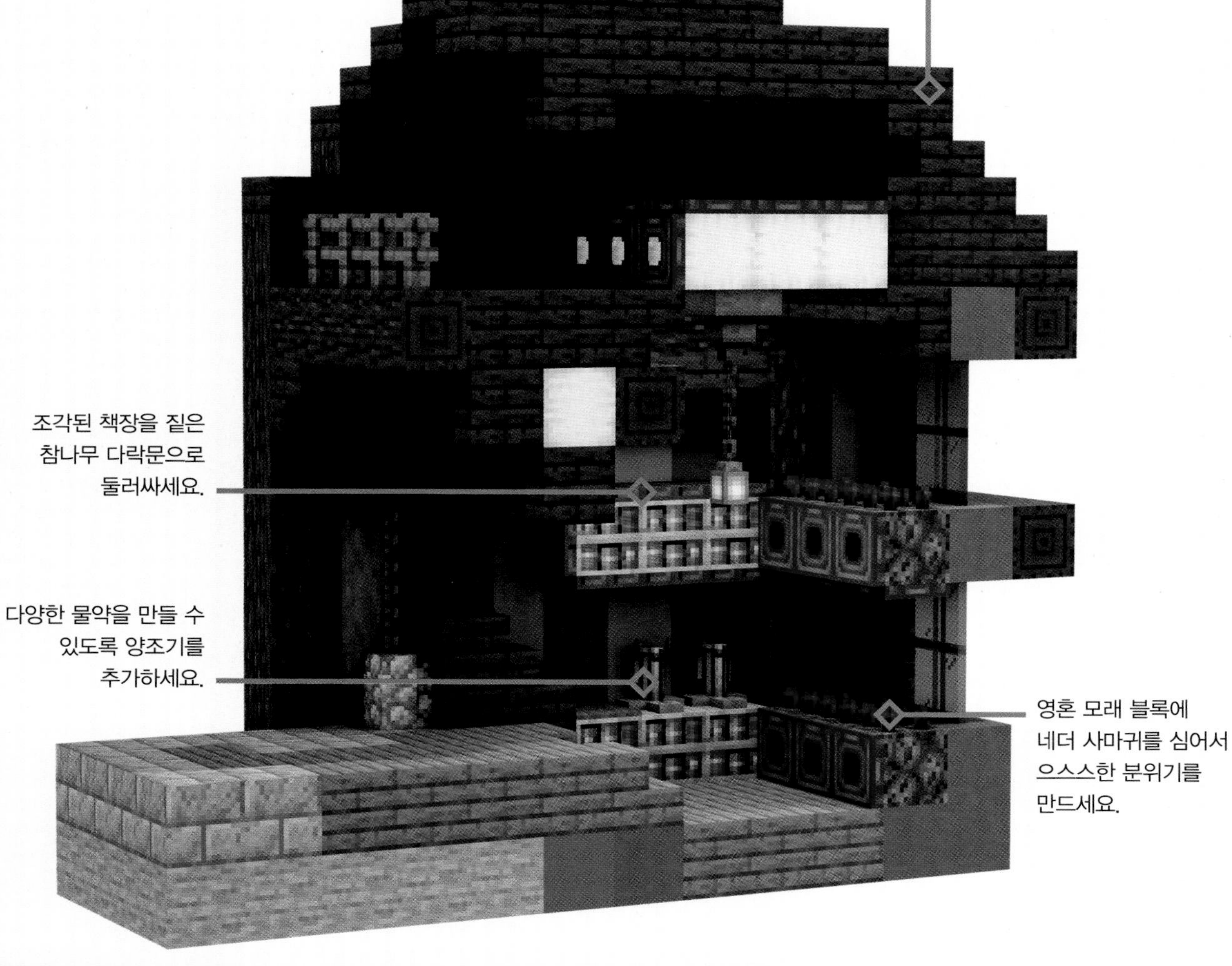

물약 양조실

이 방에는 새내기 양조자가 갖고 싶어 하는 모든 것이 갖춰져 있습니다. 적대적인 몹이 들어올 수 있는 제4의 벽도 없죠. 이제 자신이 만든 물약을 몹을 상대로 쉽게 시험해 볼 수 있습니다.
엔더맨, 이것도 마셔 봐!

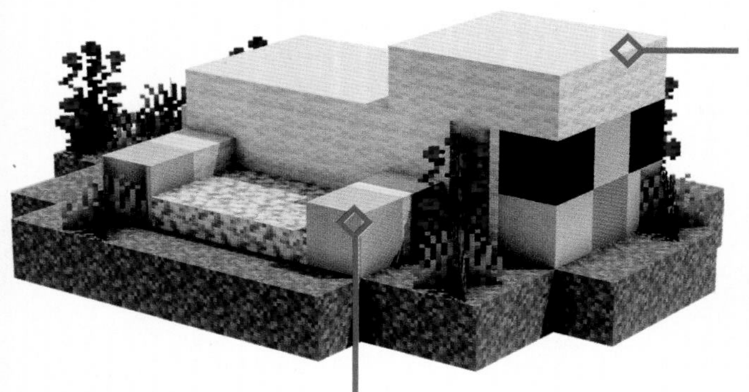

양 모양 의자를 다른 형태로 만들려면 먼저 바닥에 머리를 만들고 엎드려 있는 양을 만드세요!

하얀색 테라코타로 귀여운 발굽을 만드세요.

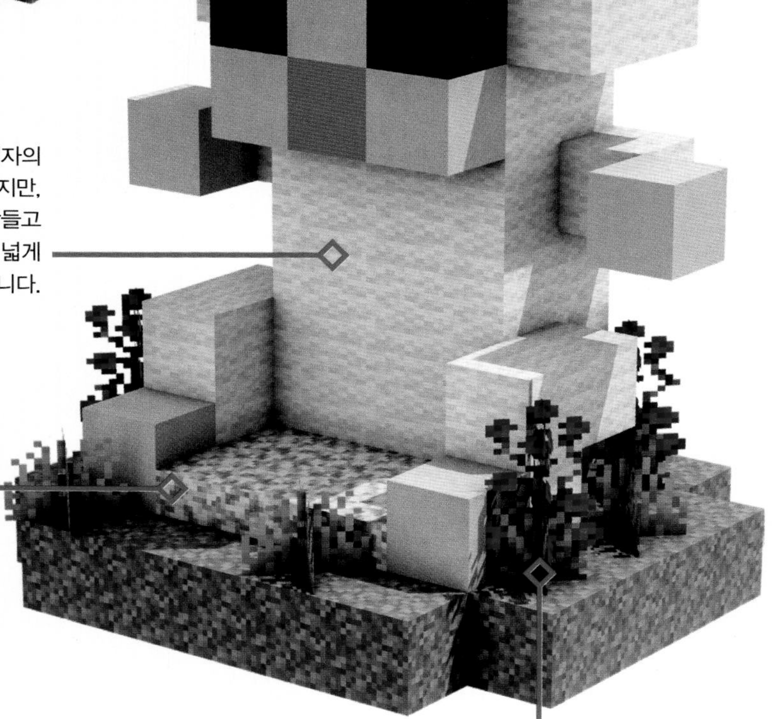

이 중역의자의 너비는 3블록이지만, 소파를 만들고 싶다면 더 넓게 만들어도 됩니다.

앉으면 포근할 것 같이 생긴 섬록암 반 블록을 사용하세요.

주위에 잔디와 장미 덤불을 설치하세요. 양은 자연을 무척 사랑합니다.

바꿔 보세요

분홍색 양털

노란색 양털

금 블록

청록색 콘크리트

거대한 양 의자

아늑한 의자에 파묻히는 꿈을 꿔 본 적이 있나요? 보드랍고 폭신한 양털 안락의자를 만들면 너무나도 아늑한 나머지 결국에는 잠에 들고 말 겁니다. 양을 세지 않고도요! 상상만 해도 설레네양!

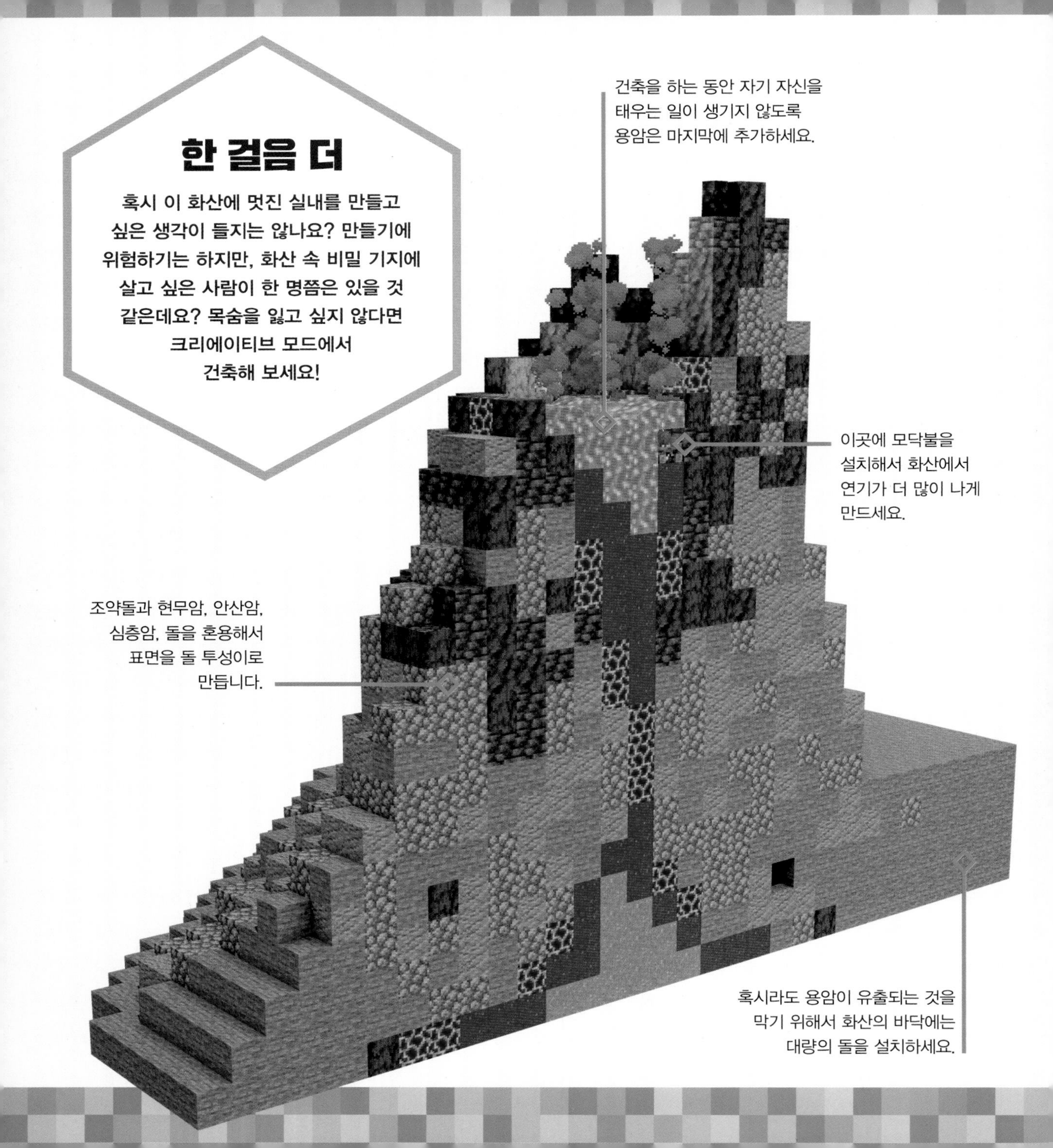

한 걸음 더
혹시 이 화산에 멋진 실내를 만들고 싶은 생각이 들지는 않나요? 만들기에 위험하기는 하지만, 화산 속 비밀 기지에 살고 싶은 사람이 한 명쯤은 있을 것 같은데요? 목숨을 잃고 싶지 않다면 크리에이티브 모드에서 건축해 보세요!
건축을 하는 동안 자기 자신을 태우는 일이 생기지 않도록 용암은 마지막에 추가하세요.
이곳에 모닥불을 설치해서 화산에서 연기가 더 많이 나게 만드세요.
조약돌과 현무암, 안산암, 심층암, 돌을 혼용해서 표면을 돌 투성이로 만듭니다.
혹시라도 용암이 유출되는 것을 막기 위해서 화산의 바닥에는 대량의 돌을 설치하세요.

화산

좋은 소식은 이번 건축물을 만들면서 누구도 다치지 않았다는 겁니다. 하지만 용암이 뿜어져 나오는 화산을 만들 때에는 언제나 각별히 조심하는 것이 좋습니다. 화산이 아니라 머리가 터지는 일이 없도록 쉬엄쉬엄 건축하세요.

먼저 블록을 쌓아
만든 기둥 위에
머리를 만드세요.
기둥을 부수고 나면
공중에 머리만
남습니다.

연두색 양털과 초록색
양털을 사용해서
크리퍼의 무시무시한
초록빛을 표현하세요.

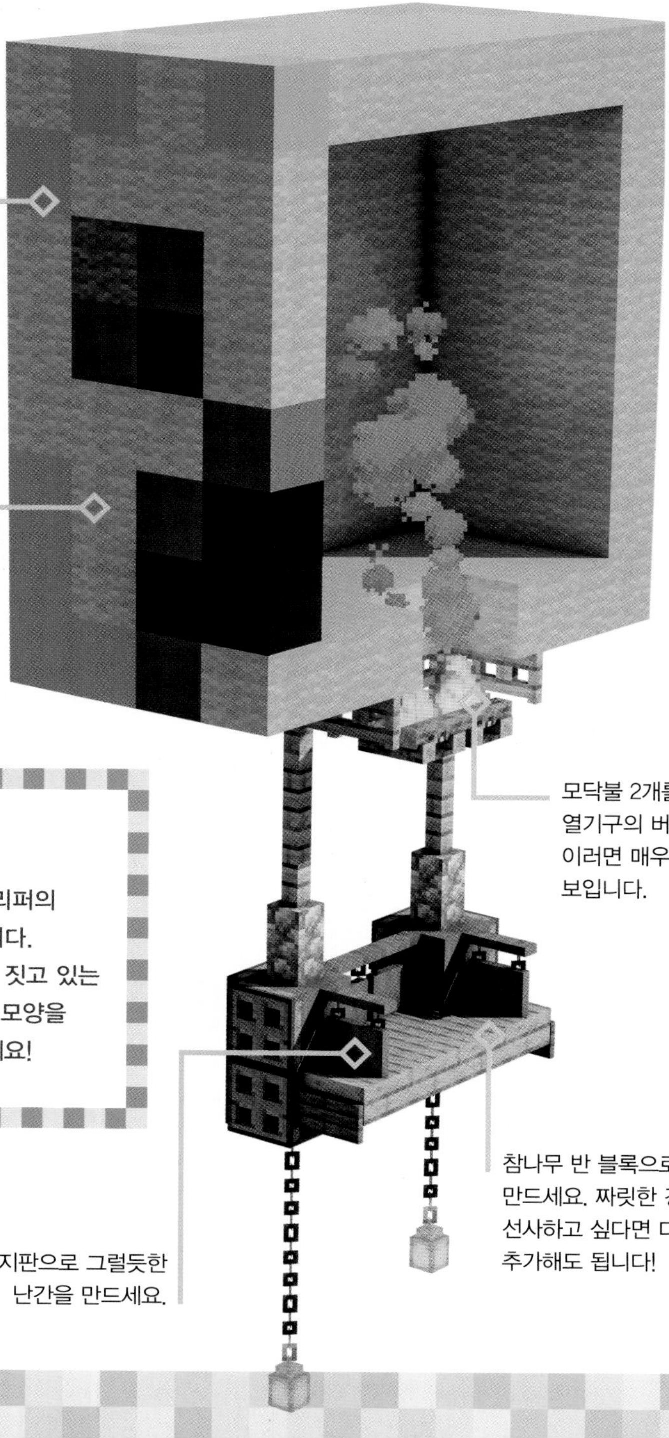

모닥불 2개를 추가해서
열기구의 버너를 만드세요.
이러면 매우 현실적으로
보입니다.

건축 팁

이 열기구를 자세히 보면 크리퍼의
입이 모두 검은색은 아닙니다.
회색 블록도 활용해 보세요. 미소 짓고 있는
크리퍼를 만들고 싶다면 입의 모양을
상하반전 해서 만들어 보세요!

참나무 반 블록으로 바닥을
만드세요. 짜릿한 경험을
선사하고 싶다면 다락문을
추가해도 됩니다!

매다는 표지판으로 그럴듯한
난간을 만드세요.

열기구

이런! 이번 건축물은 크리퍼와 가까워져야 하는 건축물입니다. 너무 걱정하지 마세요. 함정은 아닙니다. 사실은 마인크래프트를 높은 곳에서 즐길 수 있게 해 주는 환상적인 비행 기구입니다.

추천 블록

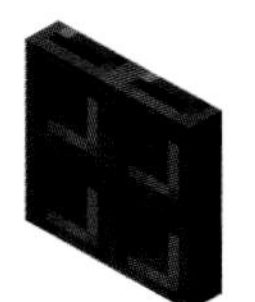
짙은 참나무 다락문

붉은 네더 벽돌

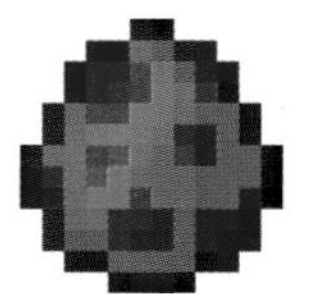
앵무새 생성 알

먼저 사암 담장을 만들어서 지지대를 만드세요.

진홍빛 반 블록과 다락문으로 지붕을 만드세요. 강렬한 지붕을 만들 수 있습니다.

크리에이티브 모드에서 앵무새를 생성하려면 앵무새 생성 알 몇 개를 사용하면 됩니다. 길들이려면 씨앗을 먹이세요!

사슬을 추가해서 구조물을 지탱하고 있는 것처럼 만드세요.

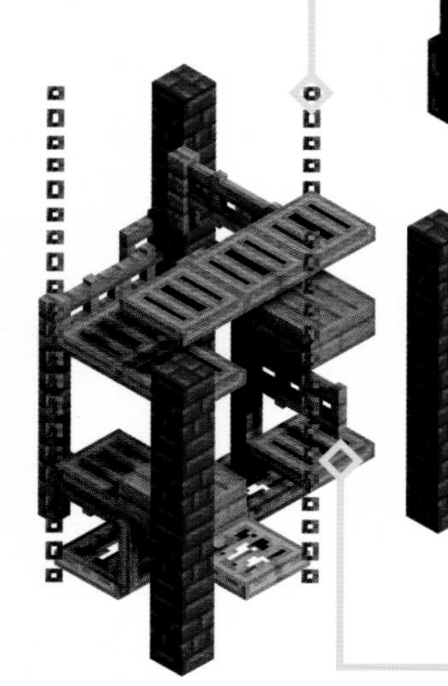

대량의 다락문으로 횃대를 만드세요. 앵무새가 무척 좋아할 겁니다.

짙은 프리즈머린 반 블록과 뒤틀린 반 블록을 사용해서 밝은 바닥을 만드세요.

앵무새 횃대

가장 예쁜 건축물이 누구냐고요? 건축물은 사람이 아니에요. 새와 친해지기 위해 새처럼 생각할 필요는 없어요! 새들과 친해지려면 새장에 가두지 말고 멋진 횃대를 만들어 보세요. 직접 만든 횃대에 씨앗을 채우고 자신의 재능에 감탄하며 '짹짹' 하고 지저귀세요!

건축 팁

탐사 로봇이 건축 현장이나 달 착륙 현장에도 어울리도록 배색하세요. 회색과 청록색, 노란색을 추천합니다.

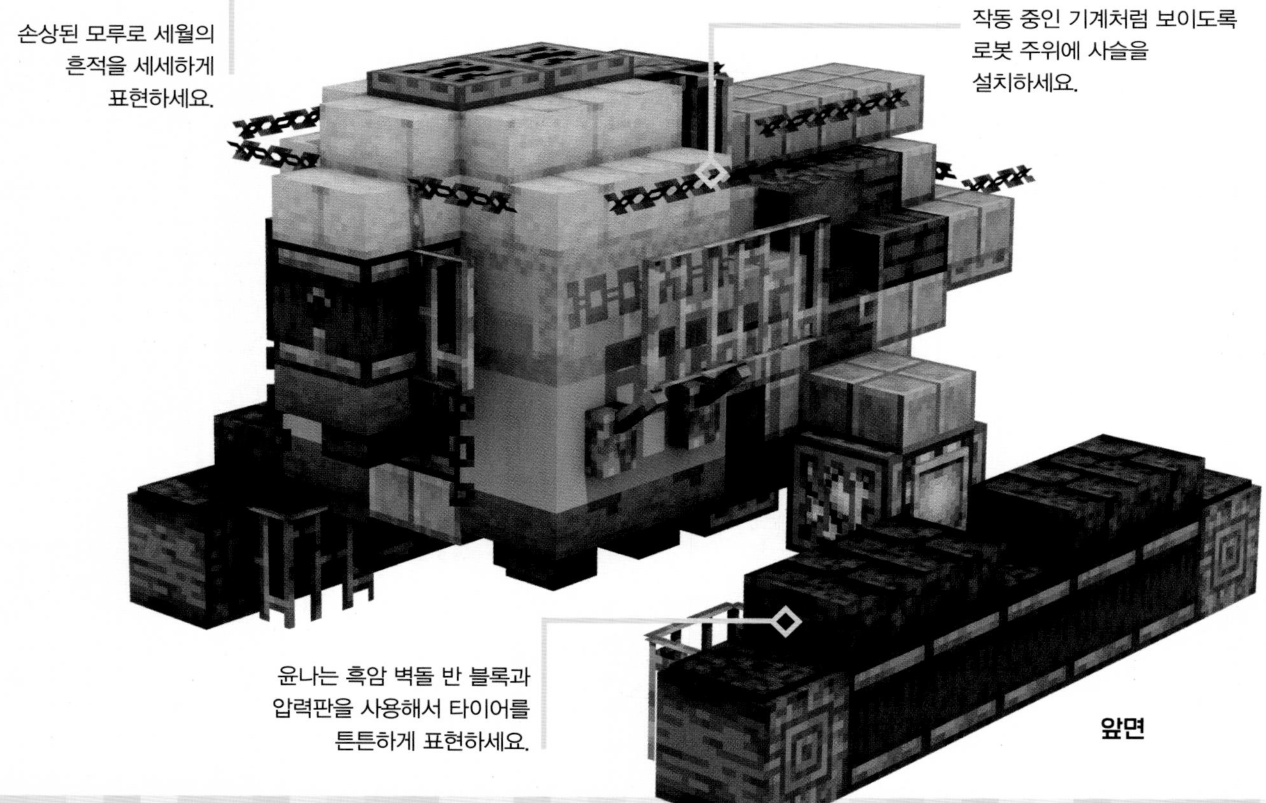

탐사 로봇

마인크래프트 건축의 미래와 조우하세요. 미래란 무엇일까요? 호버크래프트일까요? 산업용 굴착기일까요? 아니면 달 탐사선일까요? 미래는 당신에게 달려 있습니다. 자율주행 로봇을 만들어 보세요. 유행을 이끄는 사람이 될 겁니다!

한 걸음 더

주간에는 야외 쉼터를 쾌적하게 이용할 수 있지만, 야간에는 살짝 위험합니다. 크리퍼가 살금살금 다가올 수도 있거든요! 필요시 몸을 숨길 수 있도록 쉼터 앞에 벽돌 담장을 지어 보세요!

바꿔 보세요

맹그로브나무
반 블록

맹그로브나무
다락문

벚나무
계단

분홍색
양탄자

랜턴을 매달아서 쉼터를 항상 환하게 만드세요. 그렇다고 너무 낮은 곳에 설치하지는 마세요. 손님들이 머리를 부딪힐 수 있습니다!

참나무 및 가문비나무 울타리로 자연적인 캐노피를 만들 수 있습니다.

정글나무 반 블록과 정글나무 다락문으로 작은 의자를 만드세요. 간단하죠!

각 의자의 좌우에 아카시아나무 표지판을 설치해서 팔걸이를 만드세요.

숲 속 쉼터

하루 종일 적대적인 몹을 향해 화살을 쏘면서 숲을 쏘다녔나요? 그렇다면 앉아서 푹 쉬어야겠네요! 벌목을 조금 한 후, 이 쉼터를 만들어 보세요. 하지만 너무 풀어지지는 마세요. 좀비들은 여전히 도사리고 있습니다!

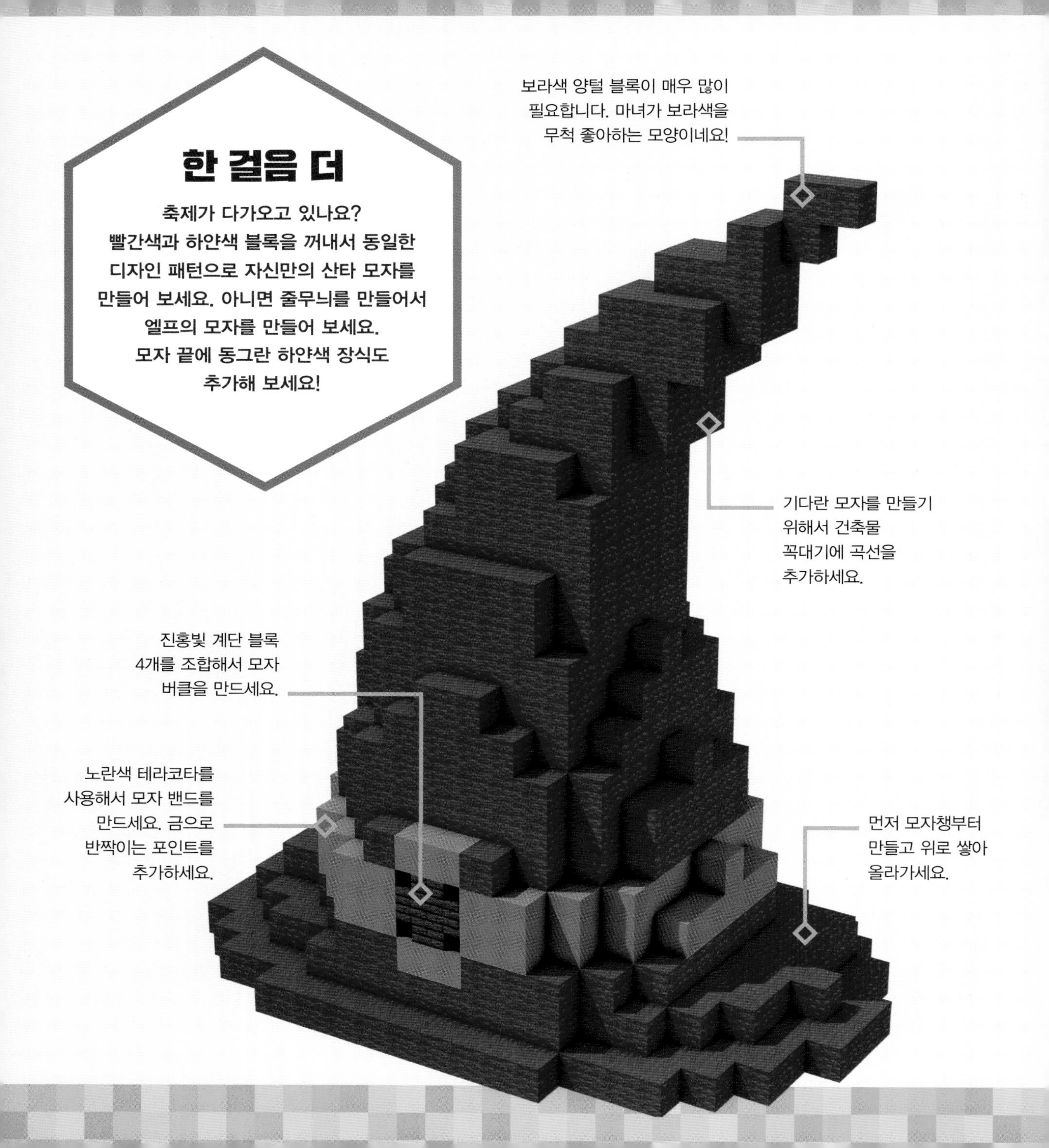

한 걸음 더
축제가 다가오고 있나요?
빨간색과 하얀색 블록을 꺼내서 동일한
디자인 패턴으로 자신만의 산타 모자를
만들어 보세요. 아니면 줄무늬를 만들어서
엘프의 모자를 만들어 보세요.
모자 끝에 동그란 하얀색 장식도
추가해 보세요!
보라색 양털 블록이 매우 많이
필요합니다. 마녀가 보라색을
무척 좋아하는 모양이네요!
기다란 모자를 만들기
위해서 건축물
꼭대기에 곡선을
추가하세요.
진홍빛 계단 블록
4개를 조합해서 모자
버클을 만드세요.
노란색 테라코타를
사용해서 모자 밴드를
만드세요. 금으로
반짝이는 포인트를
추가하세요.
먼저 모자챙부터
만들고 위로 쌓아
올라가세요.

마녀의 모자

이렇게 커다란 모자를 쓰는 마녀는 대체 누구일까요? 어쩌면 상상하지 않는 편이 좋을지도 모르겠네요! 대신에 작업모를 쓰고서 거대하고 뾰족한 모자를 만들어 보세요. 거대한 마녀의 머리를 따뜻하게 덮어 줄 수 있습니다.

아치에는 윤나는 안산암 반 블록을 사용하세요. 안쪽 가장자리에 레버를 추가해서 예리한 각도를 만드세요.

건축 팁

생물 군계와 어울리는 계단을 제작하는 활동은 재미있습니다. 하지만 신호기나 다른 표식을 남겨서 제작한 계단의 위치를 기억해 두는 것도 중요합니다!

다락문과 모닥불, 울타리를 사용해서 계단 구조물을 만들어 보세요. 책이 잘못된 것 아니냐고요? 아니에요, 계단 블록 없이도 계단을 만들 수 있어요!

이끼 블록과 나뭇잎을 설치해서 세월의 흔적과 오랫동안 방치된 분위기를 만들어 보세요.

기둥을 튼튼하게 만들기 위해서 진흙 벽돌 담장을 사용하세요.

야외 계단

이번에 살펴볼 계단은 야외에 설치하기에 적합합니다. 돌과 양털, 식물을 이용하면 언덕진 풍경의 일부처럼 보이도록 만들기 쉽습니다. 그렇다고 해서 실내에 이런 계단을 만들면 안 된다는 법도 없습니다.

건축 팁

유용한 아이템을 작업실에 비치하세요. 도구 제작을 위해서는 용광로와 대장장이 작업대가 필요합니다. 도구를 보관할 상자도 추가해 보세요!

연기 나는 대형 굴뚝은 모닥불 2개를 가문비나무 다락문으로 감싸서 만들었습니다.

자연 채광을 위해 후문을 열어 놓으세요.

돌 반 블록, 벽돌 및 벽돌 계단을 사용해서 모닥불 2개가 들어갈 크기의 화덕을 만드세요.

사슬을 매달면 작업실을 예쁘게 꾸밀 수 있습니다.

도구 대장장이의 작업실

용암 바로 옆에 있는 깊은 굴에 도구를 보관하고 있나요? 좋은 생각이 아닌데요! 그러지 말고 훌륭한 도구 대장장이에 어울리는 작업실을 직접 만들어 보세요. 이 작업실만 있으면 어떤 대장일이든 처리할 수 있습니다.

아늑한 분위기를 만들려면 난색으로 장식하세요. 모닥불의 4면에 다락문을 설치해서 난로를 만드세요.

추천 블록

참나무 반 블록

참나무 다락문

벚나무 버튼

밤이 되어도 집을 찾아 갈 수 있도록 하늘색 색유리 위에 엔드 막대기를 설치하세요.

문 앞에 눈이 쌓이지 않도록 문 위로 펼쳐진 캐노피를 만드세요.

벚나무 다락문으로 창문 덮개를 표현해 보세요.

아늑한 설원 속 오두막

설원 속에 자신만의 안락한 집을 지어서 마인크래프트에서 제일 추운 생물 군계를 즐겨 보세요. 이 블록에 사는 모든 북극곰의 부러움을 사게 될 겁니다. 지하를 만들 때에는 조심하세요. 냉수에서 수영하고 싶지 않으면요!

숫돌과 레드스톤
조명, 레버를
설치해서 예쁜
주춧돌을 만드세요.

추천 블록

윤나는 안산암
계단

매끄러운 돌
반 블록

조약돌 계단

자갈

47

코끼리 조각상

강력한 짐승은 거대한 조각상으로 표현해야 합니다. 따라서 특별한 코끼리 조각상을 제작하려면 돌이 매우 많이 필요합니다. 거대한 주춧돌 위로 우뚝 솟은 건축물은 분명 깊은 인상을 남겨 줄 겁니다!

꽃 핀 진달래 잎과 진달래 잎을 섞어서 다채롭게 만드세요. 더 꾸미고 싶다면 벚나무 잎을 사용해 보세요.
아주 아늑한 구석을 만들기 위해서 나무와 나뭇잎, 따뜻한 색상의 블록을 활용해서 방을 만드세요.
참나무 다락문으로 장식용 발코니 난간을 만드세요.
앉을 공간을 늘리려면 판자 블록을 몇 개 추가하세요.
다락문 4개를 사슬 2개로 연결해서 간단한 그네를 만드세요. 집에서 가장 좋은 자리가 생겼습니다!

나무 위의 집

마인크래프트에는 어디서나 나무를 볼 수 있는데, 왜 나무에서 살지는 않나요? 자연을 품은 이 집에는 옥상 전망대와 멋진 그네를 갖추고 있습니다. 친구들과 만나서 놀기에 최적인 장소죠.

건축 팁

방 전체를 만들고 나서 가구를 배치하세요. 작업하고 있는 공간이 얼마나 되는지 파악할 수 있으면 부엌 조리대나 소파의 크기를 정하기가 쉬워집니다.

피스톤 블록을 사용해서 탁자를 만드세요. 나란히 설치하면 멋진 문양을 만들 수 있습니다.

커튼처럼 보이도록 각 창문 옆에 현수막을 추가하세요.

다양한 종류의 프리즈머린 블록을 사용해서 질감을 더하고 명암을 만드세요.

석영 계단으로 부엌 조리대를 만들고 아이템 액자를 설치한 다음 아이템 액자에 맛있는 음식을 넣으세요!

추천 블록

뒤틀린 계단

참나무 판자

뒤틀린 다락문

하늘색 현수막

청록색 인테리어

비슷한 빛깔의 블록들을 이용해서 건축을 하면 재미있는 디테일을 많이 만들 수 있고 좁은 공간도 넓어 보이게 할 수 있습니다. 당신이 좋아하는 색깔은 무엇인가요? 원하는 색깔을 선택해서 사용해 보세요!

모닥불을 중심으로 양탄자
4개를 설치해서 모자를
만드세요. 불을 붙여서
추가 효과를 주세요.

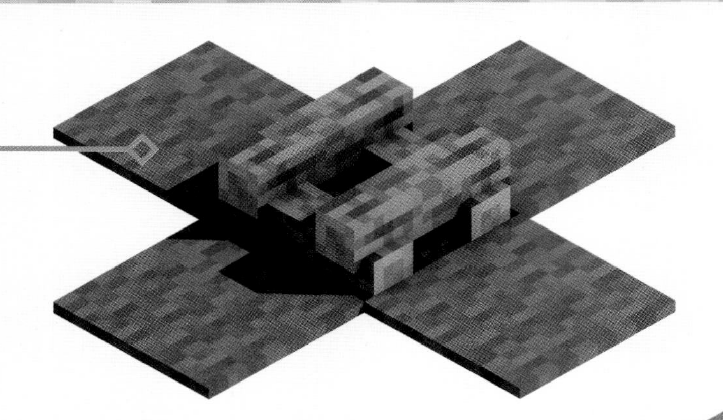

건초 더미 블록으로
팔다리를 연결하세요.

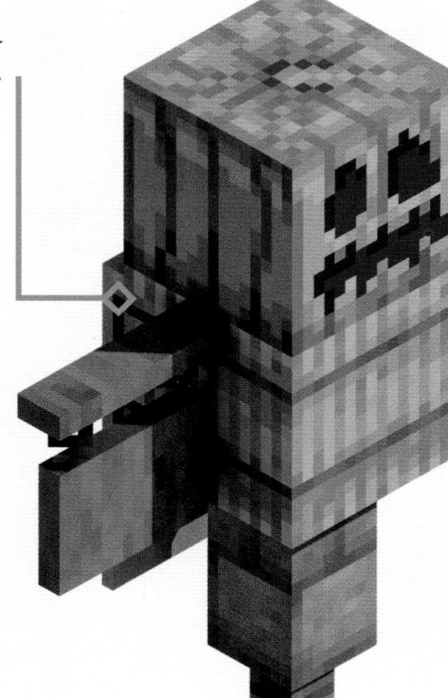

매다는 표지판으로 팔을
만드세요. 표지판에는
"까마귀야 저리 가"라고
쓸 수도 있습니다.

한 걸음 더

더 크게 만들어 보세요! 작은 허수아비도 좋지만, 거대한 허수아비를 만들면 온갖 해로운 동물들을 농장에서 쫓아낼 수 있습니다. 아니면 경작지에 온전한 허수아비 군단을 만들어서 말 그대로 위협적인 건축물을 만드세요.

먼저 바닥에 장식된
도자기를 설치하고 위로
쌓아 올라가세요.

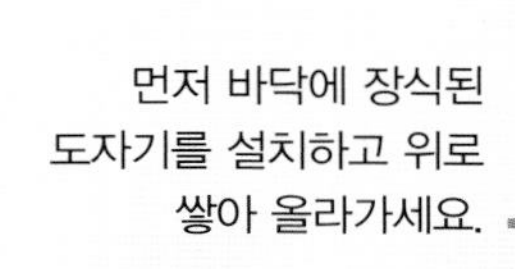

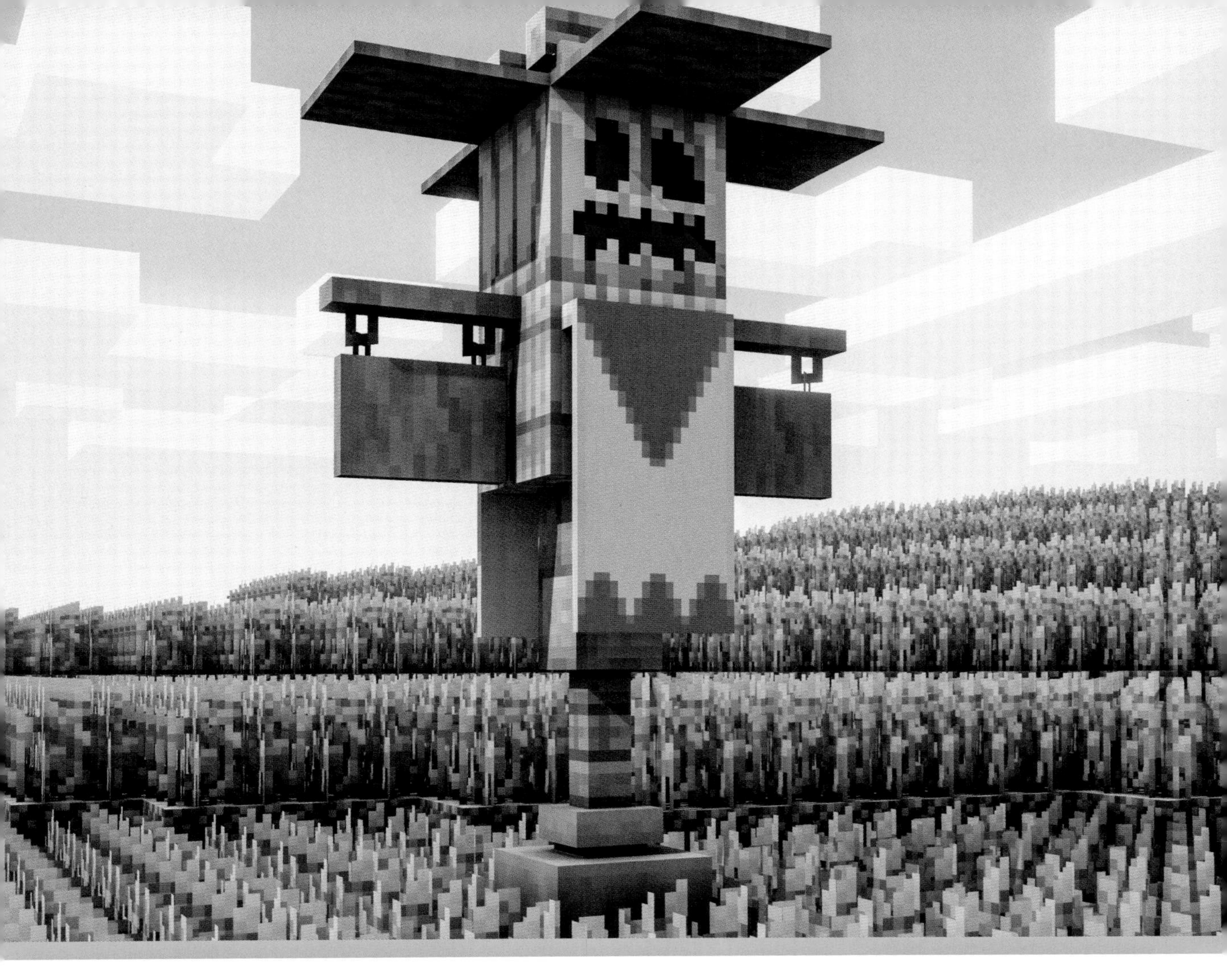

허수아비

까마귀는 마인크래프트에 존재하지 않아요. 그런데도 우리가 허수아비를 만들어야 하냐고요? 농장에 호박 머리로 허수아비를 만들어 놓으면 허수아비가 성가신 좀도둑들로부터 작물을 지켜 줄 거예요.

건축 팁

이번 건축물에는 다양한 장식 블록과 아이템이 사용되었습니다. 먼저 기본적인 구조를 만들고, 형태가 잡히면 과학적인 장식을 곳곳에 추가하세요.

용광로를 추가해서 벽에 환풍구가 있는 것처럼 만드세요.

과학자의 작업대로 알맞은 구리 장비를 피뢰침으로 만드세요.

양조기 위에 초를 추가해서 실험이 진행 중인 것처럼 만드세요.

유리판을 설치하고 그 뒤에 스컬크 비명체와 조율한 스컬크 감지체를 설치하세요. 위험한 실험 같아 보이네요!

과학실

자신만의 실험실에서 미친 과학 실험을 해 보세요. 물약을 양조하고, 조심스럽게 용암을 가지고 놀되, 실수로 새로운 적대적 몹을 발명하지는 마세요. 행운을 빌어요, 과학자님!

검은색 양털 모자를
더 화려하게 만들기 위해 붉은
네더 벽돌로 줄무늬를 추가하세요.
추천 블록
주황색
테라코타
검은색 양털
껍질 벗긴 짙은
참나무 원목
눈사람이 친구와 악수할 수
있도록 가문비나무 울타리로
손을 만드세요.
검은색 테라코타 블록에
돌 버튼을 설치해서
디테일을 더하세요.
자홍색 및 연두색 테라코타를
사용해서 화려한 스카프를
만드세요.
작은 크기로 구겨진
듯이, 우스꽝스러운
얼굴의 눈사람을
만드세요. 마치
녹고 있는 것처럼
보이게요!
녹고 있는 눈사람

눈사람

잘생긴 이 눈사람을 보세요. 높은 모자를 쓰고 멋진 지팡이를 들고서 귀여운 미소로 심금을 녹이고 있어요. 다행히 이 눈사람은 영원히 녹지 않아요. 그러니 너그러운 마음으로 녹아내리는 눈 친구도 만들어 주세요!

한 걸음 더

빛나는 바닥을 만들어서 댄스 실력만이 아니라 건축 실력도 자랑하세요. 유리 블록 밑에 버섯불이나 발광석, 바다 랜턴 블록을 설치하세요. 이제 무대 위에서 신나게 뛰어 보세요!

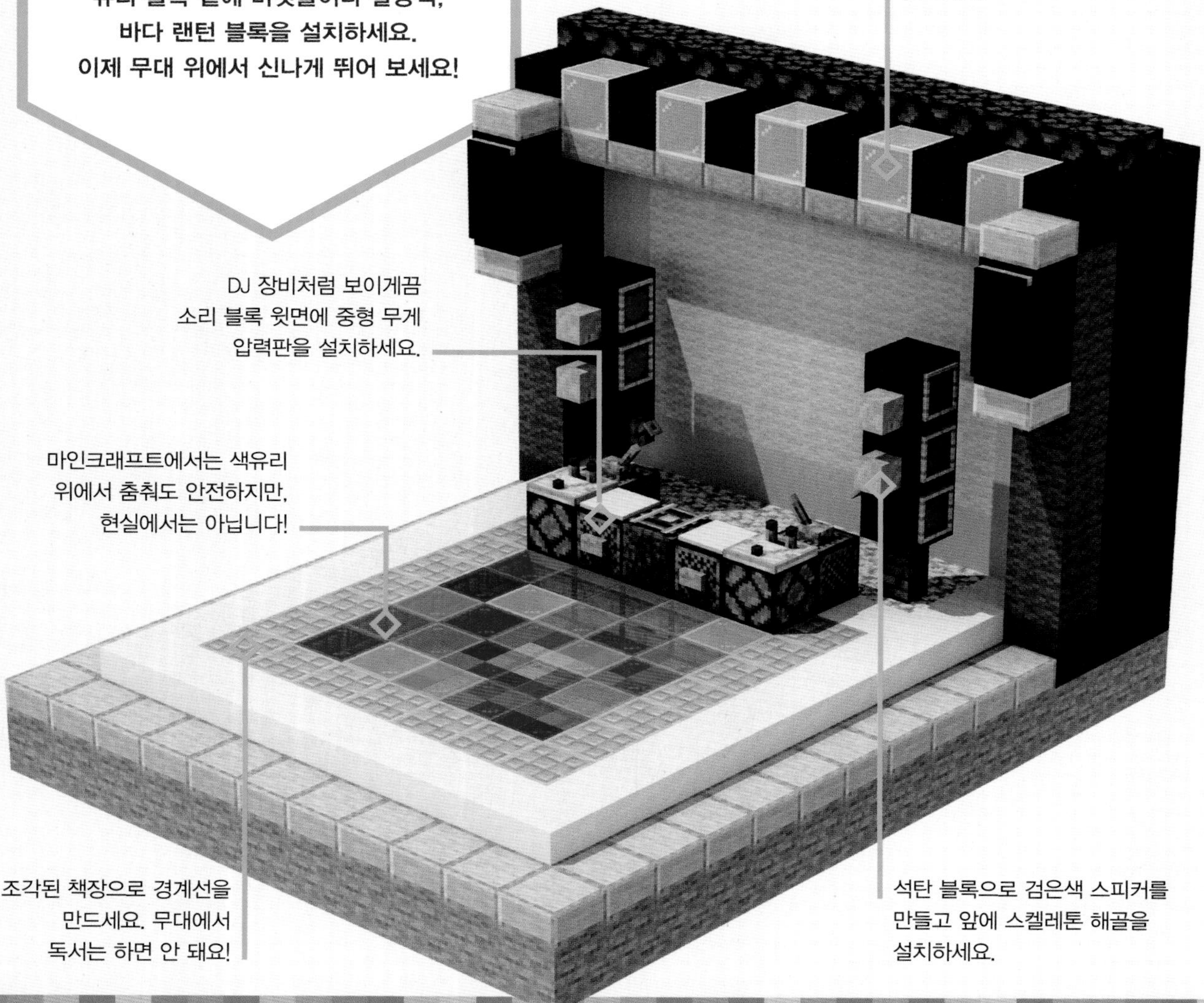

하얀색 색유리 블록 뒤에 빛나는 엔드 막대기를 설치해서 무대를 밝게 만드세요.

DJ 장비처럼 보이게끔 소리 블록 윗면에 중형 무게 압력판을 설치하세요.

마인크래프트에서는 색유리 위에서 춤춰도 안전하지만, 현실에서는 아닙니다!

조각된 책장으로 경계선을 만드세요. 무대에서 독서는 하면 안 돼요!

석탄 블록으로 검은색 스피커를 만들고 앞에 스켈레톤 해골을 설치하세요.

DJ 무대

곡괭이를 갖다 버리고 마인크래프트를 댄스 게임으로 바꾸세요. 댄스가 펼쳐지는 무대에 적대적인 몹이 오지 않게만 하세요. 날뛰는 약탈자는 말 그대로 파티 분위기를 엎어버릴 수도 있습니다!

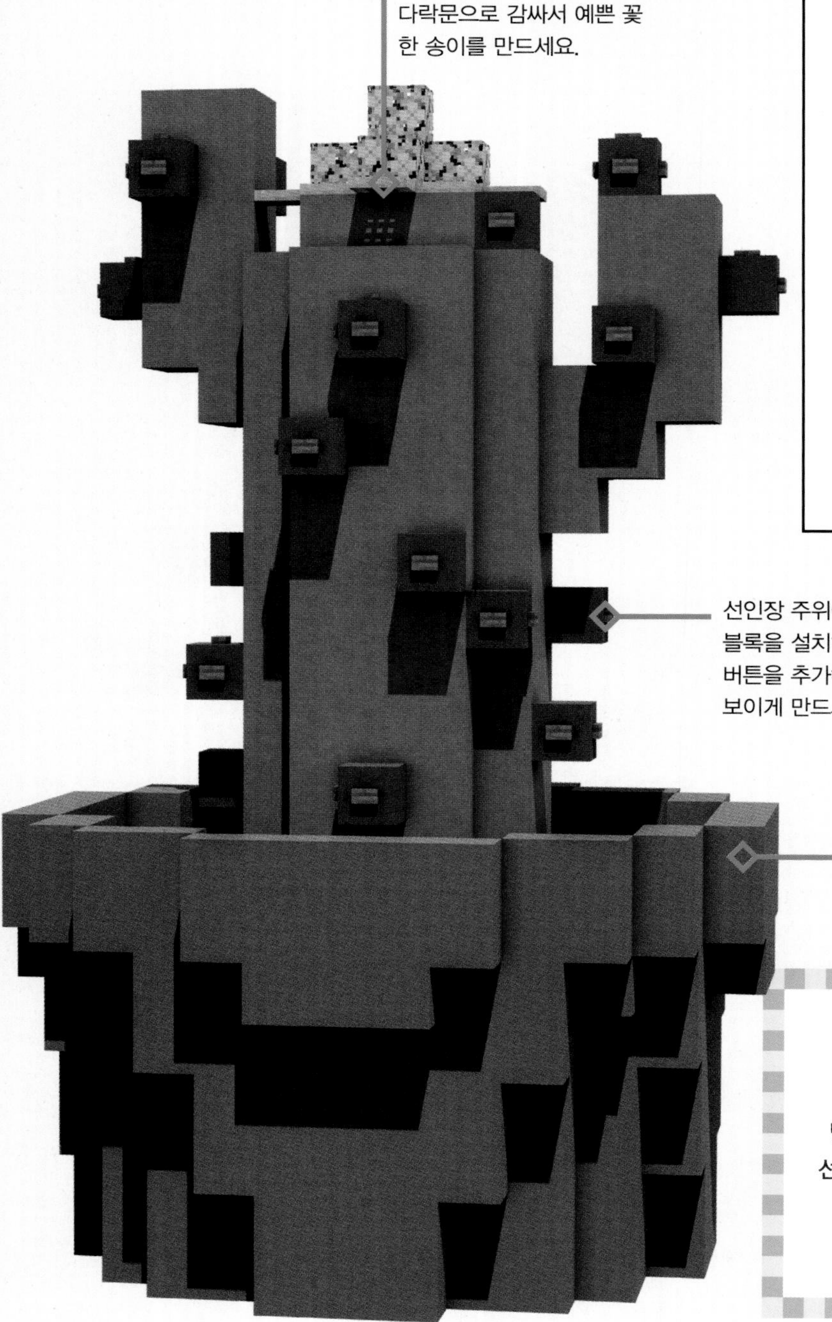

벚나무 잎 블록을 벚나무 다락문으로 감싸서 예쁜 꽃 한 송이를 만드세요.

선인장 주위에 초록색 테라코타 블록을 설치하세요. 그런 다음 버튼을 추가해서 가시가 많아 보이게 만드세요!

테라코타로 화분을 만들고 화분에 진흙을 넣은 다음에 선인장을 만들어도 되고, 바로 땅에 선인장을 만들어도 됩니다.

바꿔 보세요

초록색 콘크리트 가루

초록색 셜커 상자

초록색 유광 테라코타

갈색 버섯 블록

건축 팁

먼저 선인장의 중심이 될 줄기부터 만드세요. 전체적인 높이를 파악해 두면 선인장의 나머지 부분과 화분을 건축할 때 치수를 정하기가 용이해집니다.

꽃 핀 선인장

제각기 다른 모양을 하고 있는 이 가시투성이 식물은 사막 생물 군계에서 건축할 때 심으면 좋습니다. 하늘을 찌를 듯한 선인장을 직접 만들어 보세요. 길을 잃더라도 올바른 길을 찾을 수 있을 거예요!

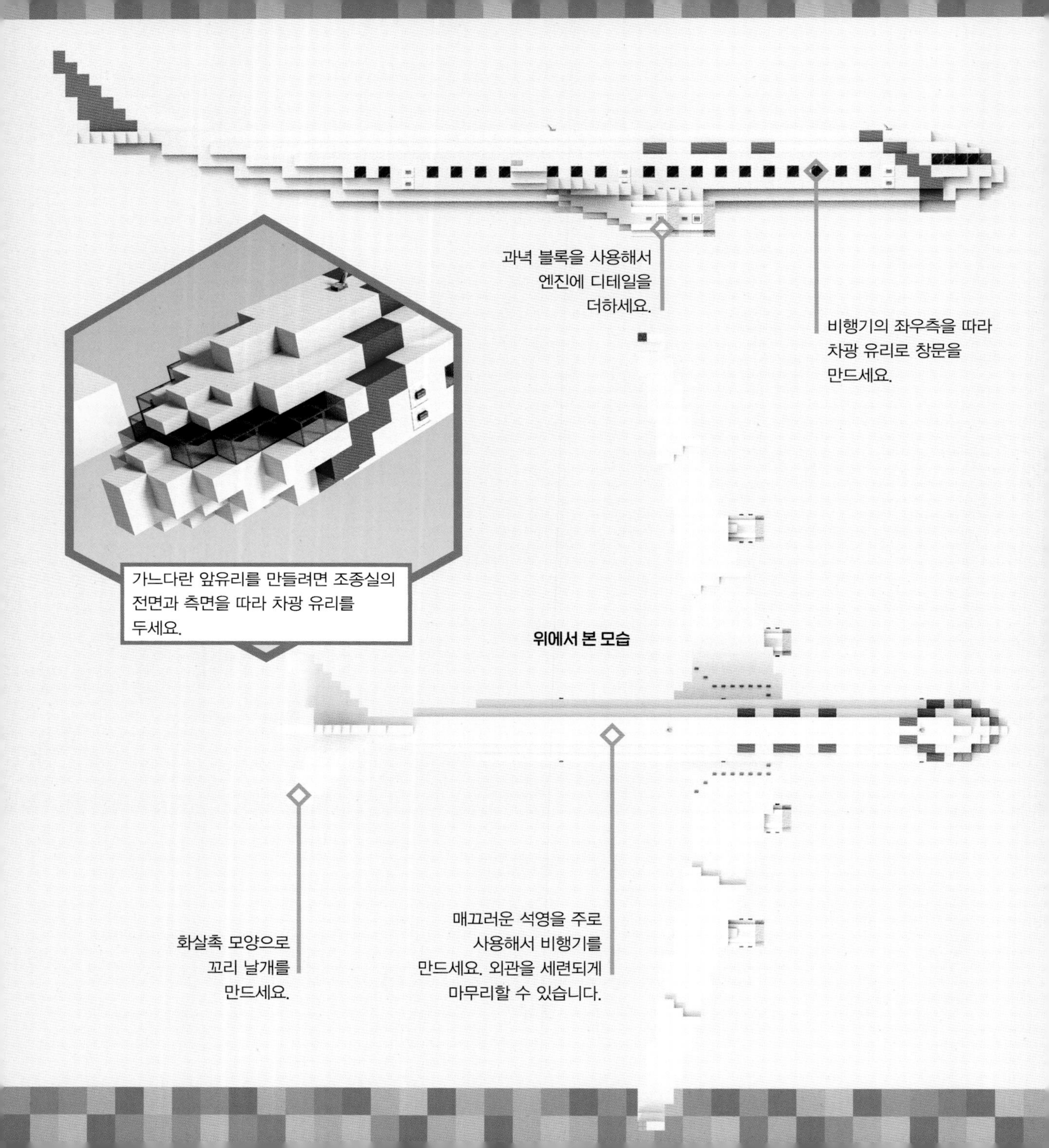
과녁 블록을 사용해서
엔진에 디테일을
더하세요.
비행기의 좌우측을 따라
차광 유리로 창문을
만드세요.
가느다란 앞유리를 만들려면 조종실의
전면과 측면을 따라 차광 유리를
두세요.
위에서 본 모습
화살촉 모양으로
꼬리 날개를
만드세요.
매끄러운 석영을 주로
사용해서 비행기를
만드세요. 외관을 세련되게
마무리할 수 있습니다.

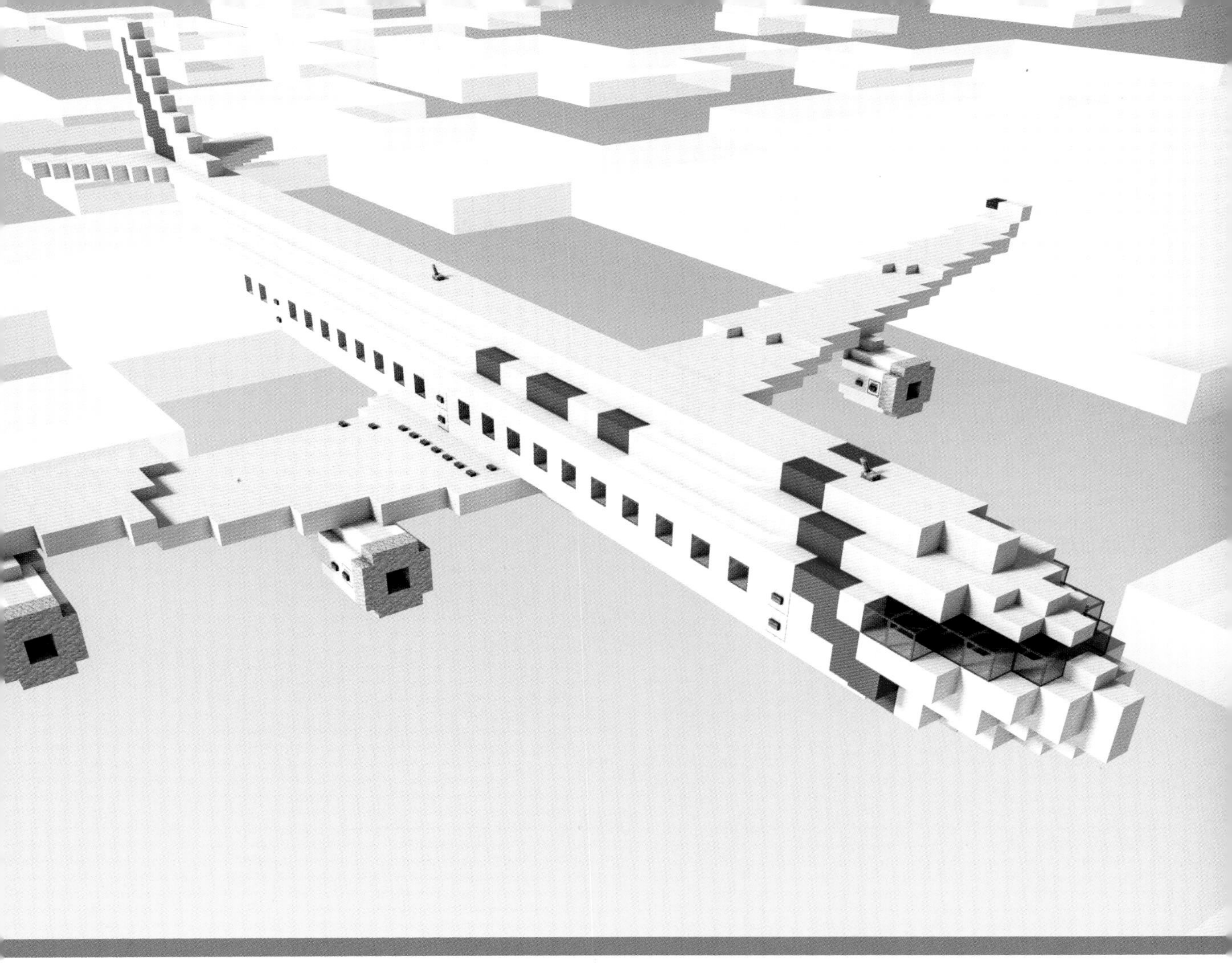

비행기

자신만의 비행기를 만들어서 신나는 건축 여행을 떠나 보세요. 비행기를 공중에 짓든 활주로에 짓든, 눈에 잘 띄는 색깔들을 고르고 재미있는 디테일을 추가해서 세상에 단 하나뿐인 비행기를 만드세요!

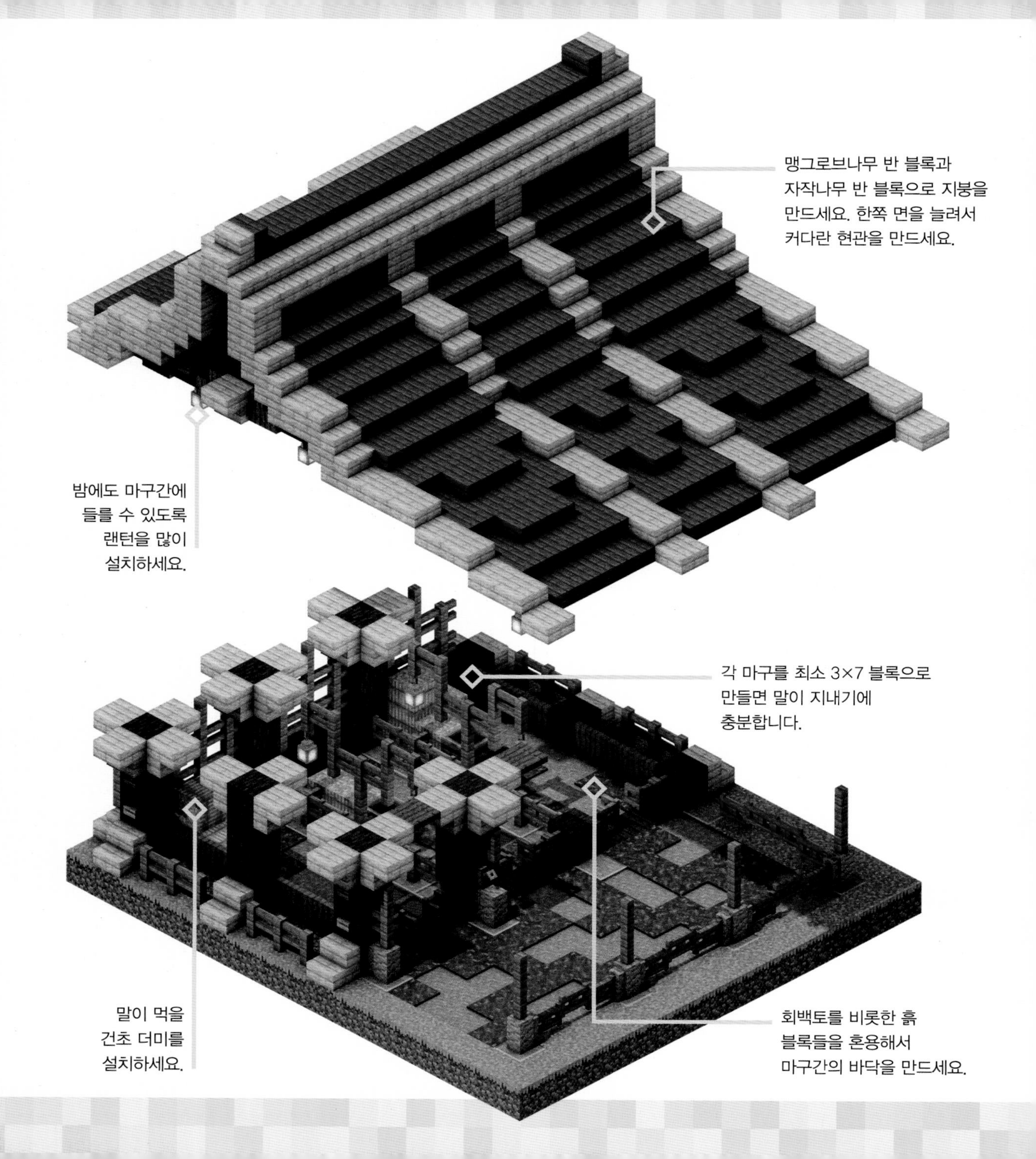
맹그로브나무 반 블록과
자작나무 반 블록으로 지붕을
만드세요. 한쪽 면을 늘려서
커다란 현관을 만드세요.
밤에도 마구간에
들를 수 있도록
랜턴을 많이
설치하세요.
각 마구를 최소 3×7 블록으로
만들면 말이 지내기에
충분합니다.
말이 먹을
건초 더미를
설치하세요.
회백토를 비롯한 흙
블록들을 혼용해서
마구간의 바닥을 만드세요.

마구간

말을 더 편안하게 키울 수 있는 장소가 필요한가요? 이렇게 아늑한 마구간을 만들어 주면 말 친구들이 히이잉 하고 불만을 얘기하지 않을 겁니다. 주된 이유는 말이 말을 할 수 없기 때문이지만요…

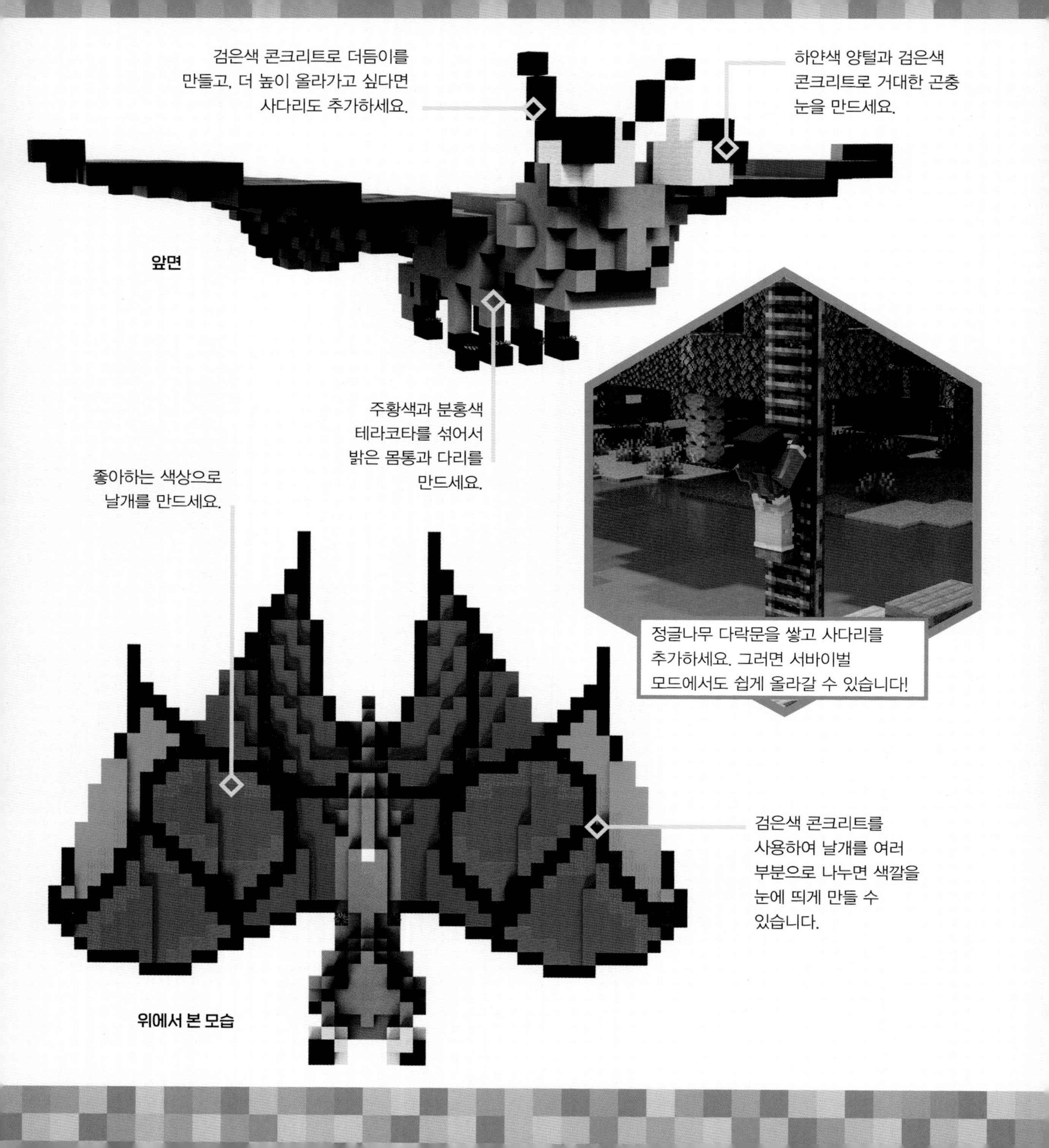
검은색 콘크리트로 더듬이를
만들고, 더 높이 올라가고 싶다면
사다리도 추가하세요.
하얀색 양털과 검은색
콘크리트로 거대한 곤충
눈을 만드세요.
앞면
주황색과 분홍색
테라코타를 섞어서
밝은 몸통과 다리를
만드세요.
좋아하는 색상으로
날개를 만드세요.
정글나무 다락문을 쌓고 사다리를
추가하세요. 그러면 서바이벌
모드에서도 쉽게 올라갈 수 있습니다!
검은색 콘크리트를
사용하여 날개를 여러
부분으로 나누면 색깔을
눈에 띄게 만들 수
있습니다.
위에서 본 모습

나비 전망대

나비는 아주 작을 수도, 아니면 팬텀이 깜짝 놀라 날개를 퍼덕거릴 정도로 거대한 짐승이 될 수도 있습니다! 그렇다면 거대한 나비 전망대를 만들어서 마인크래프트의 허전한 하늘에 생기를 불어넣어 보는 것은 어떨까요?

집의 한쪽 벽을 반대편보다 낮게 만들고, 윗면을 따라 맹그로브나무 반 블록을 설치해서 외쪽지붕을 만드세요.

추천 블록

자작나무 반 블록

자작나무 다락문

석재 벽돌 담장

회백토

화분에 식물을 심어서 건축물을 집 같은 분위기로 만드세요.

문 옆에 종을 설치하세요. 초인종이 만들어졌습니다!

먼저 3×3 크기의 바닥을 만들고, 블록 4개 높이로 대나무를 쌓아 집을 만드세요.

58

작은 집

밤에 살아남기 위해 준비하는 것이 아니라 닭을 쫓느라 하루의 대부분을 보낸 적이 있나요? 그렇다면 어서 건축하는 편이 좋겠네요! 집 자체는 작지만, 그 안에는 디테일이 많이 담겨 있습니다.

바꿔 보세요

꿀 블록

후렴초

흙

초록색
테라코타

신호기를 사용해서 유리 같은 눈과 밝은 동공을 만드세요. 무서워 보이게요!

뱀의 커다란 머리에 이를 때까지 점진적으로 뒤틀린 사마귀를 추가하세요.

붉은 네더 벽돌 반 블록으로 혀를 만드세요. 혀는 한색으로 이루어진 나머지 부분과 강렬한 대비를 이룹니다.

이끼 낀 석재 벽돌과 이끼 낀 조약돌로 높은 기둥을 만드세요.

주로 푸른얼음과 꽁꽁 언 얼음을 사용해서 뱀의 몸을 만드세요.

뱀 얼음 조각상

이렇게 거대하고 꿈틀거리는 파충류를 목격하고 나면 눈 덮인 생물 군계를 배회하는 북극곰은 덜 무서울 겁니다. 사악하게 생긴 얼음 조각상을 만들어서 아주 차갑게 손님을 맞이해 보세요.

매끄러운 석영과
검은색 콘크리트로 거대한
안구를 만드세요.

이끼 바닥을
사용해서 초록색
눈꺼풀을 만드세요.

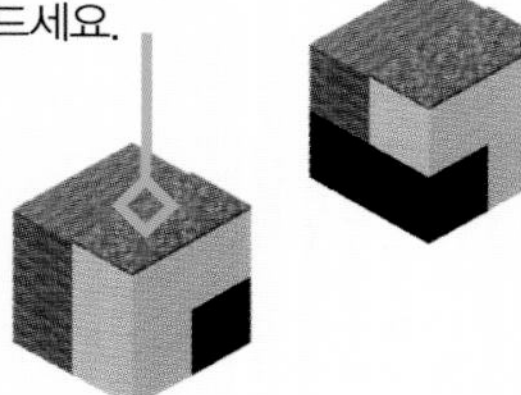

초록색을 활용해 보세요!
초록색 양털과 연두색 테라코타,
초록색 콘크리트 가루를 섞어서
몸통을 만드세요.

수련잎도 설치하세요.
진짜 개구리도 생성해
보는 것은 어떨까요?

혀를 폭포로
만들어 봤어요!

개구리 분수

초록색 건축물을 멀리서 보면 생물 군계의 자연지물처럼 보입니다. 하지만 가까이서 보면 환상적인 개구리 분수의 커다란 눈을 발견할 수 있게 됩니다. 개구리가 우리를 쳐다보고만 있지 않았다면 우리도 바로 뛰어들었을 텐데요!

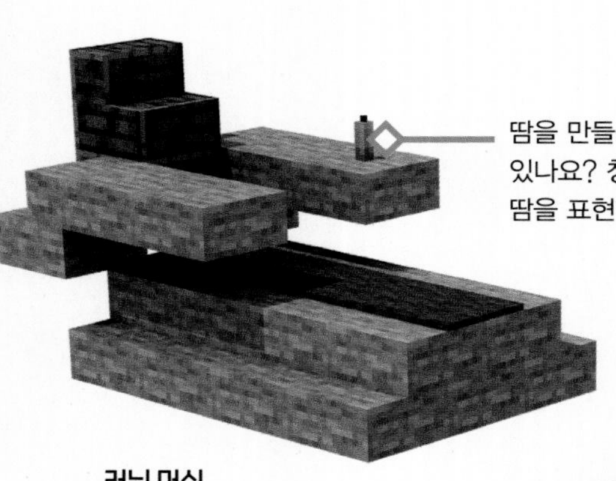

땀을 만들어 본 적이
있나요? 청록색 초만 있으면
땀을 표현할 수 있습니다!

러닝 머신

한 걸음 더

땀 흘려 운동한 다음에는 무엇을 하면
좋을까요? 바로 수영이죠! 체육관을 넓히고
여러 개의 레인이 있는 수영장을 만들어
보세요. 아니면 운동을 마치고 반신욕을
할 수 있는 목욕탕을 만들어 보세요!

두 석탄 블록을
엔드 막대로 이어서
덤벨을 만드세요.

웨이트 벤치

운동 편의를 높이기
위해서 돌 반 블록에
회색 양탄자를
설치하세요!

사슬과 맹그로브나무
매다는 표지판을
사용해서 샌드백이
매달려 있는 것처럼
만드세요.

돌 계단과 윤나는 심층암 계단을
사용해서 러닝 머신을 만드세요. 이제
달리세요!

샌드백에
빨간색 콘크리트를
사용해서 타격점을
표시하세요!

샌드백

체육관

마인크래프트에서 운동하는 것은 현실에서보다 훨씬 쉽습니다. 더 건강해지지는 않지만, 멋있게 뽐내면서 다닐 수는 있습니다! 후끈한 열기를 느끼면서 완벽한 체육관을 지어 보세요. 어서요, 이제 등 근육 운동 하셔야죠!

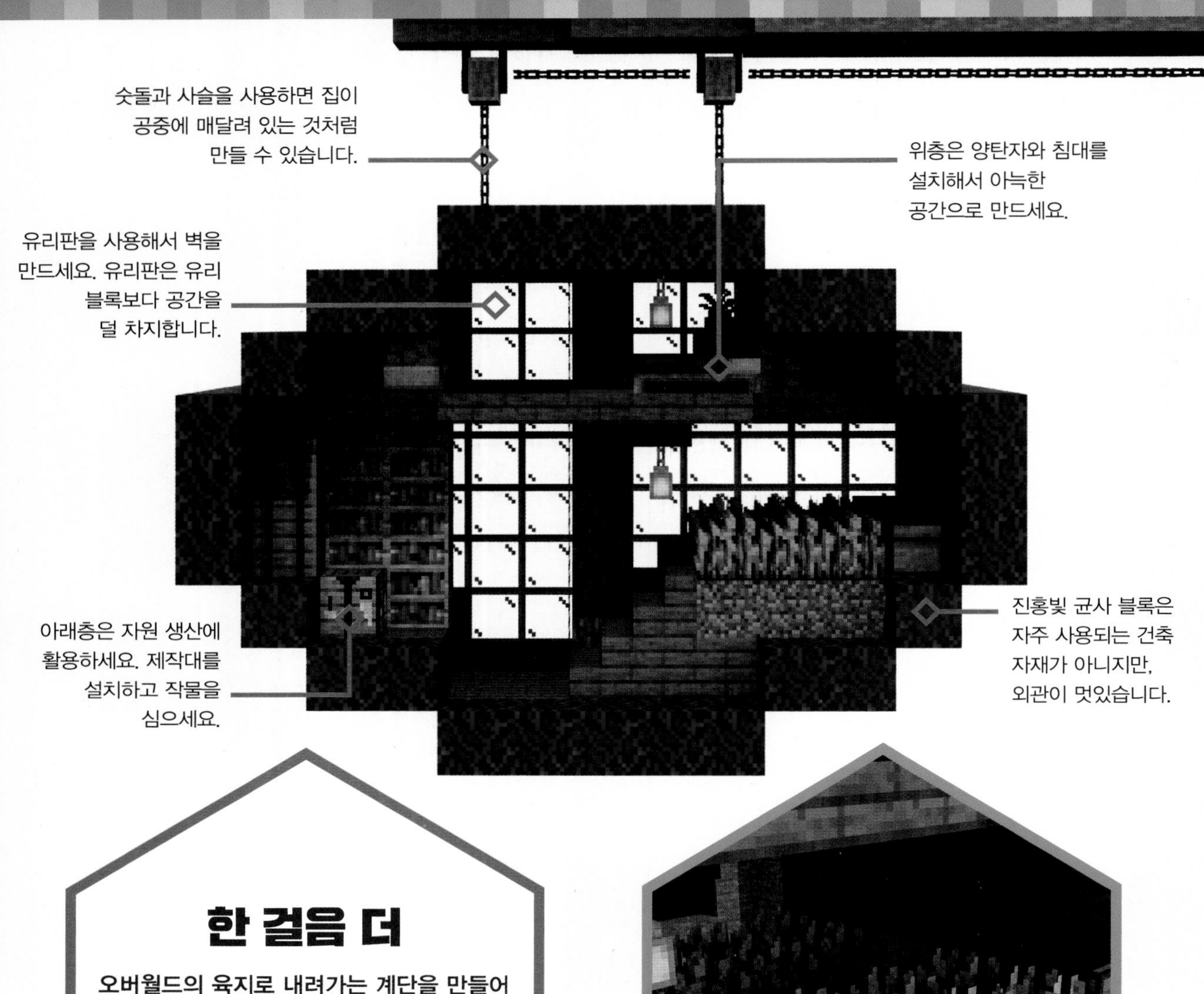

한 걸음 더

오버월드의 육지로 내려가는 계단을 만들어 보는 것은 어떨까요? 밑에 다다르기까지 오래 걸리는 만큼 계단참을 많이 만들어 놓으세요. 하지만 무슨 일이 있어도 밑을 내려다보지는 마세요!

집에 개천을 만드세요. 그렇지 않으면 농사에 필요한 물을 얻기 위해 매번 밑으로 내려가야 합니다!

매달린 집

높은 곳에서 사는 꿈을 계속 꿔 왔다면 이 집은 당신을 위한 집입니다. 공중에 매달려 있는 이 집에서는 오버월드의 빼어난 경관을 만끽할 수 있습니다. 부디 고소공포증이 없기만을 바랍니다!

건축 팁

이들 의자의 기본적인 구조는 다락문과 반 블록을 조합해서 만들어졌습니다. 다락문과 반 블록을 제 위치에 설치하면 의자를 얼마든지 구체적으로 표현할 수 있습니다. 자신 있게 만드세요!

보라색 현수막을 사용해서 벚나무 의자에 어울리는 쿠션을 만드세요.

실제로 사슬이 대나무 벤치에 연결되어 있지는 않습니다. 그래도 이렇게 하니 균형 잡혀 보이죠!

윤나는 흑암 담장 블록을 쌓고, 밑부분을 캐서 담장 밑에 앉을 공간을 만드세요.

63

편안한 의자

이 책에 있는 건축물을 만드느라 바쁜 하루를 보냈다면 분명히 앉아서 쉬고 싶겠죠. 하지만 먼저 특별한 날에도 앉을 만한 세련된 의자를 직접 만들어 보세요. 당신은 그런 대접을 받을 만하니까요!

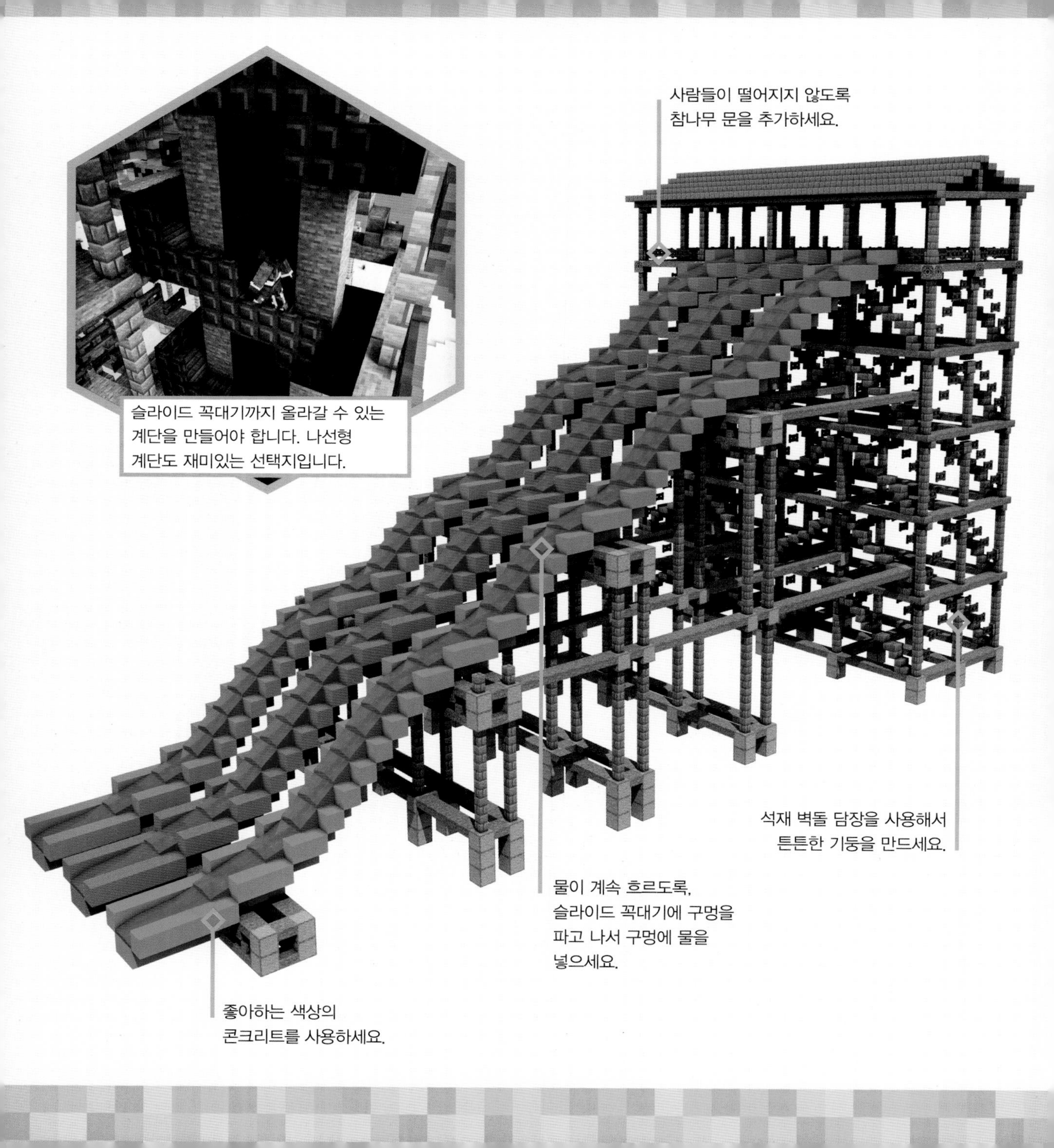
사람들이 떨어지지 않도록
참나무 문을 추가하세요.
슬라이드 꼭대기까지 올라갈 수 있는
계단을 만들어야 합니다. 나선형
계단도 재미있는 선택지입니다.
석재 벽돌 담장을 사용해서
튼튼한 기둥을 만드세요.
물이 계속 흐르도록,
슬라이드 꼭대기에 구멍을
파고 나서 구멍에 물을
넣으세요.
좋아하는 색상의
콘크리트를 사용하세요.

워터 슬라이드

물놀이가 더 재밌었으면 좋겠나요? 정말로요? 워터 슬라이드는 재미있는 만큼 무섭기도 합니다. 하지만 화려하게 물을 튀기고 싶다면 이만한 건축물은 없습니다!

바꿔 보세요

연두색 유광 테라코타

초록색 유광 테라코타

버섯불

금 블록

위더 스켈레톤 해골로 구슬 같은 눈을 만드세요.

하늘색 콘크리트와 하늘색 테라코타를 사용해서 단순한 투톤 재킷을 만드세요.

하얀색 양털로 조끼를 만드세요. 이렇게 하면 외투의 나머지 부분을 더욱 돋보이게 만들 수 있습니다.

분홍색 콘크리트로 된 모서리 일부에 빈칸을 남겨 두세요. 이렇게 하면 더욱 현실적인 머리칼을 만들 수 있습니다.

귀여운 캐릭터

이 친구는 여러분의 아이템을 몰래 가져가지도, 낚시를 방해하지도, TNT 함정에 빠뜨리는 장난을 치지도 않아요. 게다가 재치 있는 제작 기술이 있어, 날마다 새로운 헤어스타일로 색다른 재미를 줄 수도 있습니다. 새로운 단짝 친구에게 인사하세요!

먼저 정육면체를 만들고, 블록을 추가하거나 제거해서 현실적인 벌집 모양을 만드세요.

나뭇가지 아래에 벌집을 만들 공간을 충분히 남겨 두세요. 이 나무 기둥의 높이는 20블록이지만, 더 높게 만들어도 됩니다.

노란색 초를 추가해서 벌집에 예쁜 불빛을 만드세요.

한 걸음 더

벌집을 나무만 하게 넓히려면 나뭇잎 블록을 벌통과 꿀 블록으로 바꿔 보세요. 벌집으로 이루어진 숲을 만들어 볼 수도 있습니다. 분명 장관이 펼쳐질 겁니다!

건축 팁

건축물에 비어 있는 벌집을 설치해 놓으면 거처를 찾는 꿀벌들이 이사를 옵니다. 꿀벌들을 번식시키고 싶다면 벌 주위에 꽃을 잔뜩 심어 두세요.

벌집

착한 곰들은 플레이어가 꿀을 많이 모을 수 없다고 말합니다. 하지만 이 건축물이 있으면 많이 모을 수 있습니다. 벌집을 크게 만들면 꿀벌도 많아집니다. 꿀벌이 많아지면 맛있는 벌꿀도 풍부하게 얻을 수 있습니다. 벌써부터 침이 흐르네요!

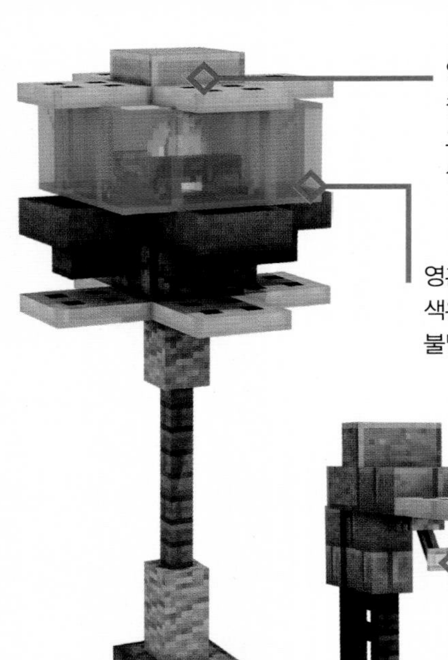

영혼 모닥불 1개를 설치하고 철 다락문 몇 개를 설치한 뒤 그 위에 매끄러운 돌 반 블록을 설치하세요.

영혼 모닥불을 파란색 색유리 판으로 감싸서 은은한 불빛을 만드세요.

엔드 막대기 2개를 서로 연결해서 멋진 라이트 스트립을 만드세요.

신호기는 유리에 둘러싸인 전구처럼 생겼습니다. 도시에 잘 어울리는 블록이죠!

밑에는 윤나는 흑암 블록 2개를 쌓고, 돌 버튼을 추가해서 장식합니다.

추천 블록

매끄러운 돌 반 블록

철창

짙은 참나무 울타리

윤나는 흑암

도시의 가로등

자신의 마을을 도시처럼 만들고 싶다면 완전히 새로운 거리를 환하게 밝히는 조명을 만들어 보는 것은 어떤가요? 운이 좋은 시민들은 밤에 좀비들이 침공하는 모습을 곧 보게 될 겁니다! 어… 좋은 일이죠?

마법 부여대 주위에 책장 블록이 많을수록 마법 부여대에서 강력한 마법을 부여할 수 있습니다.

책장의 윗면과 아랫면에 가문비나무 다락문을 한 줄씩 설치해서 책장을 화려하게 꾸미세요.

껍질 벗긴 벚나무 원목과 벚나무 계단으로 분홍색 천장을 만드세요.

방 곳곳에 셜커 상자를 설치해서 수납공간을 마련하세요.

한 걸음 더

마법을 시험할 방을 옆에 만들어 보세요. 부츠에 부여한 차가운 걸음 마법을 시험하려면 바닥을 얼음과 마그마 블록으로 만들고, 폭발로부터 보호 마법의 효과를 확인하려면 TNT를 사용해 보세요. 방이 실험을 견뎌낼 수 있기를 바랍니다!

68

마법의 방

마녀나 마법사를 위한 방을 만드는 것은 쉽지 않습니다. 마력을 지닌 누군가를 화나게 만들면 안 되니까요. 다행히 이 방은 마법 그 자체로 이루어져 있습니다. 밝고 화사하면서 마법사에게 필요한 모든 장비들을 갖추고 있습니다. 그러면 주문을 외워 볼까요?

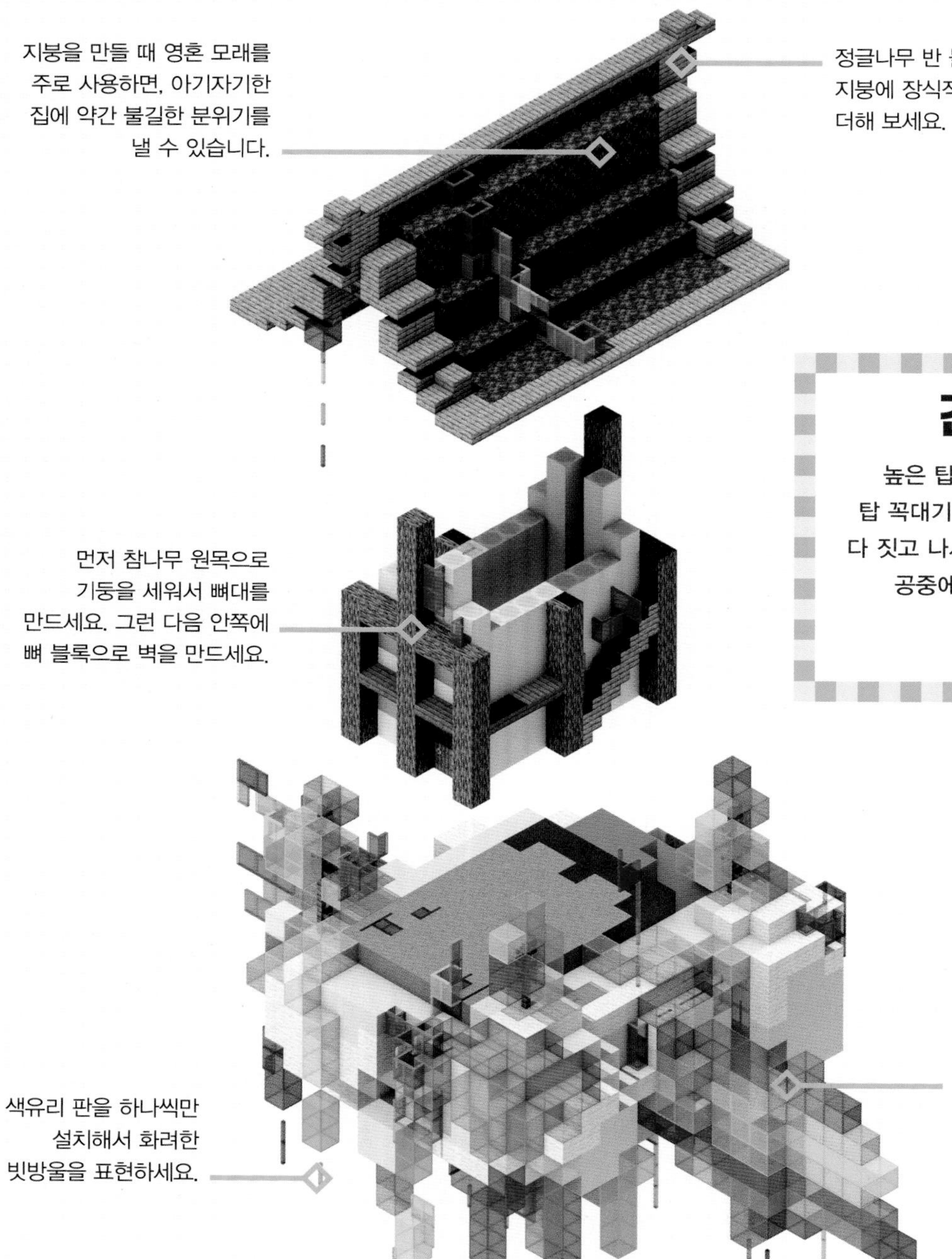

건축 팁

높은 탑을 먼저 건설한 다음
탑 꼭대기에 집을 지으세요. 집을
다 짓고 나서 탑을 부수면 마법처럼
공중에 뜬 집만 남습니다.

하늘 위의 집

지상에 작별을 고하고 하늘에 건축을 하는 신나는 세계를 향해서 거대한 도약을 해 보세요. 아침에 집을 나설 때 각별히 조심해야 한다는 점만 유념하고요. 내려가는 길은 멉니다!

바꿔 보세요

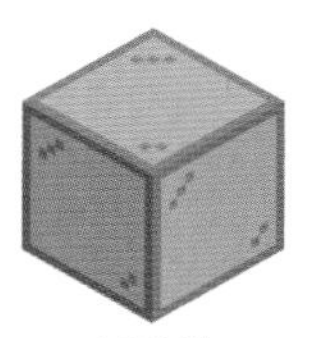
보라색 색유리

뒤틀린 균사

벚나무 잎

다이아몬드 블록

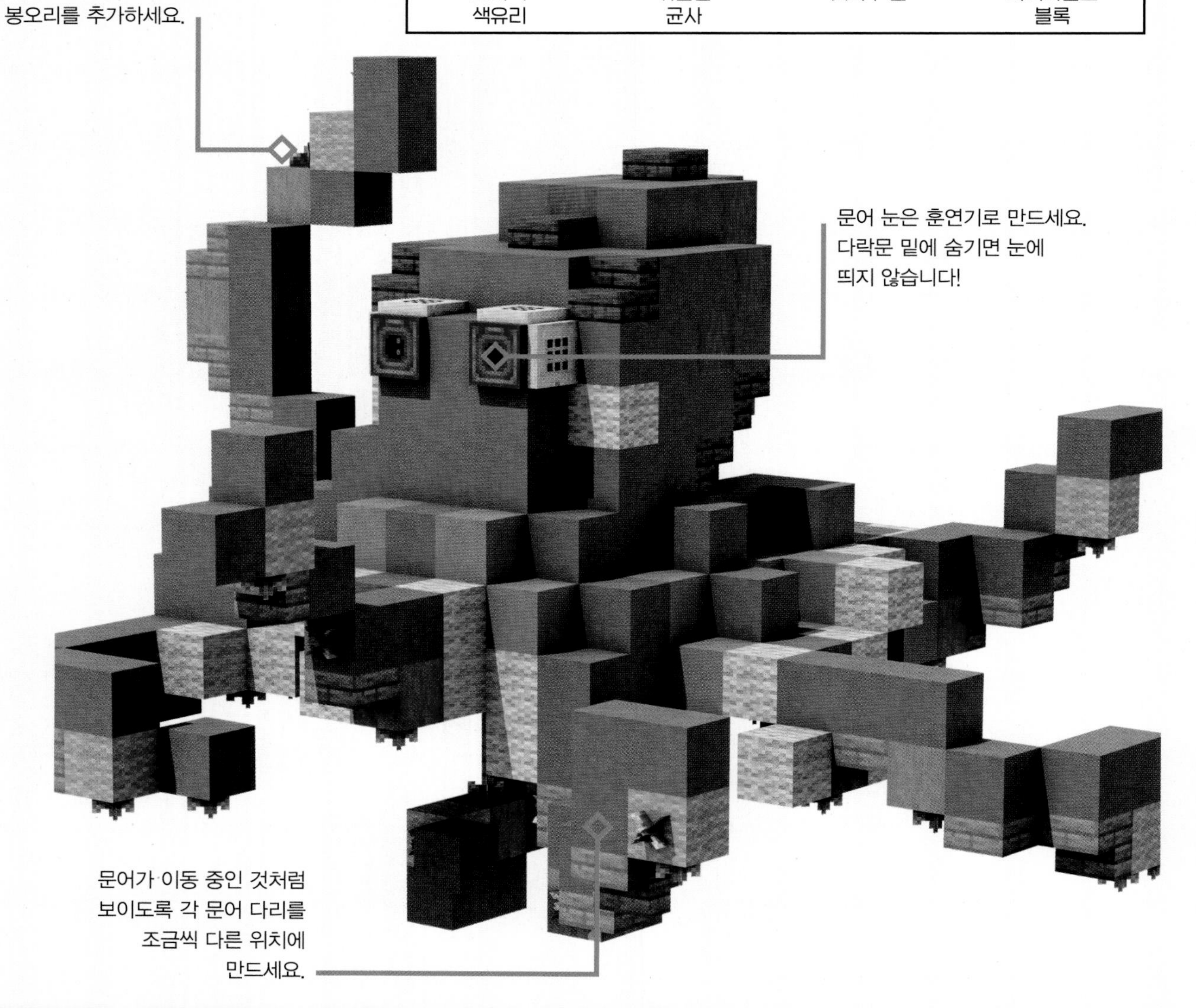

흡착력이 있는 것처럼 보이도록 문어 다리 끝에 중간 자수정 봉오리를 추가하세요.

문어 눈은 훈연기로 만드세요. 다락문 밑에 숨기면 눈에 띄지 않습니다!

문어가 이동 중인 것처럼 보이도록 각 문어 다리를 조금씩 다른 위치에 만드세요.

70

문어

마인크래프트의 바닷속에 좀비가 더 적고, 조개가 더 많다면 훨씬 재밌을 겁니다. 거대한 문어를 만들어서 바닷속 분위기를 내보세요. 해저에 가라앉은 문어를 만들면 더 재밌을 거예요!

바꿔 보세요

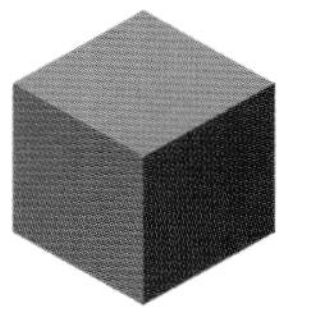

분홍색 콘크리트

노란색 양털

하얀색 유광 테라코타

보라색 콘크리트

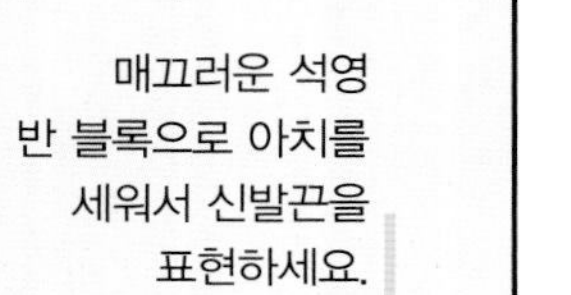

매끄러운 석영 반 블록으로 아치를 세워서 신발끈을 표현하세요.

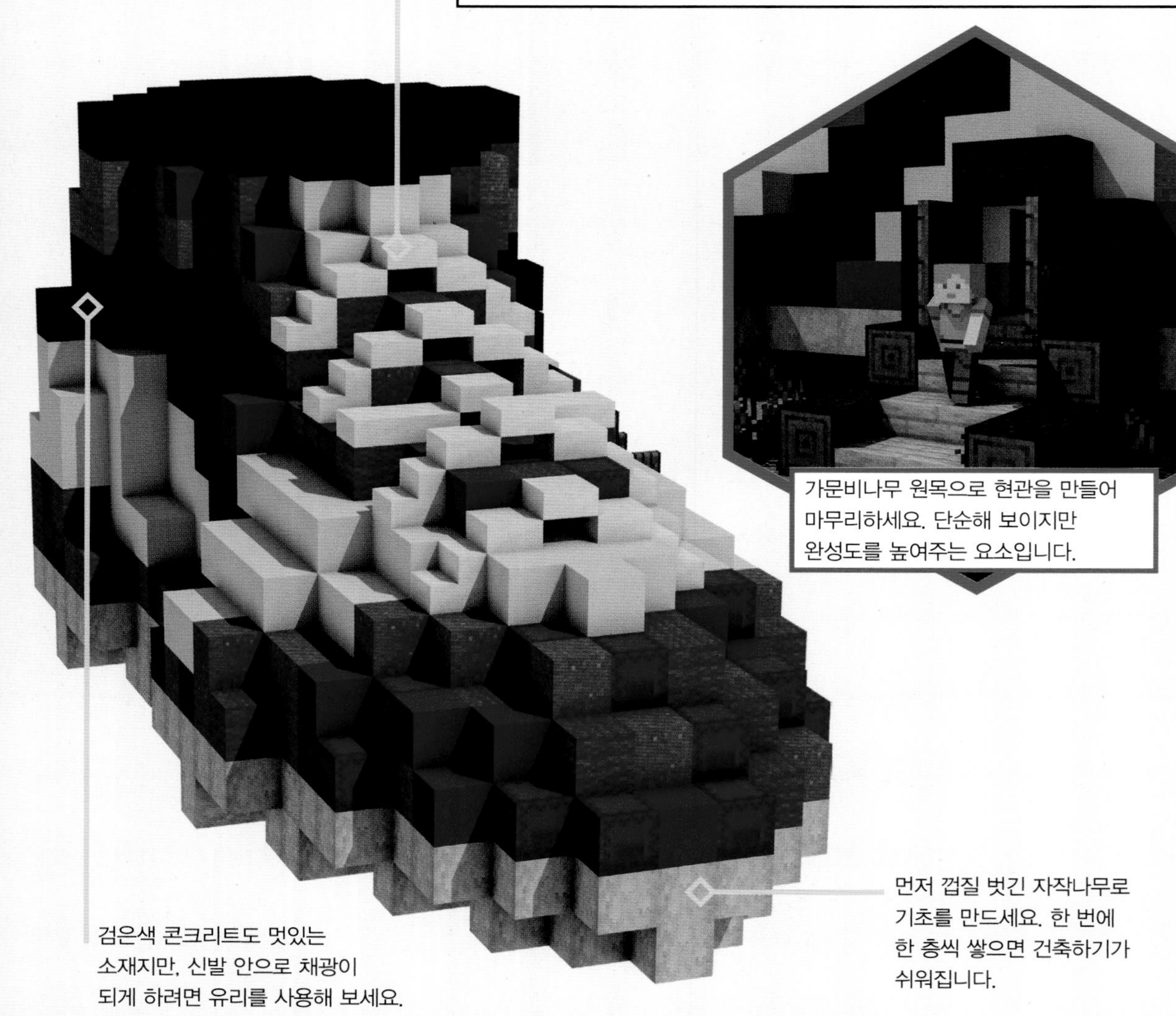

가문비나무 원목으로 현관을 만들어 마무리하세요. 단순해 보이지만 완성도를 높여주는 요소입니다.

검은색 콘크리트도 멋있는 소재지만, 신발 안으로 채광이 되게 하려면 유리를 사용해 보세요.

먼저 껍질 벗긴 자작나무로 기초를 만드세요. 한 번에 한 층씩 쌓으면 건축하기가 쉬워집니다.

운동화 집

멋진 운동화 모양의 집을 지어서 재미없는 집은 치워 버리세요.
혹시 두 채를 짓고 싶나요? 제일 세련된(냄새도 거의 없어요!) 운동화 한 켤레의 자랑스러운 주인이 될 수 있습니다.

자작나무 울타리 블록 끝부분에 초를 설치해서 촛대를 만드세요.

붉은 네더 사마귀를 비롯한 빨간색 블록들을 섞어서 화려한 커튼을 만드세요.

내 침대 좌우에 참나무 계단을 설치하세요. 계단이 있으면 올라가기가 쉬워집니다.

한 걸음 더

참나무 판자를 사용해서 침대 모서리에 화려한 기둥을 만들어 보세요. 장식물이 차지하는 공간을 줄이고 싶다면 울타리 블록을 사용해도 좋습니다. 이렇게 하면 지극히 평범한 집을 커다란 4주식 침대로 바꿀 수 있습니다!

벽 장식

석영과 섬록암, 짙은 참나무 계단으로 교차된 검을 제작하세요. 전투태세를 갖춘 사람처럼요!

72

호화로운 침실

공들여 지은 건축물을 날려버린 크리퍼에게 복수하느라 바쁜 하루를 보냈다면 편안한 침대에 눕고 싶겠죠. 다행히도 안산암 반 블록으로 만든 이 매트리스는 보기보다 폭신합니다. 그럼 안녕히 주무세요!

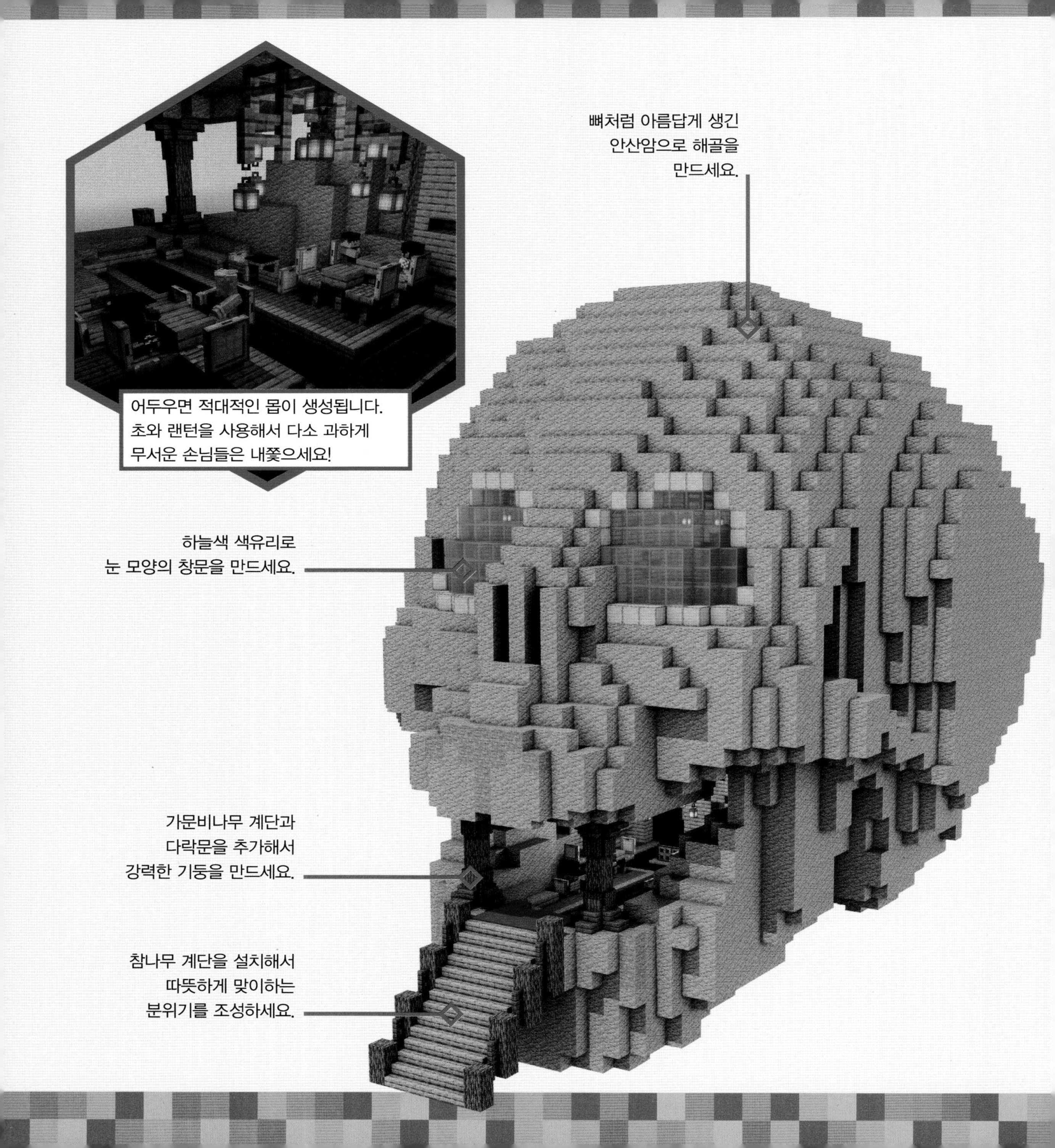
어두우면 적대적인 몹이 생성됩니다.
초와 랜턴을 사용해서 다소 과하게
무서운 손님들은 내쫓으세요!
뼈처럼 아름답게 생긴
안산암으로 해골을
만드세요.
하늘색 색유리로
눈 모양의 창문을 만드세요.
가문비나무 계단과
다락문을 추가해서
강력한 기둥을 만드세요.
참나무 계단을 설치해서
따뜻하게 맞이하는
분위기를 조성하세요.

해골 카페

바나나 팬케이크보다 새까만 팬케이크를 즐겨 보고 싶나요? 그렇다면 이 카페가 딱이겠네요. 스켈레톤에게 앞치마를 입히고 손님을 응대하라고 설득시킬 수만 있다면 더욱 소름 끼치겠죠!

펄럭이는 깃발을
표현하기 위해
모서리마다
블록을
설치하세요.

대나무 다락문과 분홍색 벚나무 계단
으로는 예쁜 휴식 공간을 만들 수 있습니
다. 약탈자가 앉을 만한 자리는 아니죠!

상자에 보상을
넣으세요. 용기 있게
이 보상을 쟁취하러
오는 플레이어는
누가 될까요?

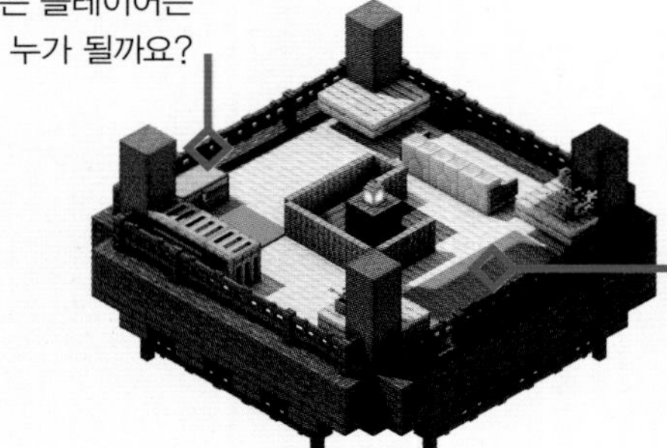

초록색 양탄자는
자연색을 바탕으로
한 색 조합과
어울립니다.

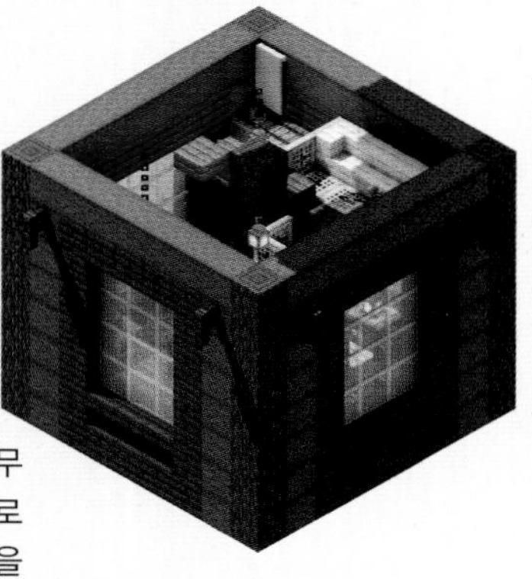

전초 기지가
덜 위협적으로
보이도록 화단을
조성하세요.

맹그로브나무
반 블록으로
가운데 기둥을
둘러싼 나선형
계단을 만드세요.

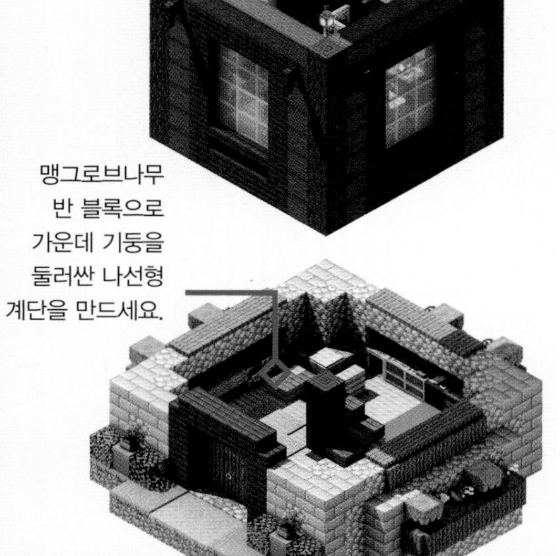

약탈자 전초 기지

오버월드에서 약탈자 전초 기지를 찾았다면 불행한 일이 펼쳐질 겁니다. 다행스러운 점이요? 훨씬 안전한 자신만의 전초 기지를 만들 수 있다는 겁니다. 그래도 이사할 때 혹시라도 약탈자가 따라올 수 있으니 쇠뇌를 준비해 두세요!

건축 팁

거북의 머리부터 만드세요. 작은 풀장을 먼저 만들면 나머지 부분의 크기를 결정하기가 훨씬 쉬워집니다. 곧 있으면 물놀이를 할 수 있겠네요!

빨간색 및 하얀색 양탄자를 체크무늬로 설치하면 완벽한 파라솔을 만들 수 있습니다.

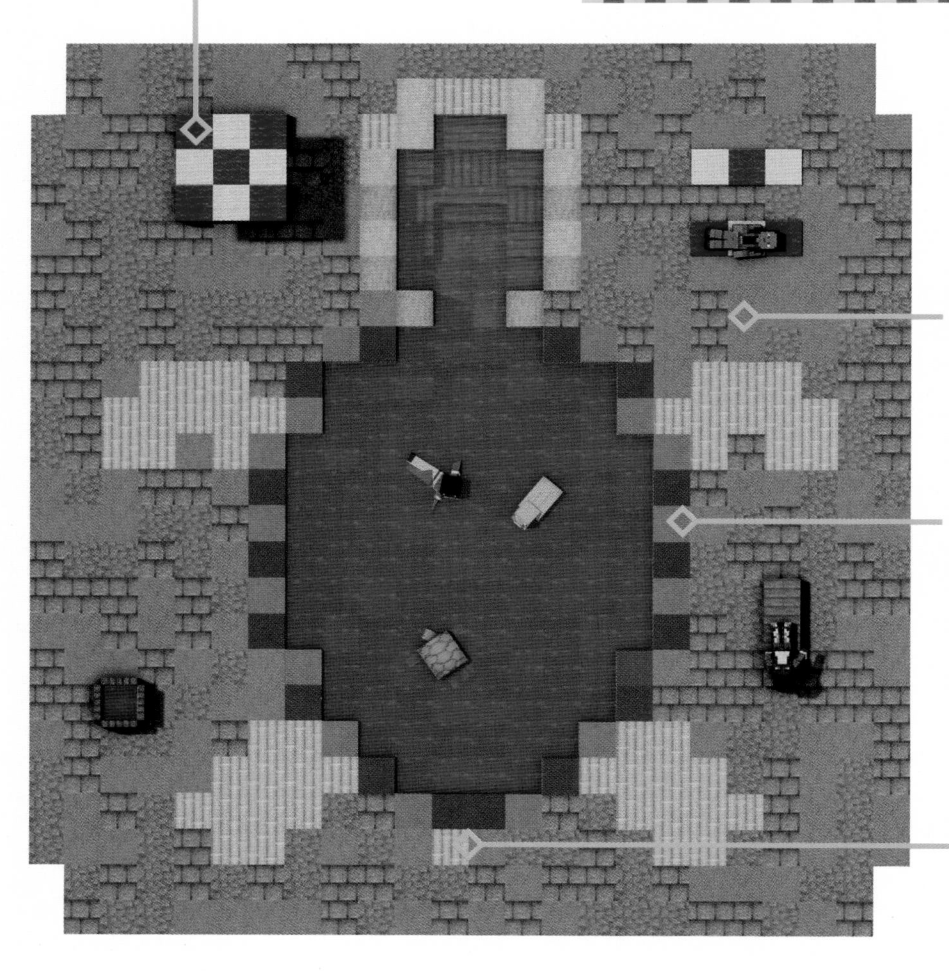

물가에 진흙 벽돌 및 블록을 사용하세요 (이렇게 해도 진흙투성이가 되지는 않아요!)

연두색과 초록색 테라코타를 이용해서 등딱지를 표현하세요.

껍질 벗긴 대나무로 꼬리도 만드세요.

거북 모양 수영장

따사로운 날 느긋하게 수영하기에 더할 나위 없는 수영장입니다.
일광욕 의자와 노천탕으로 화창한 날의 풍경을 장식해 보세요.
그리고 같이 물가에서 놀 마인크래프트의 거북도 생성해 보세요!
다 같이 놀 수 있을 만큼 넓습니다.

건축 팁

건축물에 대각선을 넣고 싶다면 레버를 활용해 보세요. 레버를 사용하면 마인크래프트에서 삼각형도 쉽게 만들 수 있습니다.

철창과 사슬을 설치하고 그 위에 회색 초를 설치해서 안테나를 만드세요.

뒷면

윗면에 레버를 잔뜩 설치해서 작동하는 기계처럼 보이도록 만드세요.

금속처럼 생긴 회백색 현수막을 활용하세요.

벚나무 다락문과 퍼퍼 계단, 레버를 활용해서 발을 표현하세요.

앞면

심층암 타일 담장 블록에 숫돌을 설치하면 움직이는 관절을 표현할 수 있습니다. 멋진 발상이죠!

로봇 가드

친근해 보이는 분홍과 보라의 배색에 넘어가지 마세요. 무시무시한 경비원입니다. 짐승 같은 이 로봇은 사실 전투 능력이 없지만, 친구들이 비명을 지르며 도망가게 만들 수는 있습니다!

벽 뒤에 레드스톤 배치도를 따라 기계를 만드세요. 욕실에 만든 레버를 당기면 레드스톤 장치가 활성화되고 샤워기에서 물이 흐르기 시작합니다!

보관함에서 물통을 꺼내고 물통을 사용해서 수원을 만드세요.

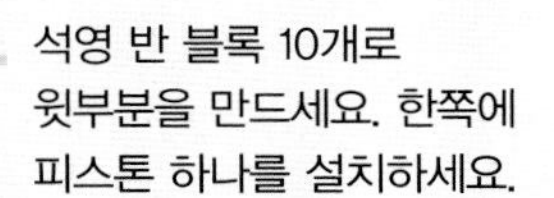

석영 반 블록 10개로 윗부분을 만드세요. 한쪽에 피스톤 하나를 설치하세요.

위에 놓은 피스톤으로부터 한 블록 떨어진 지점에 레드스톤 횃불을 설치하세요.

하얀색 색유리 판으로 샤워실을 구분하는 유리창을 만드세요.

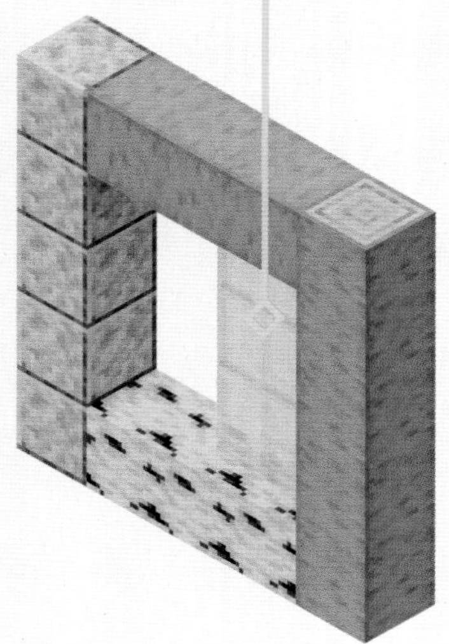

이 레버로 물을 켜고 끌 수 있습니다.

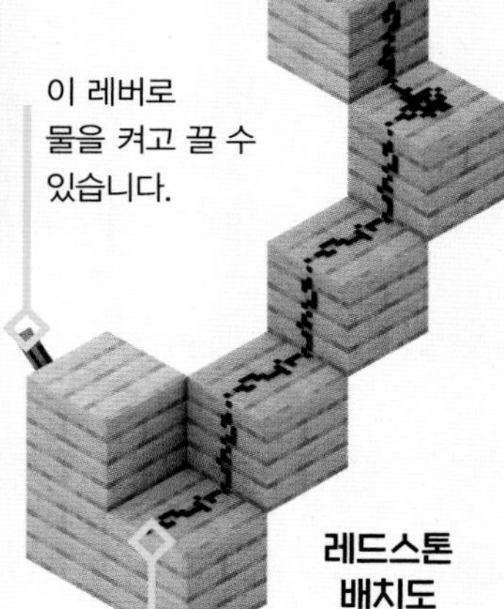

레드스톤 배치도

샤워실 바닥에 구멍을 하나 만드세요. 구멍이 있으면 물이 구멍으로 흐르기 때문에 욕실이 물바다가 되지 않습니다!

레버에서 한 블록 떨어진 지점부터 레드스톤 횃불까지 레드스톤 가루를 한 줄로 추가합니다.

77

샤워기

상쾌한 샤워 없이는 하루를 시작할 수 없습니다. 물이 분사되는 이 장치는 레드스톤을 활용하기 때문에 마인크래프트에서 실제로 작동합니다! 장치를 작동시키면 금세 깨끗해져서 외출 준비가 끝날 겁니다.

건축 팁

크리에이티브 모드에서는 절벽 근처에서 건축하는 것을 너무 무서워하지 않아도 됩니다. 날 수 있으니까요. 하지만 서바이벌 모드에서 건축을 계속할 계획이라면 사다리를 설치하세요.

돌 블록으로 고리 모양을 만들어서 캔 꼭지를 만드세요. 이미 뜯은 음료라는 것을 표현할 수 있습니다.

탄산 폭포

탄산음료 캔이 쏟아졌어요. 달콤한 간식이 멋진 폭포로 변모하지 않았더라면 슬픈 광경이 될 뻔했네요. 탄산음료가 흐르는 폭포를 만들고 캔 안에 또 멋진 건축물을 만들어 보세요.

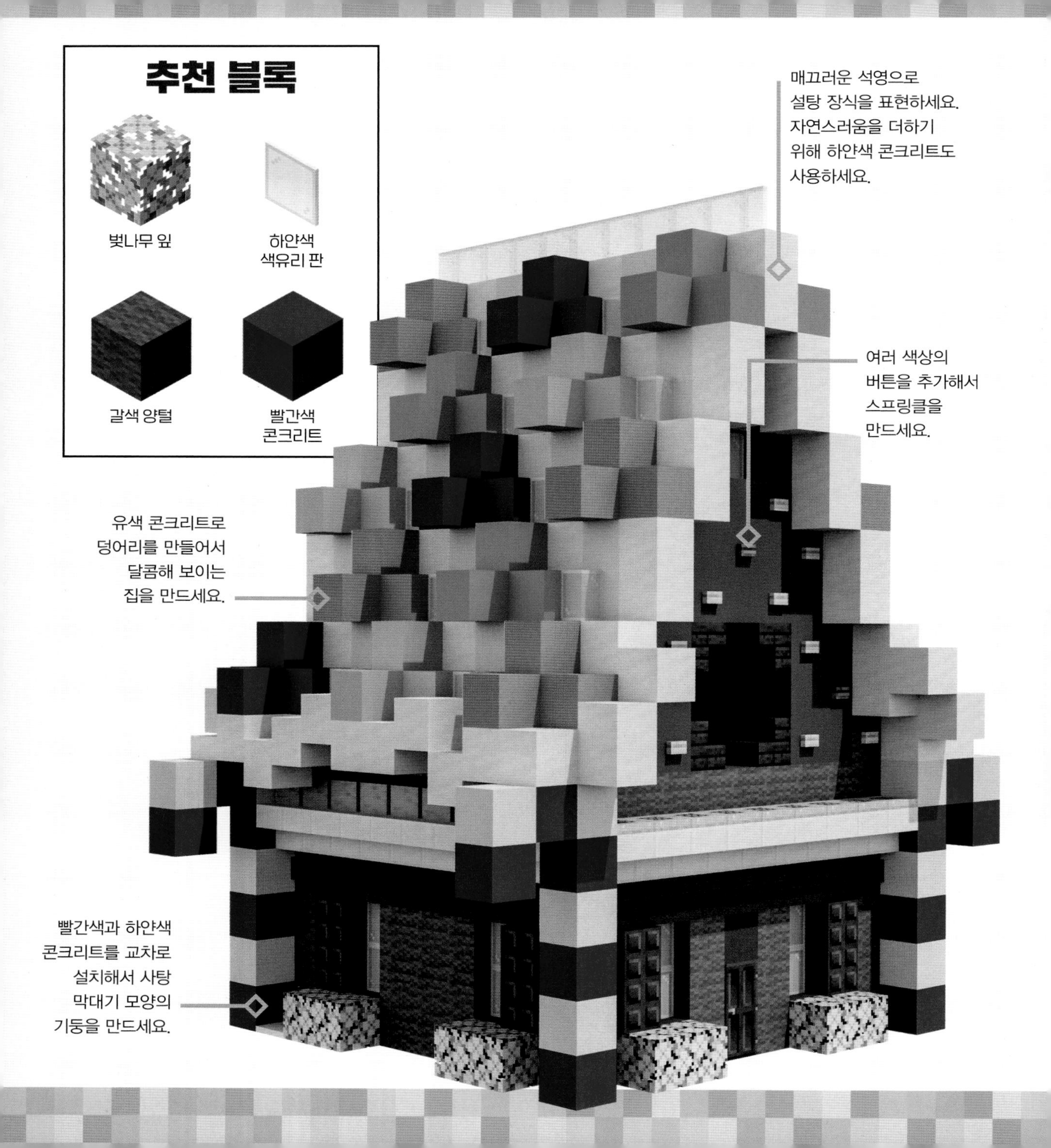
추천 블록
벚나무 잎
하얀색
색유리 판
갈색 양털
빨간색
콘크리트
매끄러운 석영으로
설탕 장식을 표현하세요.
자연스러움을 더하기
위해 하얀색 콘크리트도
사용하세요.
여러 색상의
버튼을 추가해서
스프링클을
만드세요.
유색 콘크리트로
덩어리를 만들어서
달콤해 보이는
집을 만드세요.
빨간색과 하얀색
콘크리트를 교차로
설치해서 사탕
막대기 모양의
기둥을 만드세요.

79

과자집

동화 속 내용 때문에 과자집을 싫어하지는 마세요. 직접 사탕으로 뒤덮인 집을 만들어 봅시다. 마녀는 없을 거지만, 그래도 혹시 모르니까 투척용 물약을 준비해 두세요!

바꿔 보세요

노란색
양탄자

노란색
셜커 상자

노란색 유광
테라코타

갈색 유광
테라코타

조각된 윤나는 흑암으로
만든 콧구멍에서는
어떤 냄새가 날까요?
지독하겠죠(장난이에요!).

꼭대기까지 올라갈 수
있도록 사다리도
설치하세요.

뒤틀린 반 블록으로
집을 만드세요. 집이
기린과 조화를 이루게
만들고 싶다면 노란색
블록을 사용해 보세요.

껍질 벗긴 대나무로
기린을 만드세요.
그런 다음 얼룩무늬를
만드세요.

껍질 벗긴 가문비나무와 껍질
벗긴 참나무로 어두운 무늬와
밝은 무늬를 만드세요.

80

감시탑

발랄해 보이는 이 기린은 키가 무척 크기 때문에 저 멀리 있는 위협도 식별할 수 있습니다. 심상치 않은 눈빛을 보아하니, 지평선에서 무시무시한 존재를 발견한 모양이에요!

밀랍칠한 산화된 깎인 구리 계단을
주로 사용해서 지붕을 만드세요.
지붕에 딱 어울리는 색감이죠!

건축 팁

본격적으로 집을 짓기 전에 토대를
먼저 만들되, 토대를 완성하기 전까지
모든 기둥을 설치하지 마세요.
집을 더 크게 만들려면
토대를 늘려야 합니다.

비계로 창틀을 만들어서
대나무 모자이크 발코니를
보완하세요.

비계 블록을 사용해서
덮개가 달린 창이
열려 있는 모습을
표현하세요.

참나무 울타리로
난간을 만드세요. 늪으로
떨어지면 안 되잖아요!

수상 가옥

익사하거나 양말이 젖을 걱정 없이 물가에서 살고 싶나요? 그렇다면 기둥 위에 이 집을 지어 보세요. 늪 위에서도 뽀송뽀송한 삶을 누릴 수 있습니다.

꿀벌의 몸통은
11×7블록입니다.
소형 방갈로보다
큰 크기죠!

위층에 날개를 만드세요.
그런 다음 아래에 있는 블록을
깎아내서 꿀벌이 날고 있는
것처럼 보이도록 만드세요.

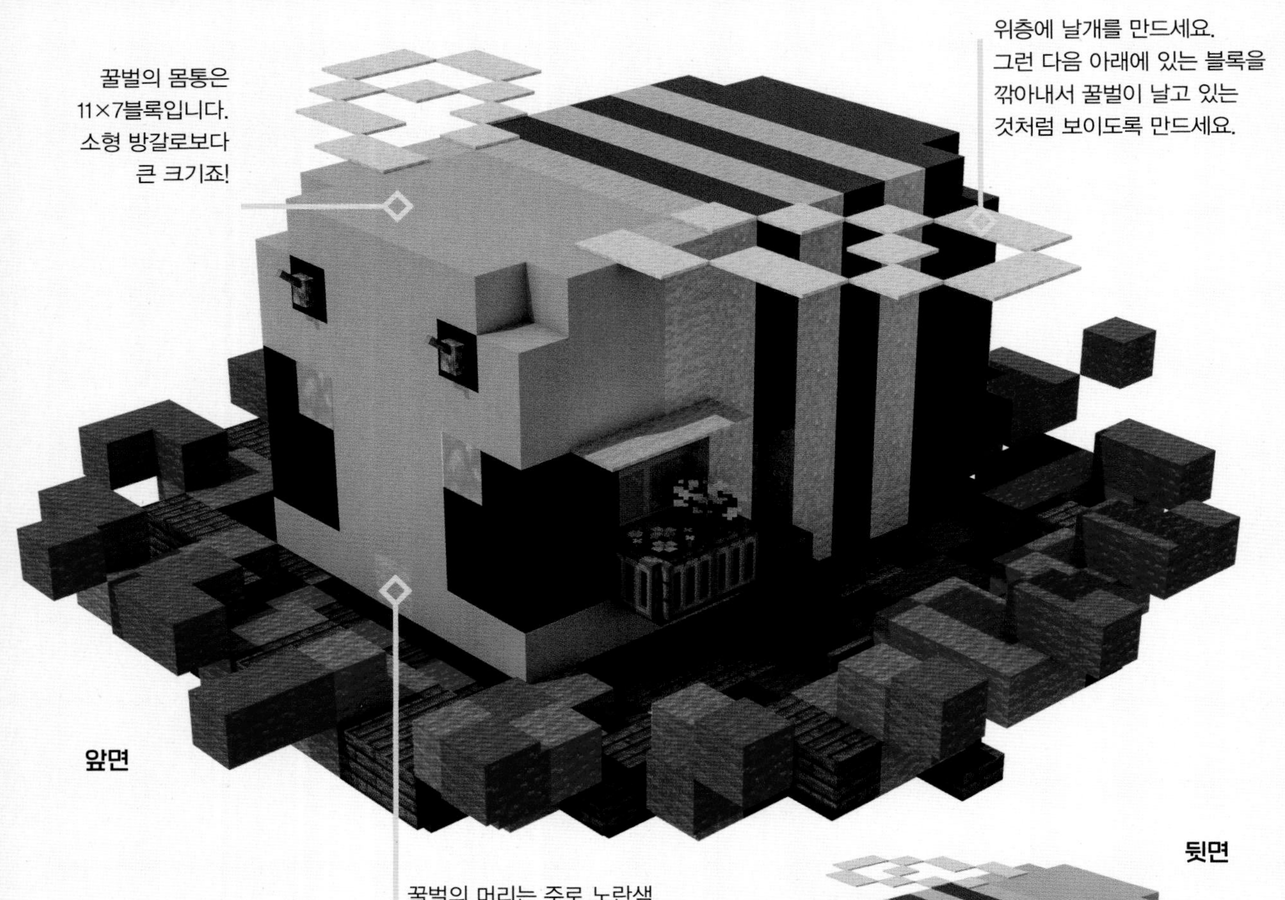

앞면

꿀벌의 머리는 주로 노란색
콘크리트로 만들었지만, 입은
노란색 양털로 만들었습니다.

뒷면

다락문으로 꽃바구니를 제작하고
꽃을 심으세요. 실제 마인크래프트
꿀벌이 관심을 가질지도 모르잖아요?

추천 블록

갈색
콘크리트

노란색
콘크리트 가루

푸른얼음

82

꿀벌 집

거대한 꿀벌 속에서 산다고 말했을 때 친구가 믿지 않을까 걱정되나요? 윙윙거리는 집으로 의심을 집어삼키세요. 꿀을 얻으러 오는 친구들이 쏘이지 않게만 하세요. 그건 예의가 아니니까요!

바꿔 보세요

분홍색
양털

수박

호박

드래곤 머리

네더 석영
광석

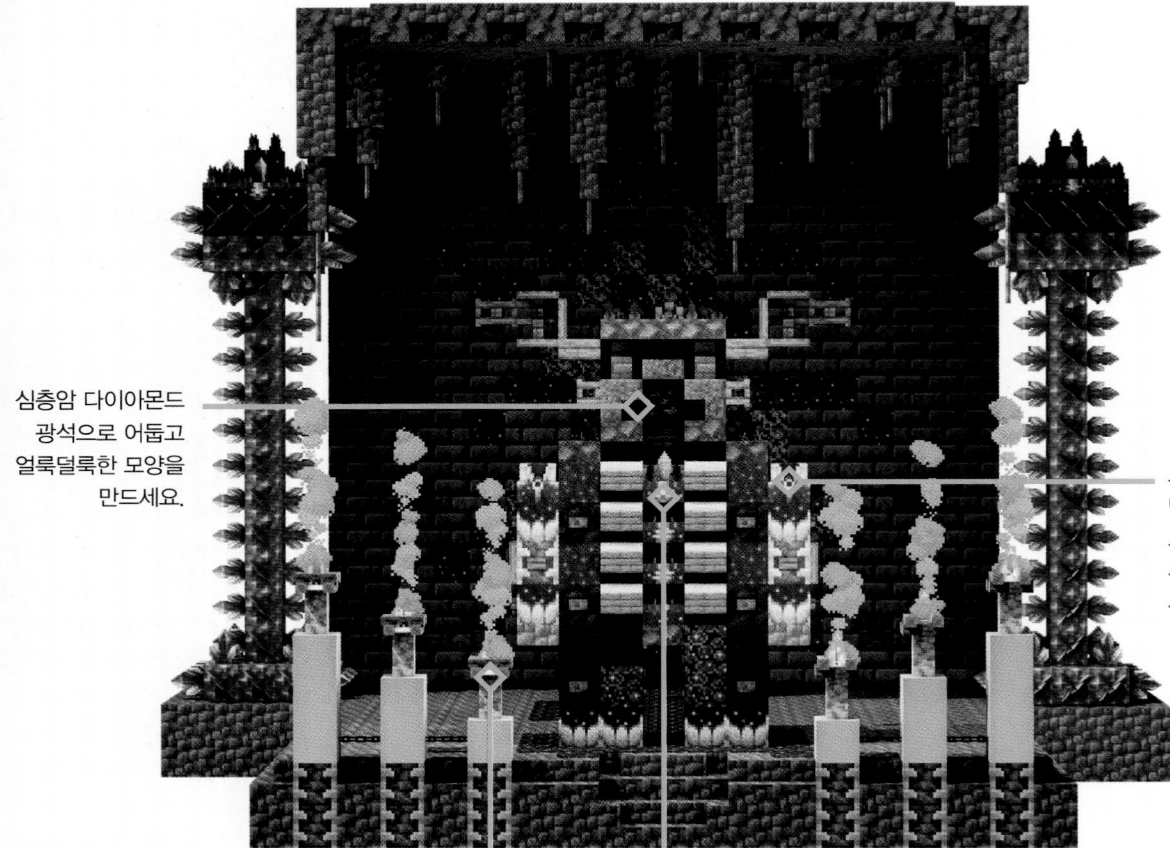

심층암 다이아몬드 광석으로 어둡고 얼룩덜룩한 모양을 만드세요.

모질고 날카롭게 만들기 위해 스컬크 비명체를 추가하세요. 한층 무서워졌네요!

섬록암 담장에 영혼 모닥불을 설치해서 소름 끼치는 횃불을 만드세요.

조율한 스컬크 감지체는 워든의 상자로 활용하기 딱입니다. 영혼 모래 블록도 공포 분위기를 조성하는 용도로 쓰기에 좋습니다.

워든 성지

워든의 명예를 담은 성지를 만들어서 워든에 대한 경외심을 표현해 보세요. 오싹한 건물에서 연기가 피어오르게 하고 가시가 돋아나게 만든 다음, 진짜 워든이 당신을 잡으러 오지는 않는지 지켜보세요!

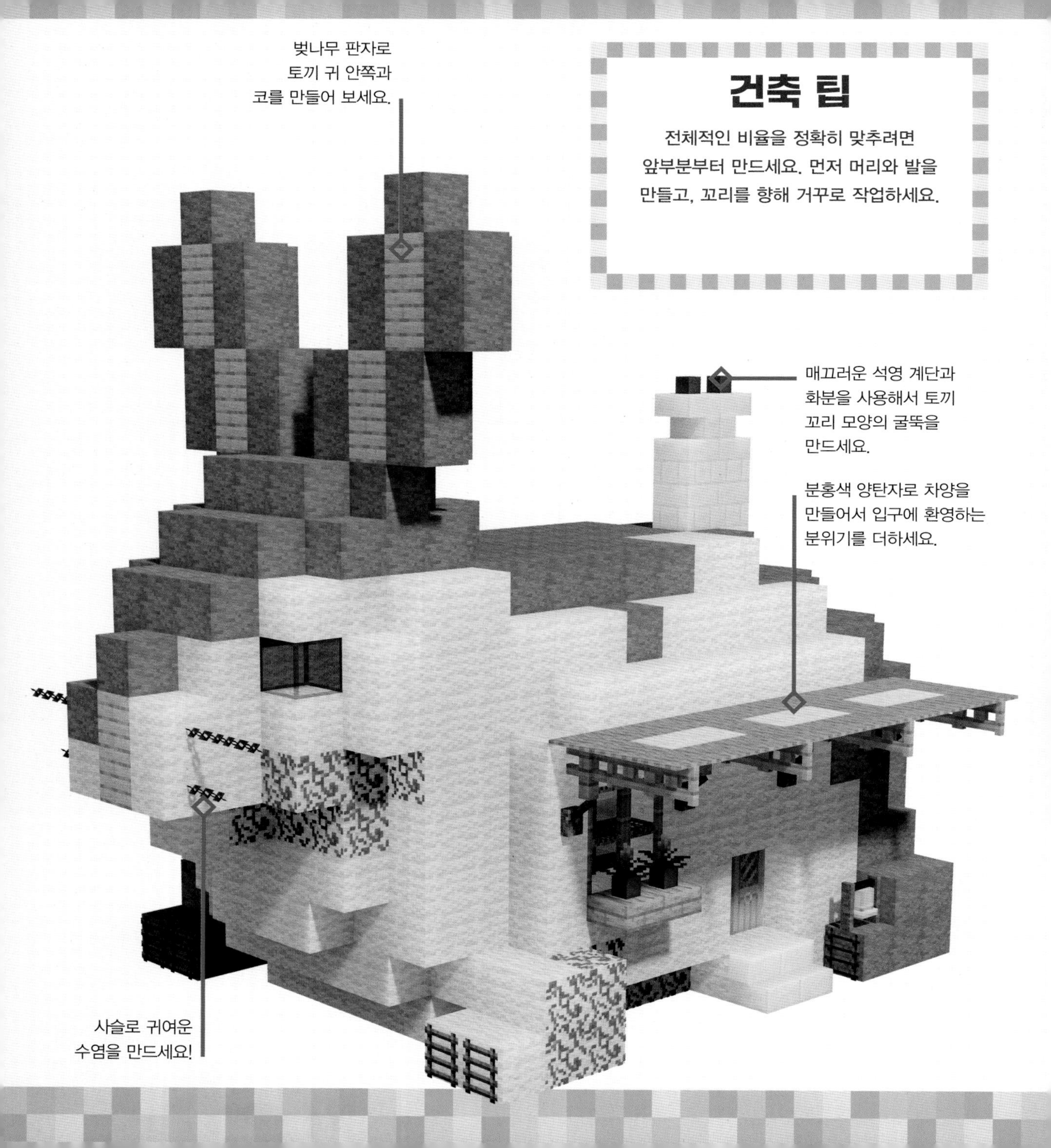
벚나무 판자로
토끼 귀 안쪽과
코를 만들어 보세요.
건축 팁
전체적인 비율을 정확히 맞추려면
앞부분부터 만드세요. 먼저 머리와 발을
만들고, 꼬리를 향해 거꾸로 작업하세요.
매끄러운 석영 계단과
화분을 사용해서 토끼
꼬리 모양의 굴뚝을
만드세요.
분홍색 양탄자로 차양을
만들어서 입구에 환영하는
분위기를 더하세요.
사슬로 귀여운
수염을 만드세요!

토끼 집

세상에서 가장 귀여운 집이냐고요? 그럼요! 깜찍한 생명체들이 뛰어놀기에 딱 어울리는 정원을 자랑합니다. 이 집을 짓고 나면 당신도 행복한 토끼 한 마리가 될 겁니다. 무엇을 기다리고 있나요? 어서 지으러 뛰어가세요!

건축 팁

가구와 기구를 추가하기 전에 전체적인 방을 만드세요. 그러고 나면 어떤 물건을 어디에 배치해야 할지 판단하기가 훨씬 쉬워집니다.

변기 옆에 아이템 액자를 설치하고, 액자에 하얀색 초를 가로로 설치하세요. 이러면 마치 화장지 같죠?

레드스톤 조명 밑에 자작나무 다락문을 둬도 빛이 투과됩니다!

엔드 막대기와 레버, 참나무 다락문으로 샤워기를 만드세요.

수건을 걸 만한 곳을 찾고 있다면 철사 덫 갈고리를 설치하세요.

껍질 벗긴 벚나무로 붙박이장을 만들고, 대비되는 색인 짙은 참나무 판자로 서랍장을 만드세요.

욕실

흙 블록을 치우느라 분주한 하루를 보내고 말끔한 욕실이 있는 집으로 오면 언제나 기분이 좋습니다. 아기자기한 장소에서 몸단장을 하고 싶다면 초와 꽃만 추가하세요.

건축 팁

어떤 방이든 유광 테라코타를 사용하면
100% 화려하게 만들 수 있습니다.
다양한 디자인으로 시도해 보고,
사용하지 않는 블록은 새로 만든
창고에 보관하세요!

껍질 벗긴 자작나무 원목으로 기둥을 세우고, 자작나무 블록으로 연결한 다음, 그 위에 하얀색 유광 테라코타를 설치하세요.

외투도 보관할 수 있게 갑옷 거치대를 설치하세요.

상자를 설치해도 좋지만, 셜커 상자를 설치하면 생생한 색상으로 창고를 화사하게 만들 수 있습니다.

노란색 유광 테라코타를 사용해서 무늬가 있는 러그를 만드세요.

창고

정리할 시간입니다! 도구와 케이크, 다이아몬드, 썩은 살점을 막연히 바닥에 쌓아 놓는 것만으로는 충분하지 않습니다. 기발한 수납 솔루션을 제작해서 다시는 물건을 잃어버리지 마세요.

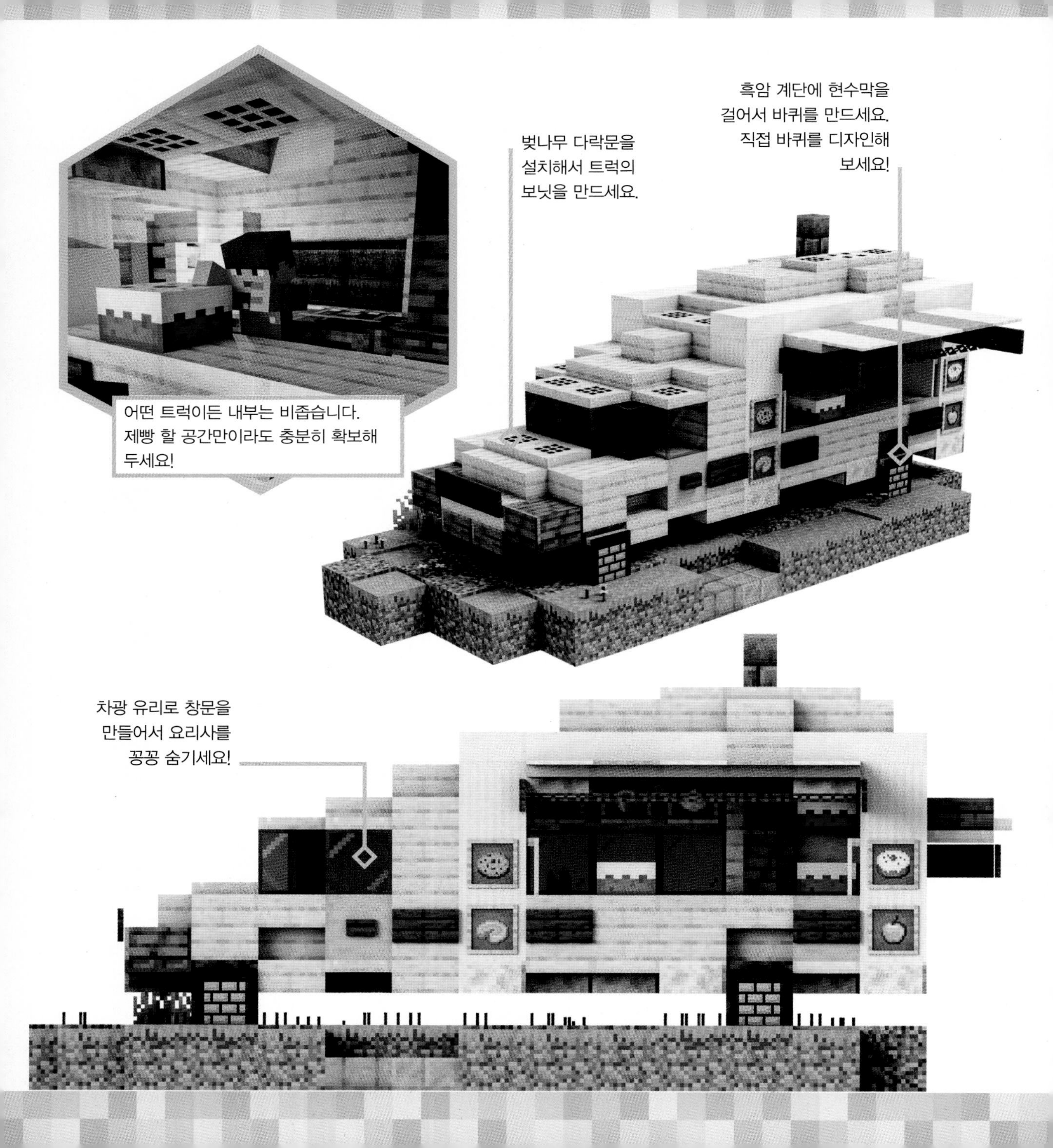
어떤 트럭이든 내부는 비좁습니다.
제빵 할 공간만이라도 충분히 확보해
두세요!
벚나무 다락문을
설치해서 트럭의
보닛을 만드세요.
흑암 계단에 현수막을
걸어서 바퀴를 만드세요.
직접 바퀴를 디자인해
보세요!
차광 유리로 창문을
만들어서 요리사를
꽁꽁 숨기세요!

푸드 트럭

최신 유행을 따른 이 푸드 트럭은 바퀴가 네모나서 어디로도 가지 않습니다. 그런데 맛있는 케이크와 쿠키가 멀어져야 할 이유가 있을까요? 세상 모든 자동차가 먹거리를 배달해 줬으면 좋겠네요!

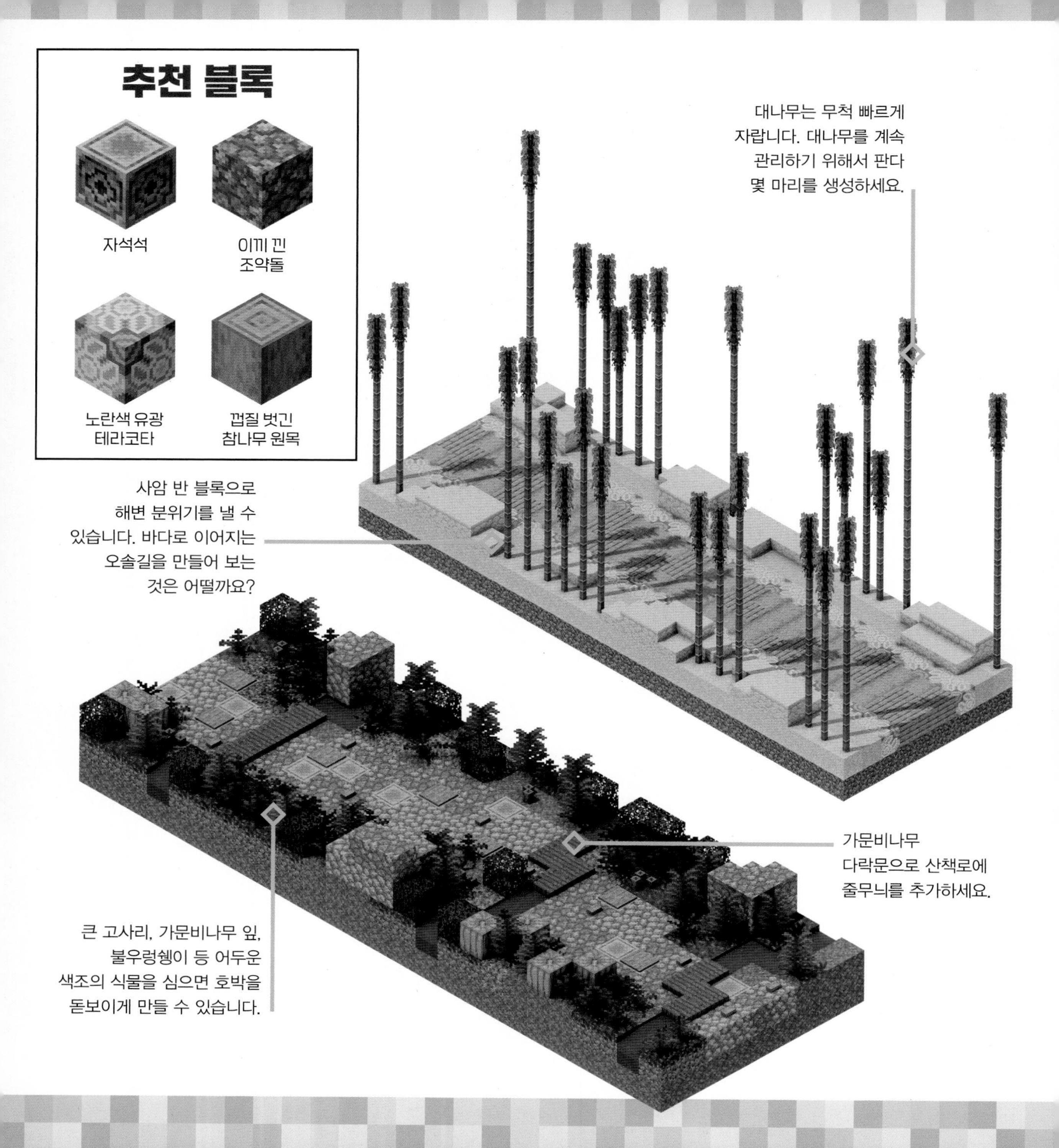
추천 블록
자석석
이끼 낀
조약돌
노란색 유광
테라코타
껍질 벗긴
참나무 원목
대나무는 무척 빠르게
자랍니다. 대나무를 계속
관리하기 위해서 판다
몇 마리를 생성하세요.
사암 반 블록으로
해변 분위기를 낼 수
있습니다. 바다로 이어지는
오솔길을 만들어 보는
것은 어떨까요?
가문비나무
다락문으로 산책로에
줄무늬를 추가하세요.
큰 고사리, 가문비나무 잎,
불우렁쉥이 등 어두운
색조의 식물을 심으면 호박을
돋보이게 만들 수 있습니다.

멋진 오솔길

산뜻한 오솔길을 따라 걸으면서 마인크래프트의 아름다운 자연을 만끽해 보세요. 서버에 있는 친구들이 다시는 긴 산책을 싫어하지 않을 거예요. 호박을 서리당하지 않게 조심하세요!

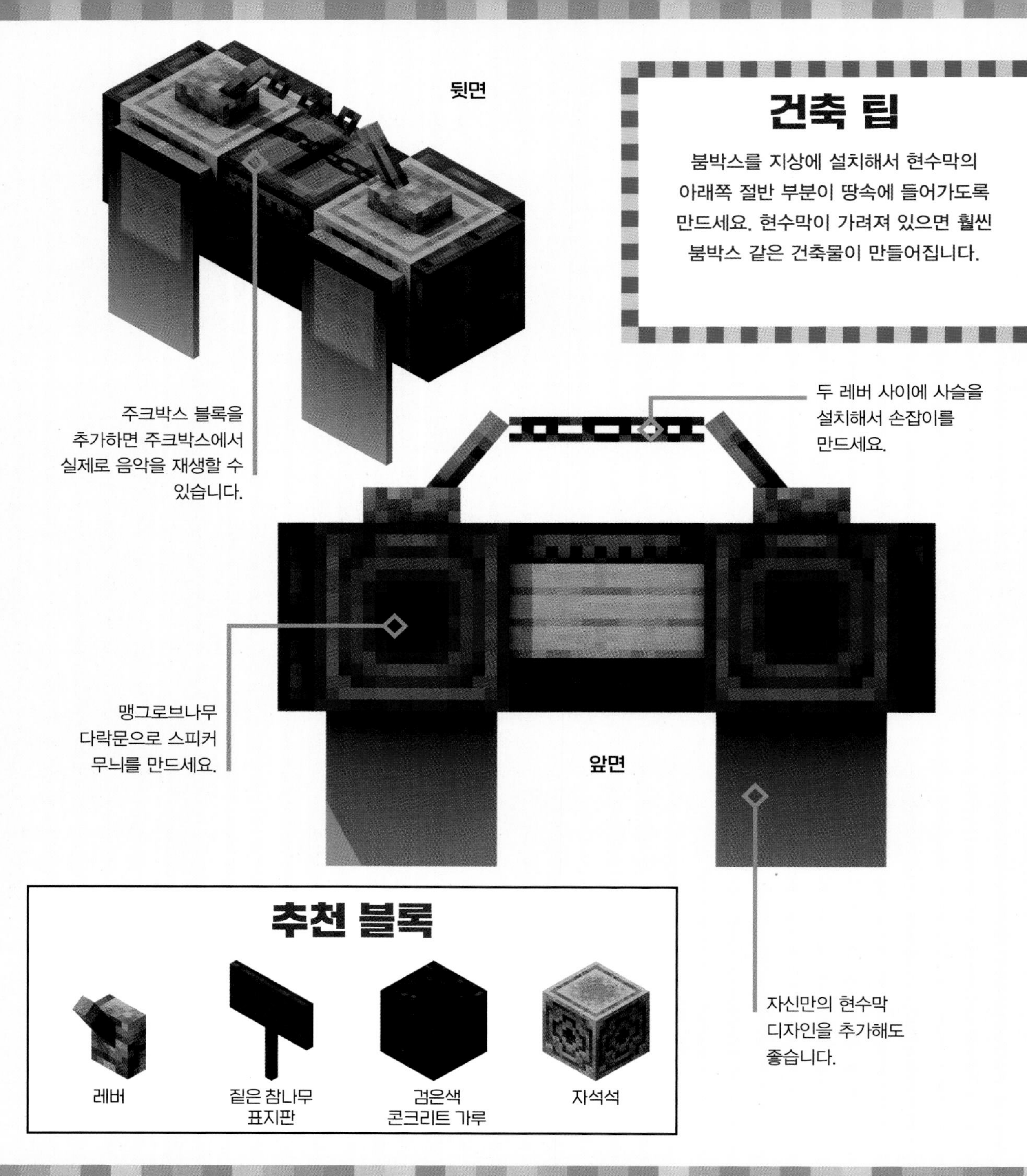

건축 팁

붐박스를 지상에 설치해서 현수막의 아래쪽 절반 부분이 땅속에 들어가도록 만드세요. 현수막이 가려져 있으면 훨씬 붐박스 같은 건축물이 만들어집니다.

추천 블록

레버

짙은 참나무 표지판

검은색 콘크리트 가루

자석석

붐박스

주크박스용 음반을 수집하는 일은 마인크래프트의 재미 중 하나입니다. 하지만 진정한 음반 수집가에게는 멋진 뮤직 플레이어가 필요합니다. 그럼 붐박스를 만들어 봅시다.

건축 팁

맹그로브나무 반 블록과 맹그로브나무 다락문을 혼용해서 돛의 꼭대기를 만드세요. 훨씬 튼튼하고 전투태세를 갖춘 것처럼 만들 수 있습니다.

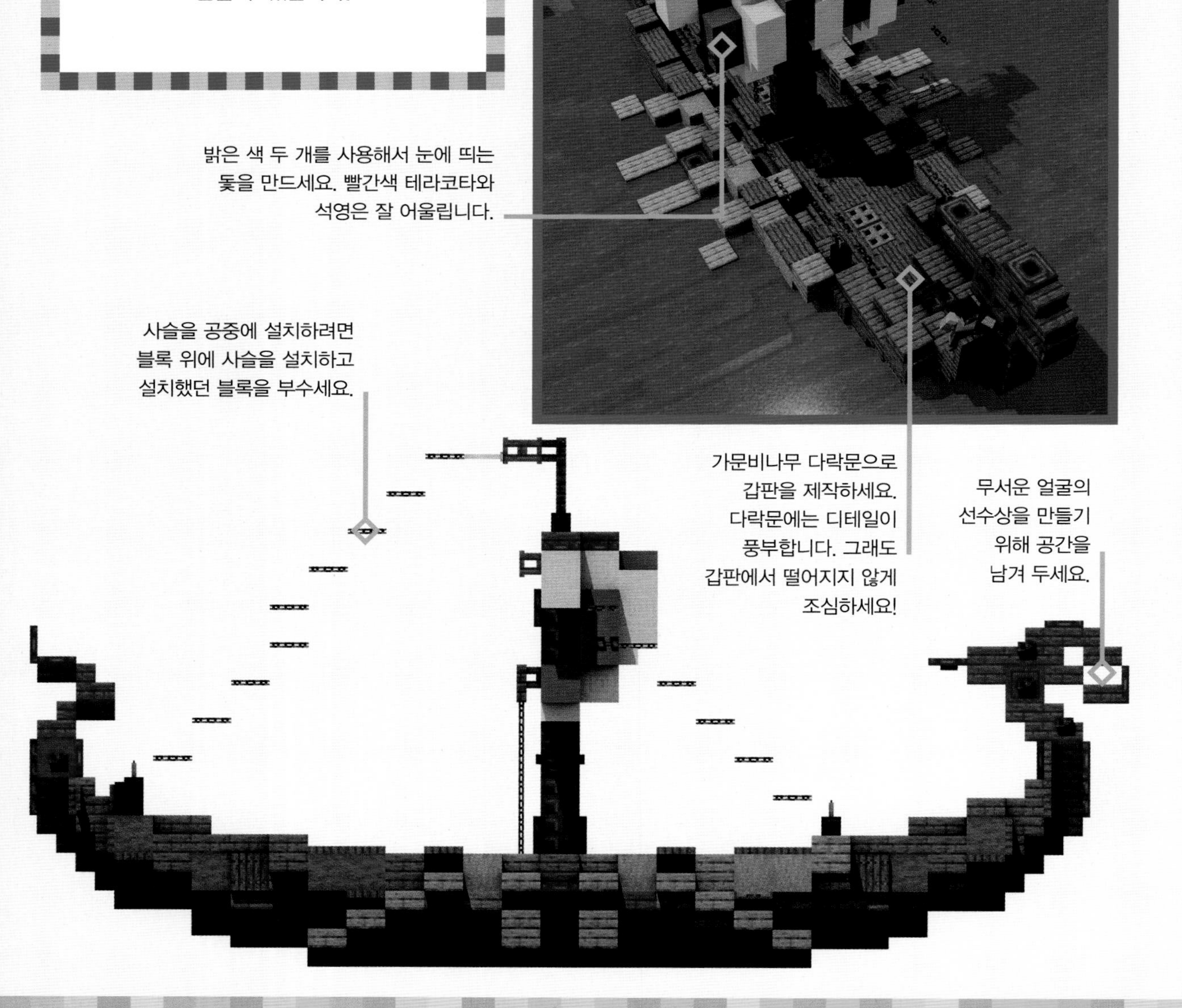

바이킹의 배

마인크래프트에서 거대한 수염을 기르고 그에 걸맞은 보트를 갖고 싶나요? 그렇다면 이 배에 타세요! 이 바이킹 배는 디테일이 섬세하기 때문에 짓기에 좋습니다. 승선원을 위한 방도 충분합니다.

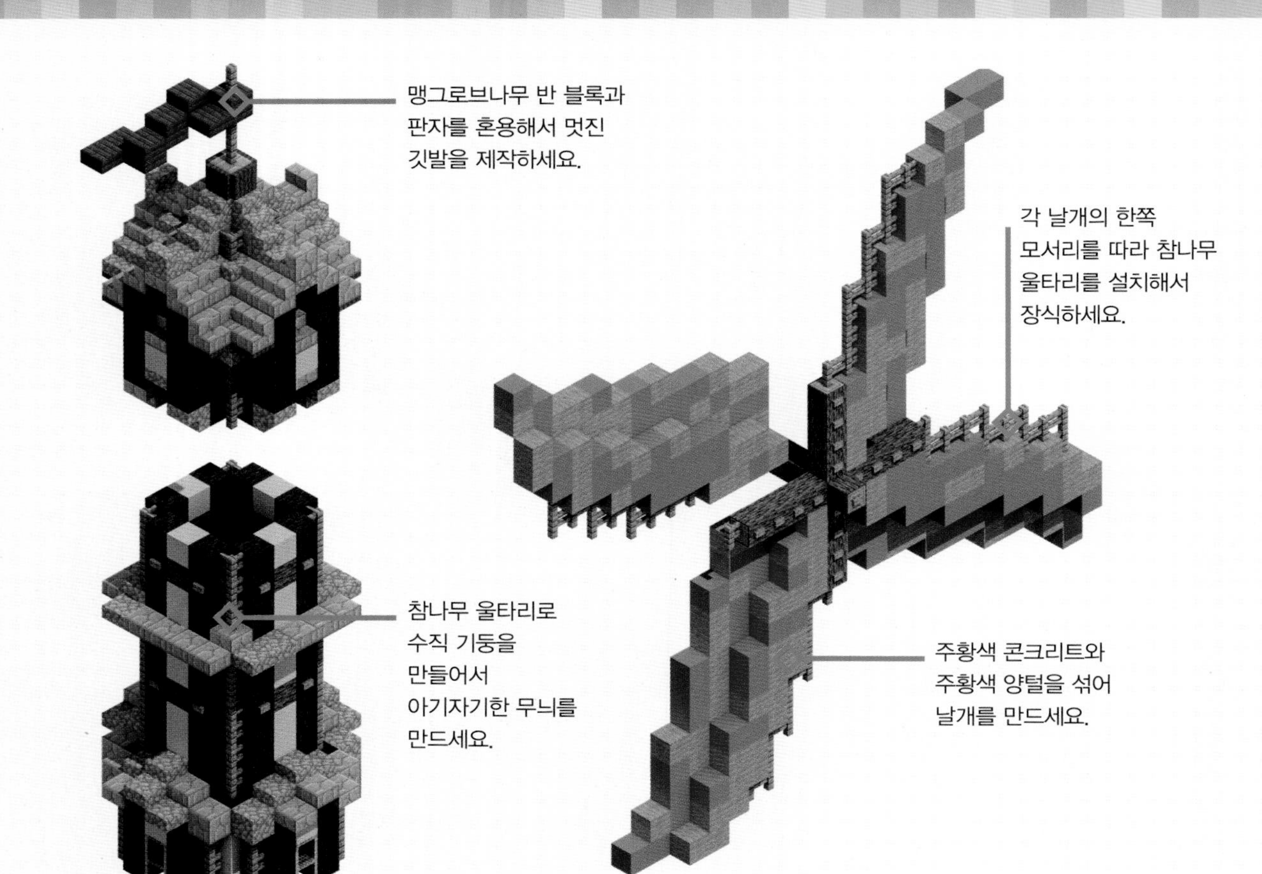
맹그로브나무 반 블록과
판자를 혼용해서 멋진
깃발을 제작하세요.
각 날개의 한쪽
모서리를 따라 참나무
울타리를 설치해서
장식하세요.
참나무 울타리로
수직 기둥을
만들어서
아기자기한 무늬를
만드세요.
주황색 콘크리트와
주황색 양털을 섞어
날개를 만드세요.

프리즈머린을 추가해서
주황색 날개와 멋진
대비를 만드세요.

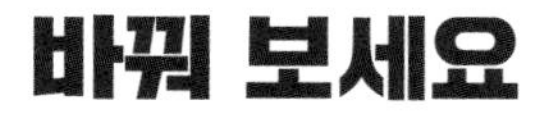
바꿔 보세요

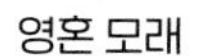
영혼 모래

우는
흑요석

뼈 블록

풍차

서버에 찾아온 손님들이 이 멋진 풍차를 보면 한눈에 푹 빠질 겁니다. 6개 층과 다채로운 디테일을 담아 우뚝 솟은 랜드마크를 제작하면 분명 큰 성취감을 느낄 수 있을 겁니다.

참나무 잎과 정글나무 잎을 섞어서 퍼걸러에 식물이 무성하게 자란 것처럼 만드세요.
대량의 모닥불로 천장을 만드는데, 불을 붙이지는 마세요!
랜턴과 영혼 랜턴을 사용하여 건축물에 색을 더하세요.
이끼 낀 조약돌로 정원을 완성하세요!
깜찍하게 생긴 이 테이블은 사실 대나무 비계로 만들었습니다. 테이블에 벚나무 묘목을 심은 화분을 설치해 보세요.
추천 블록
꽃 핀 진달래
비계
내용

아기자기한 퍼걸러

정원에서 노는 것을 좋아한다면 근사한 이 퍼걸러를 만들어 보세요. 단순한 건축물이지만 주변을 마인크래프트의 울창한 식물들로 장식할 수 있습니다. 손재주를 발휘해 건축을 시작하세요.

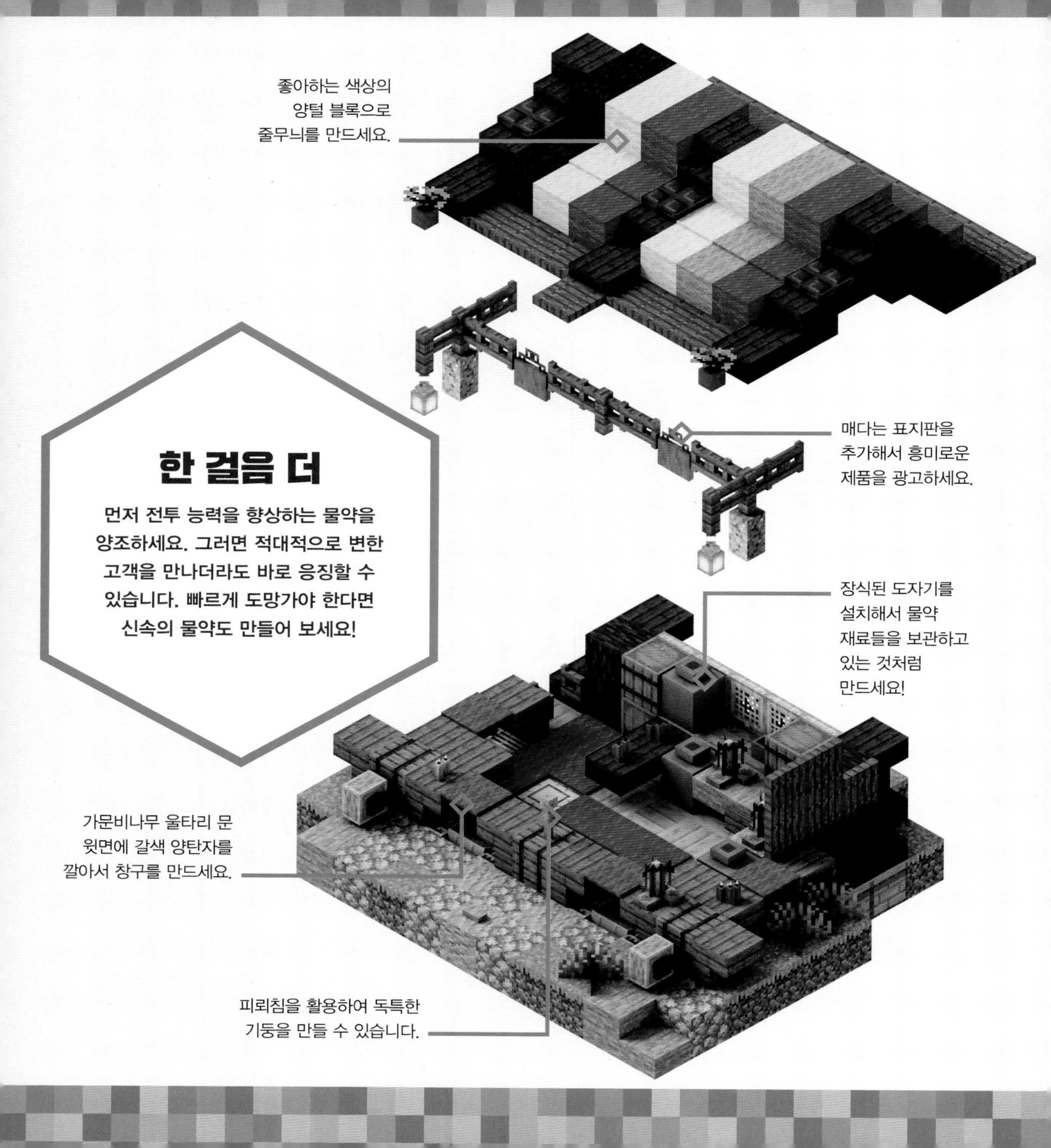

한 걸음 더

먼저 전투 능력을 향상하는 물약을 양조하세요. 그러면 적대적으로 변한 고객을 만나더라도 바로 응징할 수 있습니다. 빠르게 도망가야 한다면 신속의 물약도 만들어 보세요!

물약 가판대

매혹적인 가판대에서 새로 나온 물약을 판매해 보세요. 이렇게 멋진 가게에서 장사하면 누구도 가격에 불평하지 않을 거예요! 시음용으로 독 물약을 많이 나눠 주지만 마세요. 그랬다가는 손님이 다시는 돌아오지 못할 수도 있어요!

바꿔 보세요

레드스톤 블록

네더 금광석

뇌 산호

보라색 유광 테라코타

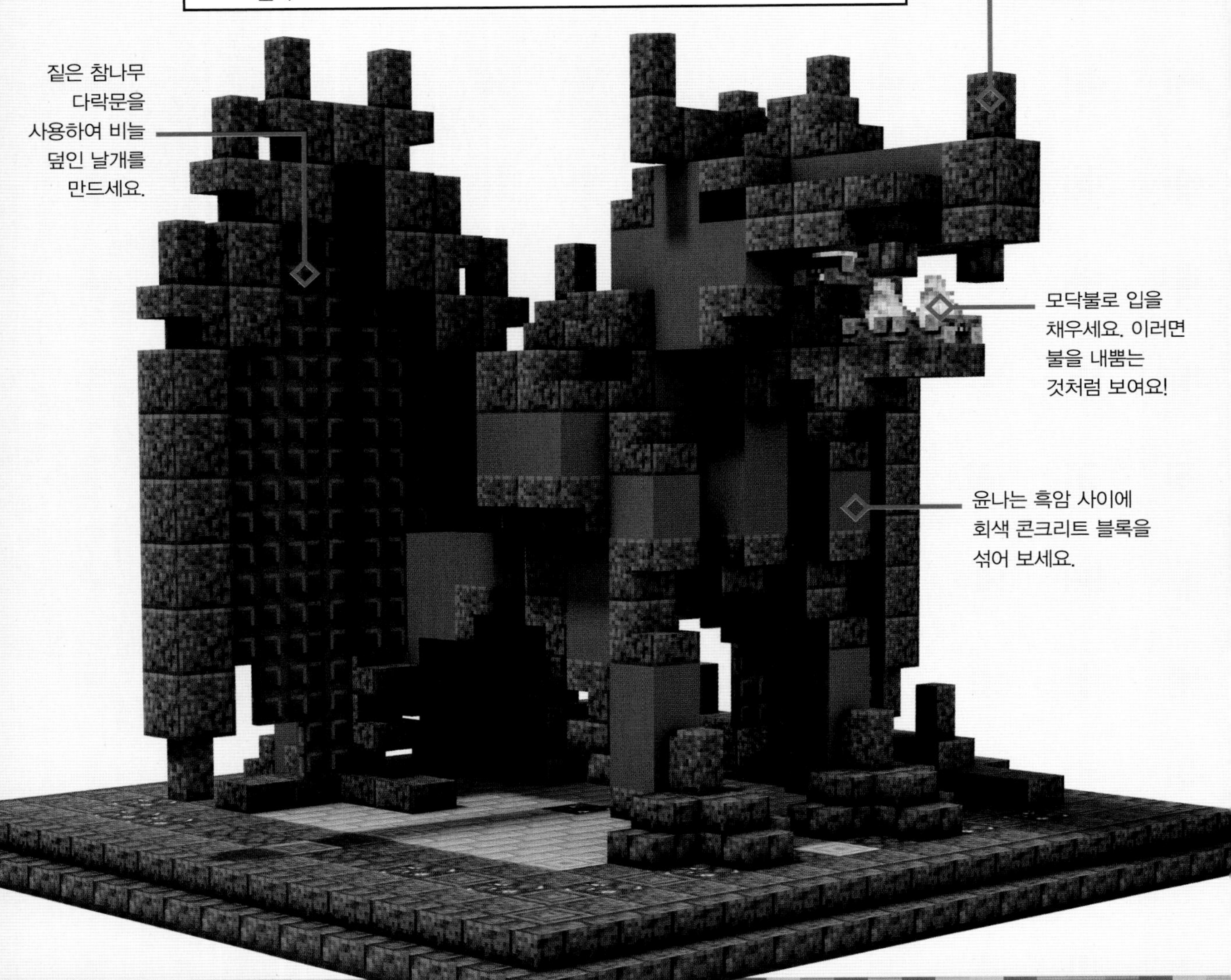

짙은 참나무 다락문을 사용하여 비늘 덮인 날개를 만드세요.

윤나는 흑암으로 무시무시한 뿔을 만드세요.

모닥불로 입을 채우세요. 이러면 불을 내뿜는 것처럼 보여요!

윤나는 흑암 사이에 회색 콘크리트 블록을 섞어 보세요.

94

불의 용

오버월드에서 엔더 드래곤과 함께 있고 싶다고요? 정말 용감한 플레이어로군요! 그런데 엔더 드래곤보다 멋진 용 석상을 만들어 보는 것은 어떨까요? 더 안전한 방법이에요! 불을 내뿜는 입을 제작할 때만 조심하면 돼요!

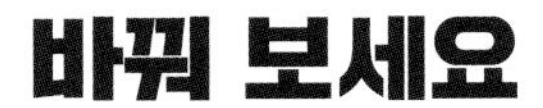

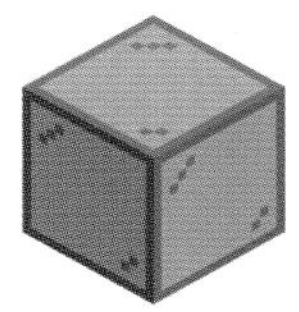

파란색
색유리

금 블록

영혼 모래

네더랙

매다는 표지판과 꽃바구니로 내부를 개성 있게 만들되, 장식 요소가 공간을 너무 많이 차지하지는 않게 하세요.

위에서 본 모습

붉은 사암 담장으로 아가미를 표현하세요. 산호를 써도 좋습니다.

아홀로틀의 등을 따라 분홍색 색유리 판을 추가하세요. 미묘하게 색깔을 더할 수 있습니다.

아홀로틀 집

마인크래프트에서 무척 귀엽기로 소문난 동굴 속 생명체를 주제로, 더할 나위 없이 안락한 수중 주택을 만들어 보세요. 공간이 부족할까 봐 걱정하지 마세요. 이 집은 몹의 깜찍한 몸집과는 달리 매우 큽니다.

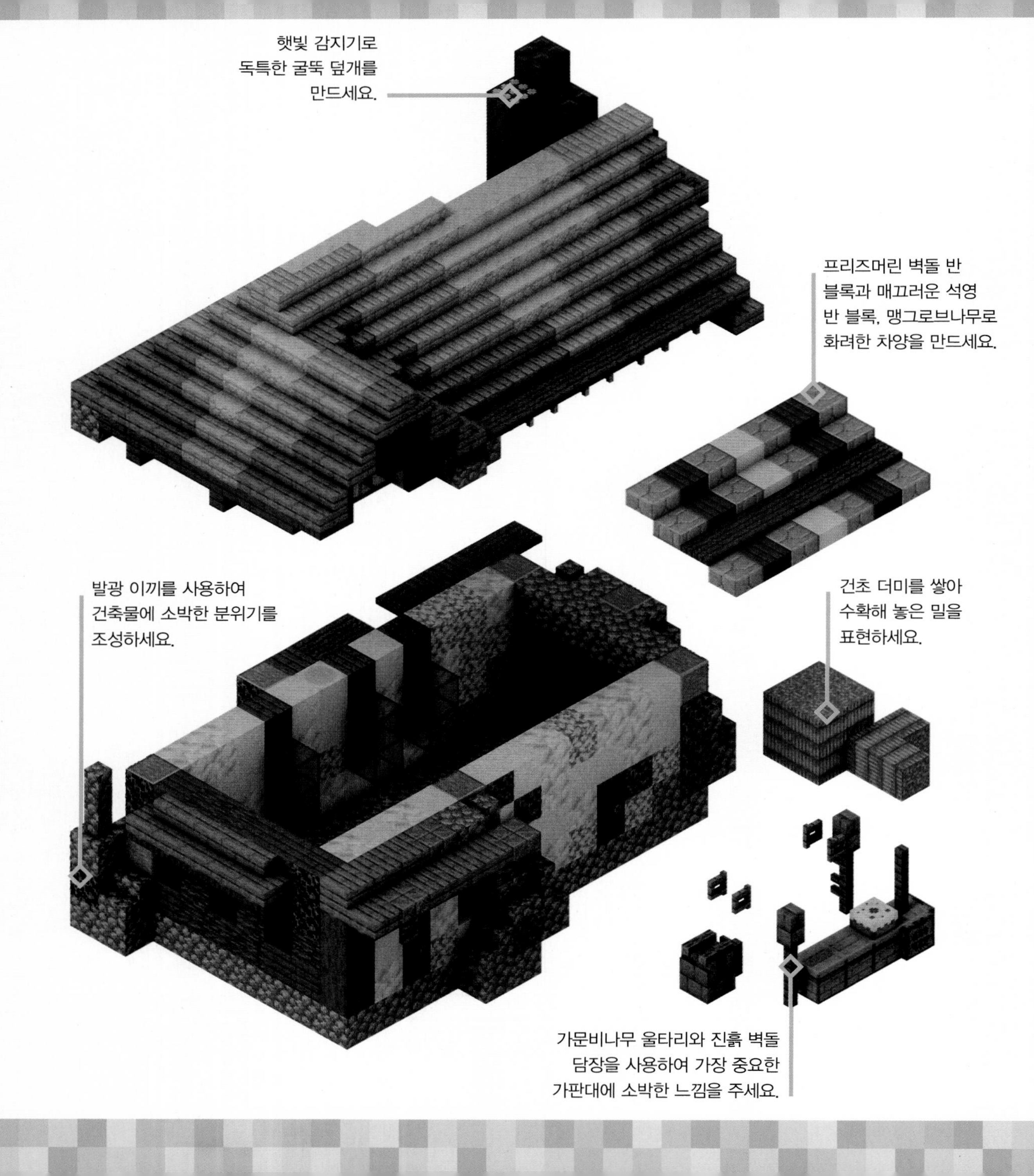
햇빛 감지기로
독특한 굴뚝 덮개를
만드세요.
프리즈머린 벽돌 반
블록과 매끄러운 석영
반 블록, 맹그로브나무로
화려한 차양을 만드세요.
발광 이끼를 사용하여
건축물에 소박한 분위기를
조성하세요.
건초 더미를 쌓아
수확해 놓은 밀을
표현하세요.
가문비나무 울타리와 진흙 벽돌
담장을 사용하여 가장 중요한
가판대에 소박한 느낌을 주세요.

소박한 빵집

지루하거나 몹시 배가 고픈가요? 그렇다면 어서 멋진 빵집을 지어 보세요. 아기자기한 가게에서 맛있는 케이크와 빵을 팔아 바삭바삭한 수익을 올릴 수 있어요!

한 걸음 더

편안한 의자 두 개만으로는 충분하지 않습니다. 친구들이 더 많이 오면 어떡하죠? 숲과 같은 분위기의 가구를 추가해 보세요. 그런 다음 다른 식물을 활용해서 멋진 좌석을 제작해 보세요.

테라코타 블록으로 만든 벽은 방의 자연적인 분위기와 잘 어울립니다.

이끼 바닥으로 쿠션을 만들어 보세요. 편안한 소리가 납니다!

청록색 양탄자와 갈색 유광 테라코타, 정글나무 판자로 러그를 제작하세요.

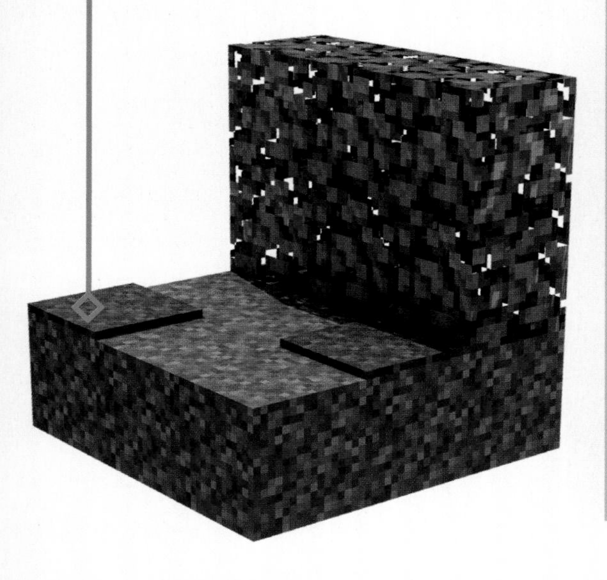

자연적인 실내

거미가 득시글거리는 숲 속에서 캠핑을 하지 않더라도 자연과 가까워질 수 있습니다. 자연적인 색상의 블록을 사용하여 집을 짓고, 식물을 풍부하게 심어 보세요. 징그러운 벌레는… 나타나지 않을 거예요!

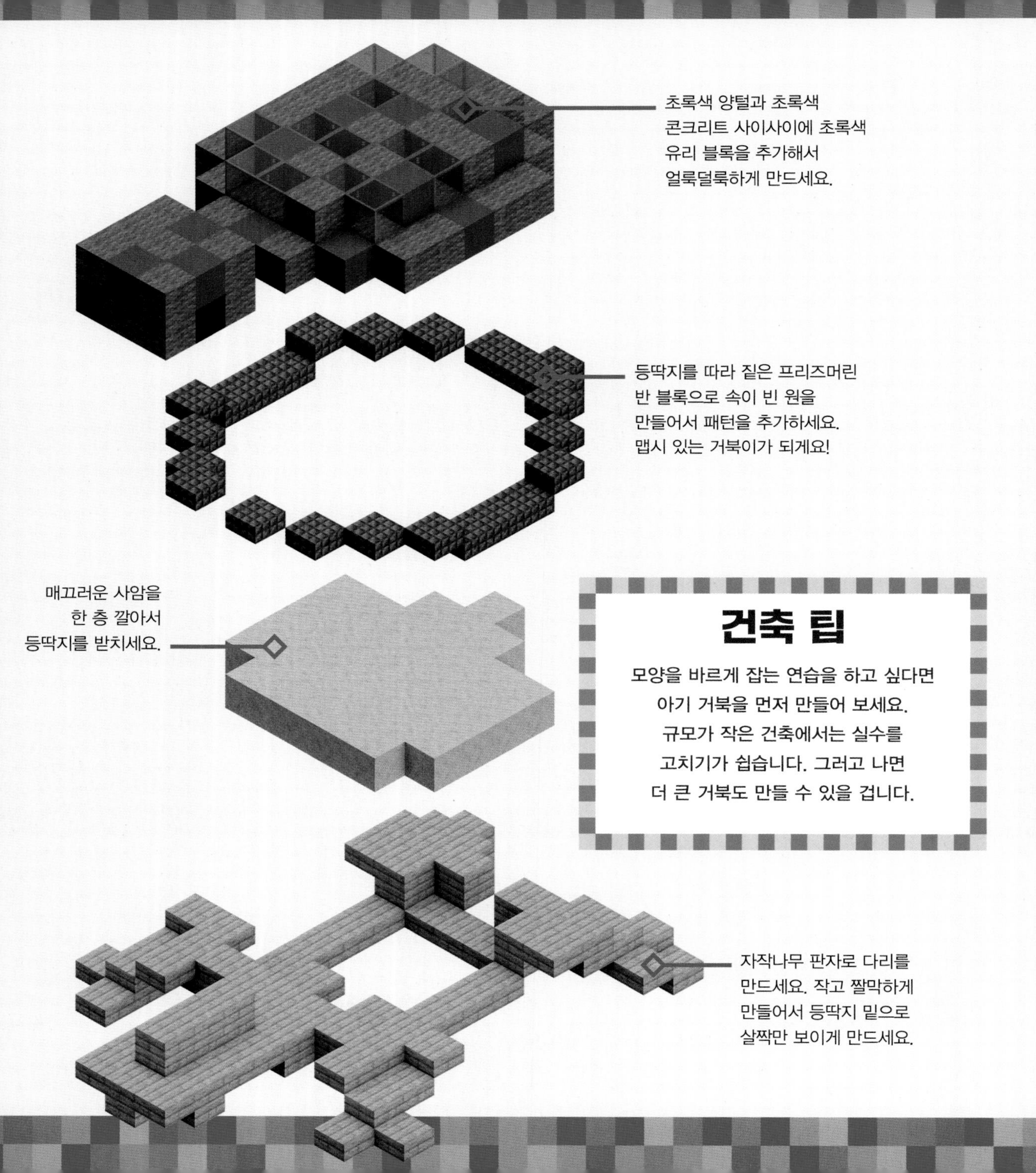

건축 팁

모양을 바르게 잡는 연습을 하고 싶다면
아기 거북을 먼저 만들어 보세요.
규모가 작은 건축에서는 실수를
고치기가 쉽습니다. 그러고 나면
더 큰 거북도 만들 수 있을 겁니다.

거북 가족

화목한 거북 가족은 서서히 그리고 꾸준히 “마인크래프트에서 가장 귀여운 건축물” 목록에서 순위를 올리고 있습니다. 해변에서 조개껍데기를 찾다 보면 이렇게 귀여운 생명체를 분명 만날 수 있을 겁니다.

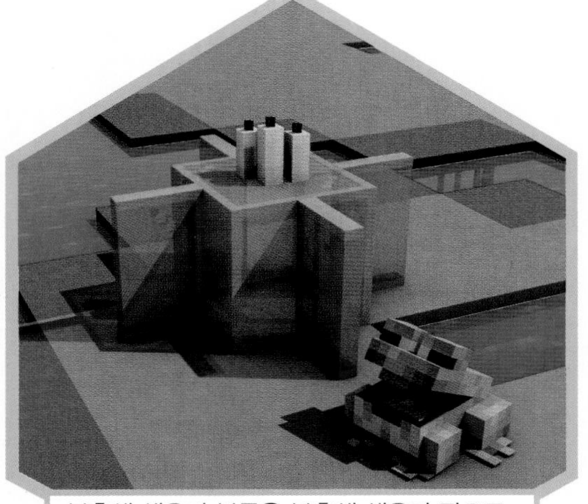

분홍색 색유리 블록을 분홍색 색유리 판으로 감싸고, 그 위에 하얀색 초를 설치해서 꽃을 제작하세요.

한 걸음 더

수련잎이 너무 썰렁해 보인다면 친숙한 개구리를 만들어 보세요. 아니면 진짜 개구리를 생성해 보는 것은 어때요? 수련잎이 거대한 만큼 친구들도 많이 부를 수 있습니다!

연두색 테라코타와 초록색 테라코타를 사용하여 투톤 효과를 만드세요.

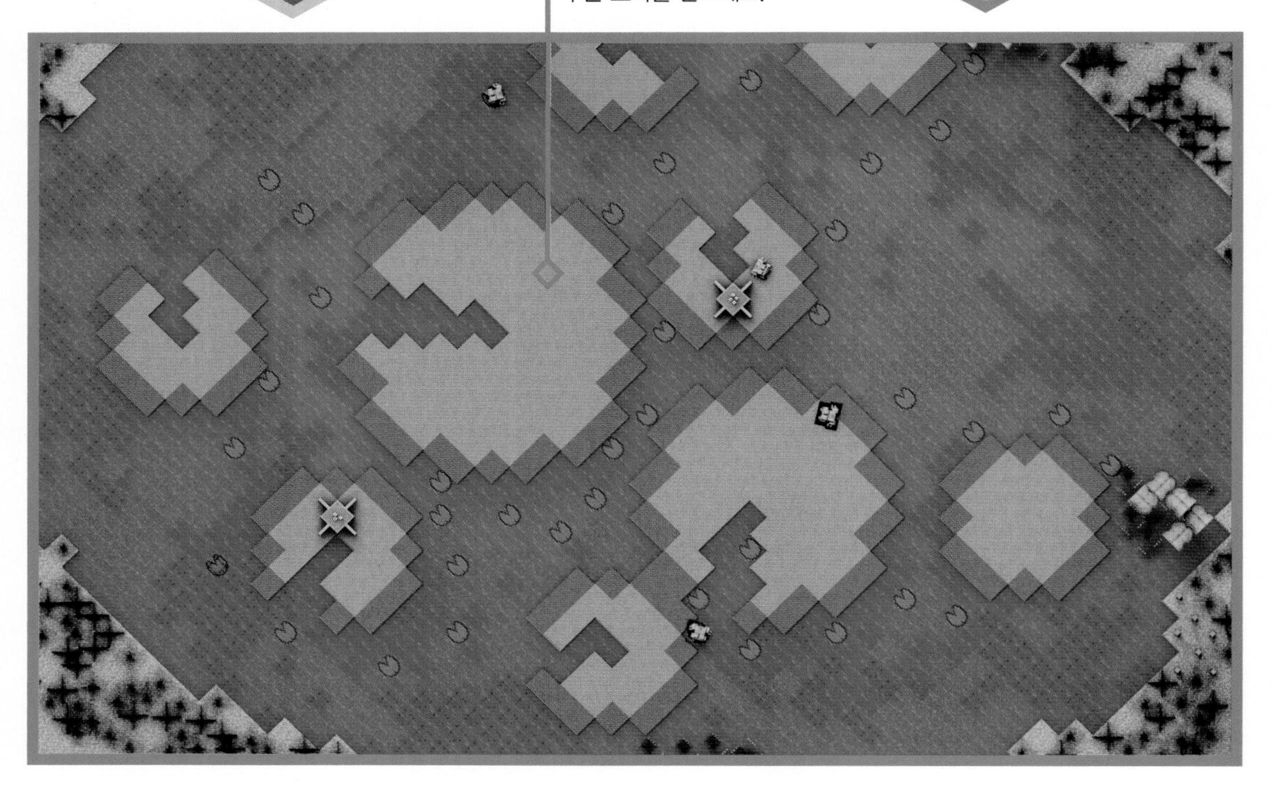

수련잎 연못

수련잎에서 뛰노는 재미를 개구리가 독차지해야 한다는 법이 있나요? 자신만의 거대한 수련잎 연못을 만들어서 마음이 이끄는 대로 이리저리 뛰어다녀 보세요(뛰면서 개굴 소리는 낼 필요는 없지만, 한번쯤 해보는 것을 추천합니다).

건축 팁

자동차를 만들 때에는 항상 바퀴부터 만드세요. 바퀴는 건축물에서 유일하게 땅과 맞닿는 부위이기 때문에 가장 설치하기가 쉽습니다.

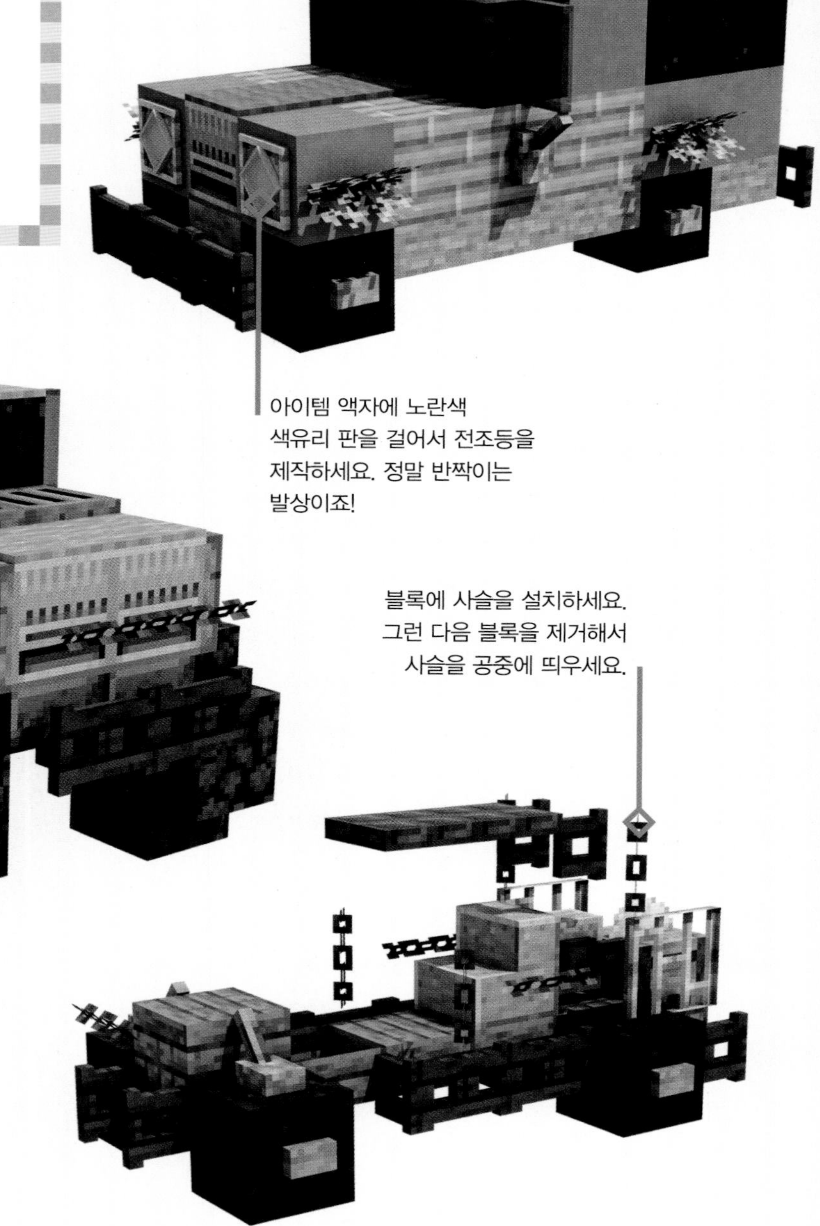

아이템 액자에 노란색 색유리 판을 걸어서 전조등을 제작하세요. 정말 반짝이는 발상이죠!

블록에 사슬을 설치하세요. 그런 다음 블록을 제거해서 사슬을 공중에 띄우세요.

흑암 계단 4개를 사용하여 몬스터 같은 트럭의 거대한 바퀴를 만드세요.

오프로드 자동차

게임에 운전 기능이 없다는 장애물 때문에 마인크래프트에서 자동차 트리오를 즐길 기회를 놓치지 마세요. 실제로 움직이지는 못하지만, 외관만큼은 뛰어납니다.

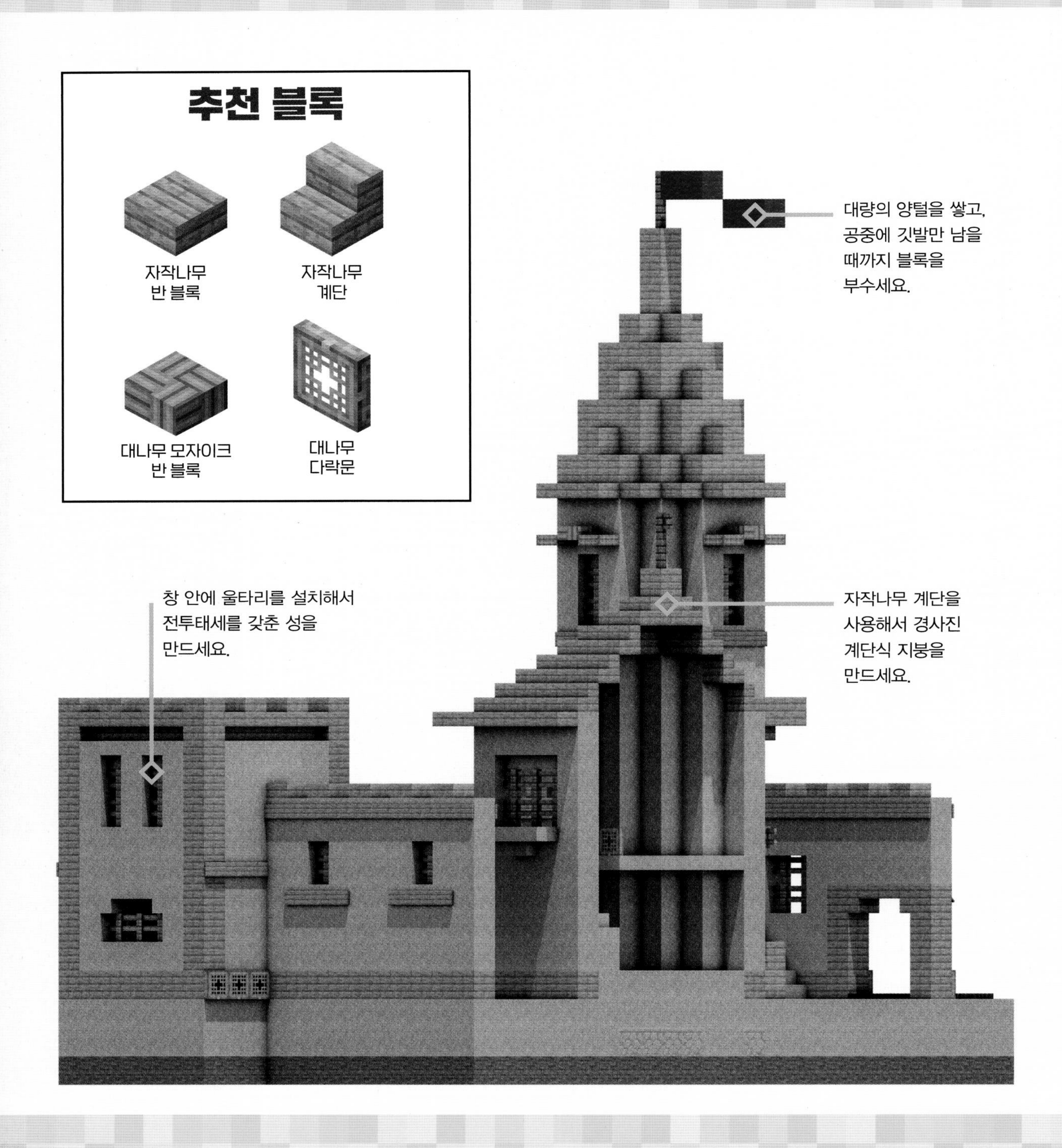
추천 블록
자작나무
반 블록
자작나무
계단
대나무 모자이크
반 블록
대나무
다락문
대량의 양털을 쌓고,
공중에 깃발만 남을
때까지 블록을
부수세요.
창 안에 울타리를 설치해서
전투태세를 갖춘 성을
만드세요.
자작나무 계단을
사용해서 경사진
계단식 지붕을
만드세요.

모래성

마인크래프트에서는 조류를 걱정하지 않아도 됩니다. 걱정할 시간에 환상적인 모래성을 만들어 보세요. 그리고 자신이 성의 주인인 것처럼 해변 분위기의 아름다운 성벽을 따라 걸어 보세요. 왜냐하면 당신이 정말 성의 주인이니까요!

서바이벌 모드에서도 이 텐트에서 잠을 이루고 싶다면 담장을 세우세요. 담장은 반드시 일몰 전에 만드세요. 밤이 되면 좀비가 찾아오거든요!

모닥불 주위에 의자를 놓으세요. 앉을 자리를 넓게 만들고 싶다면 모닥불을 더 크게 만들어 보세요.

텐트 양끝에 기둥을 세우세요. 기둥이 길수록 더 큰 텐트를 설치할 수 있습니다.

튼튼해 보이도록 텐트 윗부분에 사슬을 추가하세요.

대나무는 노란색 양털과 잘 어울립니다.

텐트가 삼각형을 이루도록 레버를 설치하고 모두 안쪽을 향해서 당기세요.

캠핑장

마인크래프트 숲 속에서 캠핑하는 것보다 편안하게 휴양을 즐길 수 있는 방법이 또 있을까요? 숲에는 거미와 좀비가 살고 있으니, 마냥 긴장의 끈을 놓고 있을 수만은 없겠네요! 캠핑 현장을 제작해서 잊지 못할 여행을 기록해 보세요.

하얀색 콘크리트와 하얀색 현수막으로 깔끔한 붙박이장을 만들어 보세요.

가마솥 위에 철사 덫 갈고리를 설치하면 싱크대와 수전을 사실적으로 만들 수 있습니다.

화로에 활성화 레일을 설치해서 그릴을 만드세요.

건축 팁

모든 식재료를 조리대에 넣어 두면 편리합니다. 그래도 여분의 식재료를 보관할 추가적인 식품 저장소를 만들어 보세요! 연회를 준비해야 할 일이 있을지도 모르잖아요.

죽은 부채형 불 산호는 부드러운 러그로 활용할 수 있습니다.

사각형 디자인을 새긴 현수막을 만들어서 청록색 테라코타 블록에 설치하세요.

현수막 아랫부분은 바닥에 가려집니다.

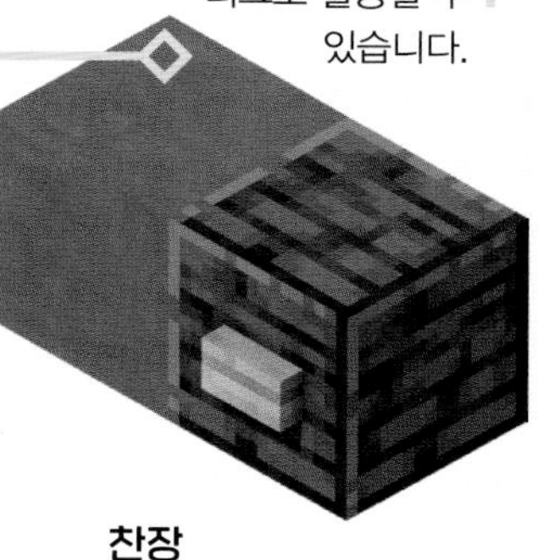

찬장

103

세련된 부엌

세련된 주방에서 언제든지 훌륭한 식사를 만들어 보세요. 고기, 채소, 거대한 케이크 등 어떤 음식이라도 얼마든지 보관할 수 있습니다. 빈속에 건축하는 일은 더 이상 없을 거예요!

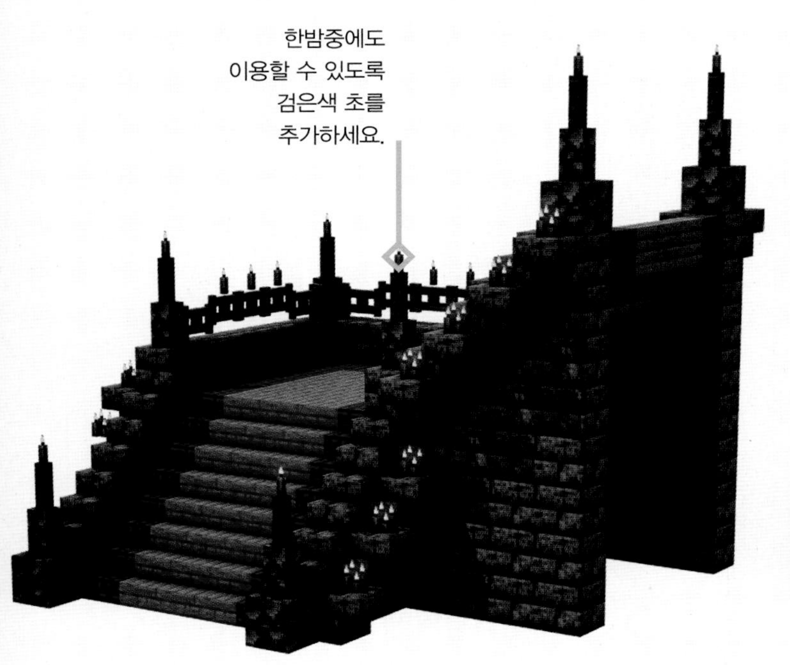

한 걸음 더

계단 끝에는 얼마나 놀라운 장소가 있나요? 바닷속으로 내려가는 계단을 만들어 보는 것은 어떨까요? 바다 랜턴이 빛나는 사원으로 이어지는 계단이나 해초 너머에 숨겨져 있는 해저 기지로 향하는 계단을 만들어 보세요.

스마트 계단

직접 만든 계단이 밋밋해 보이나요? 그렇다면 새로운 계단을 만들어 볼 차례가 됐어요. 아무리 까다로운 발이라도 이렇게 세련된 계단을 오르면 즐거워할 거예요.

위더 스켈레톤 해골을 추가하면 차원문을 더욱 무섭게 만들 수 있습니다.

영혼 모닥불을 활용하세요. 푸른 화염으로 으스스한 분위기를 조성할 수 있습니다.

위험이 도사리는 곳으로 통하는 길목에 진홍빛 압력판을 일렬로 설치하세요.

먼저 붉은 네더 벽돌 계단으로 기초를 만드세요.

뜨거운 차원으로 향한다는 것을 표현하기 위해 마그마 블록을 추가하세요.

추천 블록

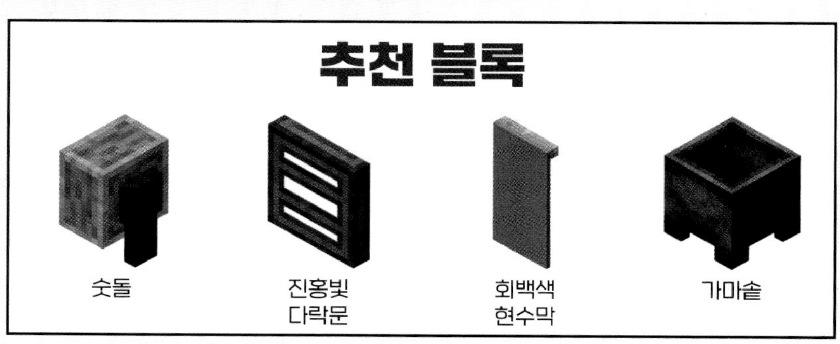

네더 차원문

당신은 네더에 갈 정도로 용감한가요? 이 포털을 만들어서 손쉽게 마인크래프트에서 위험천만한 차원으로 이동해 보세요. 네더로 넘어가면 적대적인 몹들을 피해야 합니다. 새로운 도전이 시작되는 거죠!

판다의 디테일은 눈에
띄지 않아도 되므로
검은색 콘크리트를
사용하세요.

한 걸음 더

고지대에서 점프할 수 있도록 바운시 캐슬 옆에 높은 탑을 건설하세요. 그런 다음 플레이어 주위에서 같이 뛰놀도록 장난꾸러기 판다 한 무리를 생성하세요. 무리 중에 재채기하는 판다는 누군지 관찰해 보세요!

탄성을 만들기 위해
바닥 전체를 슬라임
블록으로 만들고
양탄자 블록을 까세요.

적대적인 몹이
접근하지 못하게
색유리 판을 추가하세요!

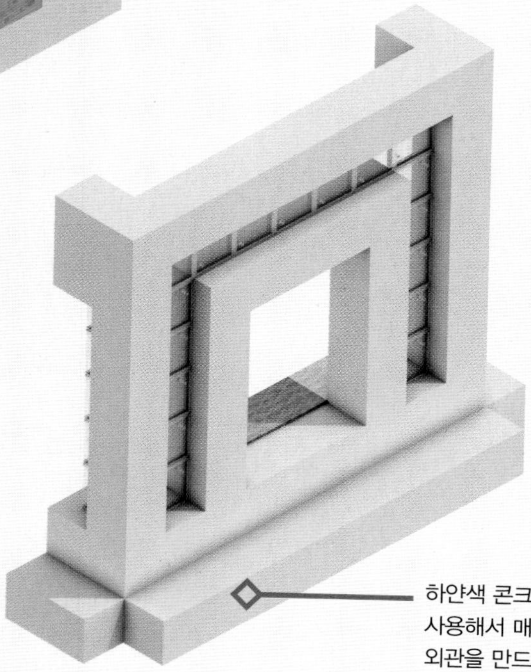

하얀색 콘크리트를
사용해서 매끄러운
외관을 만드세요.

판다 바운시 캐슬

마인크래프트 속 장난꾸러기 판다처럼 폴짝폴짝 뛰어다니며 놀고 싶었던 적이 있다면 이 건축물을 지어 보세요. 친구들을 불러서 같이 놀면 그야말로 우리들의 세상이 펼쳐질 거예요!

심층암 타일 반 블록과 계단으로 계단을 만드세요. 누가 이 계단을 오르게 될까요?

건축 팁

차광 유리로 창문을 제작하세요. 차광 유리를 써도 내부를 볼 수 있지만, 실내를 어둡고 으스스하게 유지할 수 있습니다. 워든이 좋아하는 분위기가 조성되죠!

꼭대기에는 껍질 벗긴 뒤틀린 균사를 사용하고, 아래로 갈수록 어두운 색상의 블록을 사용하세요.

뒤틀린 울타리 블록을 설치해서 모서리를 뾰족하게 만드세요.

측면과 모퉁이를 따라 뒤틀린 사마귀 블록을 설치해서 질감을 더하세요.

흑암과 뒤틀린 판자로 거대한 입을 만드세요.

워든 머리 집

이런 집을 지으면 친구들이 앞다투어 놀러 올 거예요. 하지만 주의하세요. 깊은 어둠 생물 군계에 이 집을 지을 경우, 파티 소음이 진짜 워든을 자극해서 깨울 수 있어요! 숨바꼭질하고 싶은 사람이 누구라고 했죠?

한 걸음 더

이렇게만 지으면 살짝 쓸쓸해 보입니다. 같은 종류의 블록을 사용하여 아기 북극곰 모양의 집을 옆에 지어 보는 것은 어떤가요? 이 작은 집을 북극 탐험에 필요한 도구들을 보관하는 창고로 활용해 보세요. 귀여운 건 덤이에요!

밝은 색 침구와 다채로운 색상의 양탄자는 새하얀 건축물의 나머지 부분과 강렬한 대비를 이룹니다.

하얀색 색유리를 적극적으로 사용해서 얼어붙은 창문을 표현하세요.

매끄러운 석영 계단을 사용하여 정문으로 이어지는 계단을 만드세요.

윤나는 흑암으로 발과 코를 만들어 보세요. 눈밭에서 집을 쉽게 찾을 수 있습니다!

북극곰 집

혹독한 추위를 피해서 귀여운 집으로 들어오세요. 아늑한 침대부터 생선을 보관할 수 있는 창고에 이르기까지, 북극 탐험가에게 필요한 모든 장비를 갖추고 있습니다. 믿을 수 없다고요? 진짜예요!

바꿔 보세요

구리 블록

철 블록

흙 블록

다이아몬드 블록

이 높이의 트로피를 만들려면 대량의 금 블록이 필요합니다.

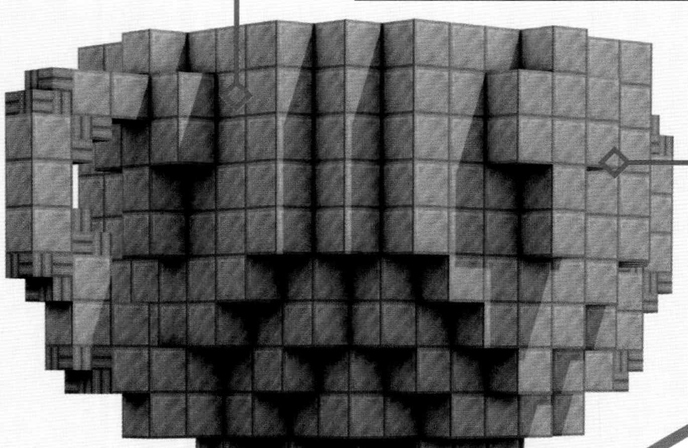

외부에는 금칠을 하고, 내부는 비워 두세요. 내부를 수영장으로 활용해 보세요!

대나무 모자이크를 추가해서 현실적인 음영을 만드세요.

한 걸음 더

마인크래프트에는 희귀하고 값어치 있는 블록들이 많습니다. 그런 블록들로 여러 개의 트로피를 만들어 보는 것은 어떤가요? 그런 다음 서버에서 건축 대회를 개최하고 행운을 거머쥔 승자에게 트로피들을 모두 수여해 보세요!

모서리에 자석석을 사용해서 트로피 받침대를 더욱 화려하게 만드세요.

드높은 트로피

경쟁에서 고난을 겪어가며 승리하기보다 그냥 예쁜 황금 트로피를 만들어서 스스로에게 수여하는 것은 어떤가요? 이렇게 기발한 생각에도 트로피를 줘야겠어요. 커다란 트로피를 만들어 봅시다!

다리에 어울리는 색상의 초를 추가하세요. 밤이 되면 아름답게 빛납니다.

한 걸음 더

이 다리를 마법에 걸린 것처럼 만들려면 다리의 한쪽 끝에 커다란 항아리를 만들고, 금 블록 같이 귀중한 보물들을 항아리에 채워 넣으세요. 이제 저 보물을 가장 먼저 찾을 친구가 누구인지 지켜보세요.

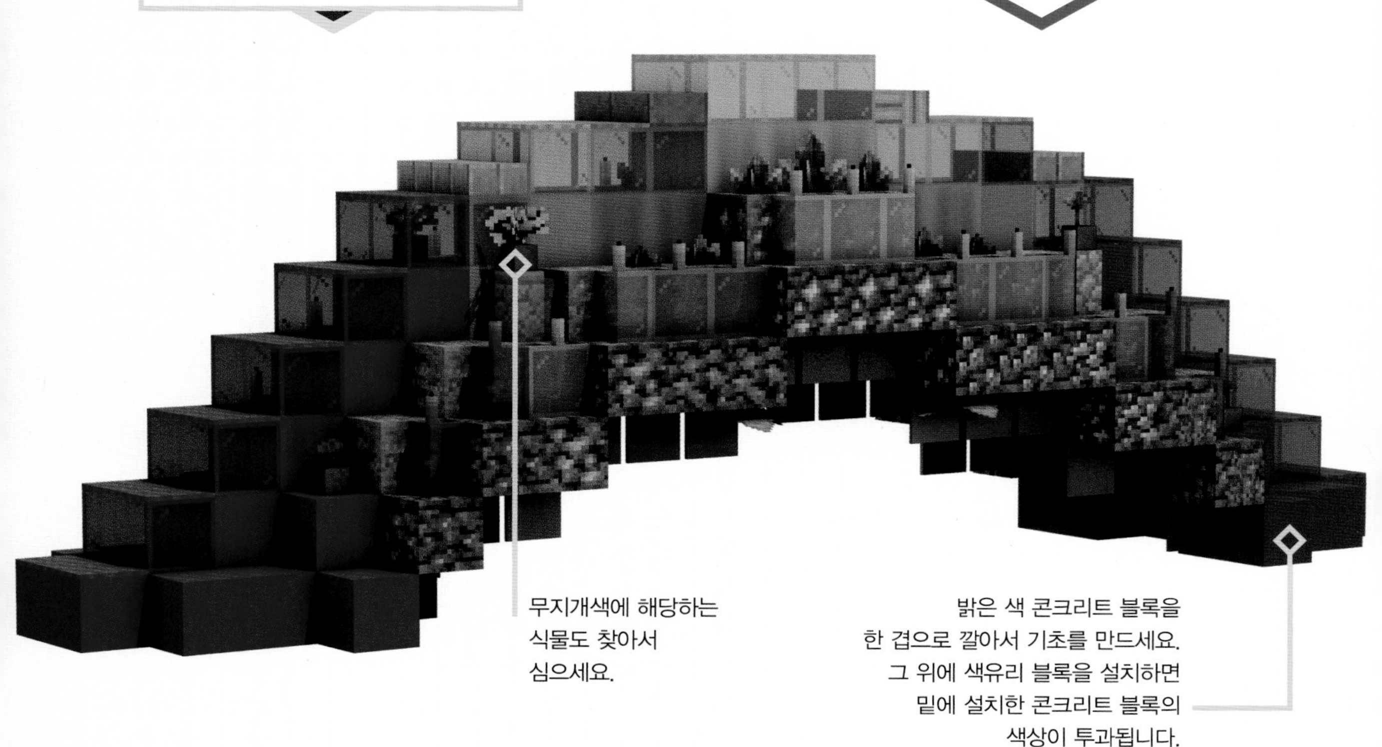

무지개색에 해당하는 식물도 찾아서 심으세요.

밝은 색 콘크리트 블록을 한 겹으로 깔아서 기초를 만드세요. 그 위에 색유리 블록을 설치하면 밑에 설치한 콘크리트 블록의 색상이 투과됩니다.

무지개 다리

여러분의 마인크래프트 서버에 활기를 가져다줄 멋진 다리를 지어 보세요. 무지개 다리는 양초와 보석과 꽃 장식이 어우러져 오색찬란한 향연을 이루고 있어요. 다리를 짓고 나면 마치 무지개 위를 걷는 듯한 기분을 느낄 수 있을 거예요!

맹그로브나무 잎과
덩굴을 사용해서
오래되고 무성한
분위기를 만드세요.

무서워 보이는 오두막을
지으세요. 성에 침입할
정도로 멍청한 몹들을
이곳에 가둬 보세요!

죽은 부채형 사방산호를
성벽에 추가해서
접근하면 위험하다는
것을 강력하게
전달하세요.

성

마인크래프트에서 처음으로 성을 지었던 기억은 잊을 수 없을 거예요. 너무 많이 탐험해서 어디에 지었는지 잊어버렸다면 또 모르겠지만요! 높고 견고한 성은 적대적인 몹들로부터 안전하게 지켜 주니까 성을 잃지 마세요.

추천 블록

석재 벽돌

조약돌

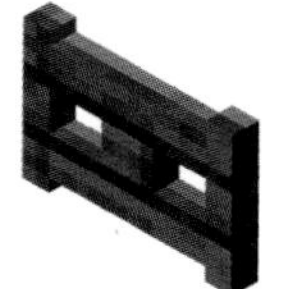
가문비나무 울타리 문

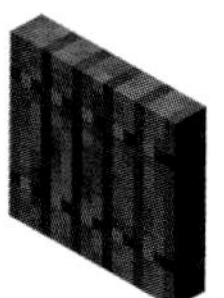
가문비나무 다락문

이끼와 이끼 낀 조약돌 반 블록, 꽃 핀 진달래로 지붕을 덮어서 주변 풍경과 어울리도록 만드세요.

옥상 잔디는 가끔씩 잘라 주세요. 너무 많이 자라서 버려진 것처럼 보이면 안 됩니다

껍질 벗긴 가문비나무를 사용해서 수직 기둥을 만드세요. 대비를 주기 위해 가문비나무 원목으로 들보를 만드세요.

매끄러운 사암과 엔드 돌을 혼용해서 오래된 집처럼 만드세요.

사슬을 추가해서 시골 분위기를 내세요.

112

언덕의 농가

전원주택에서 시골의 풍경을 즐겨 보세요. 이 집은 농장에서 키우는 동물들을 모두 키울 수 있을 정도로 거대합니다. 양과 소에게도 각자의 방을 만들어 주세요.

윤나는 흑암
버튼으로 바보 같은
눈을 만드세요.

건축 팁

먼저 주황색 콘크리트와 주황색 양털로 발을 만들고 서서히 윗부분을 건축해 나가세요. 마지막으로 매우 정밀하게 모자를 만들어 완성하세요.

거위 떼

현실의 거위에게 모자를 덮고 스카프를 둘러 주는 것은 사상 최악의 아이디어지만, 주황색 부리를 지닌 이 새는 아주 우아하게 생겼습니다. 이러니까 이 거위를 따르는 무리가 많은 거겠죠!

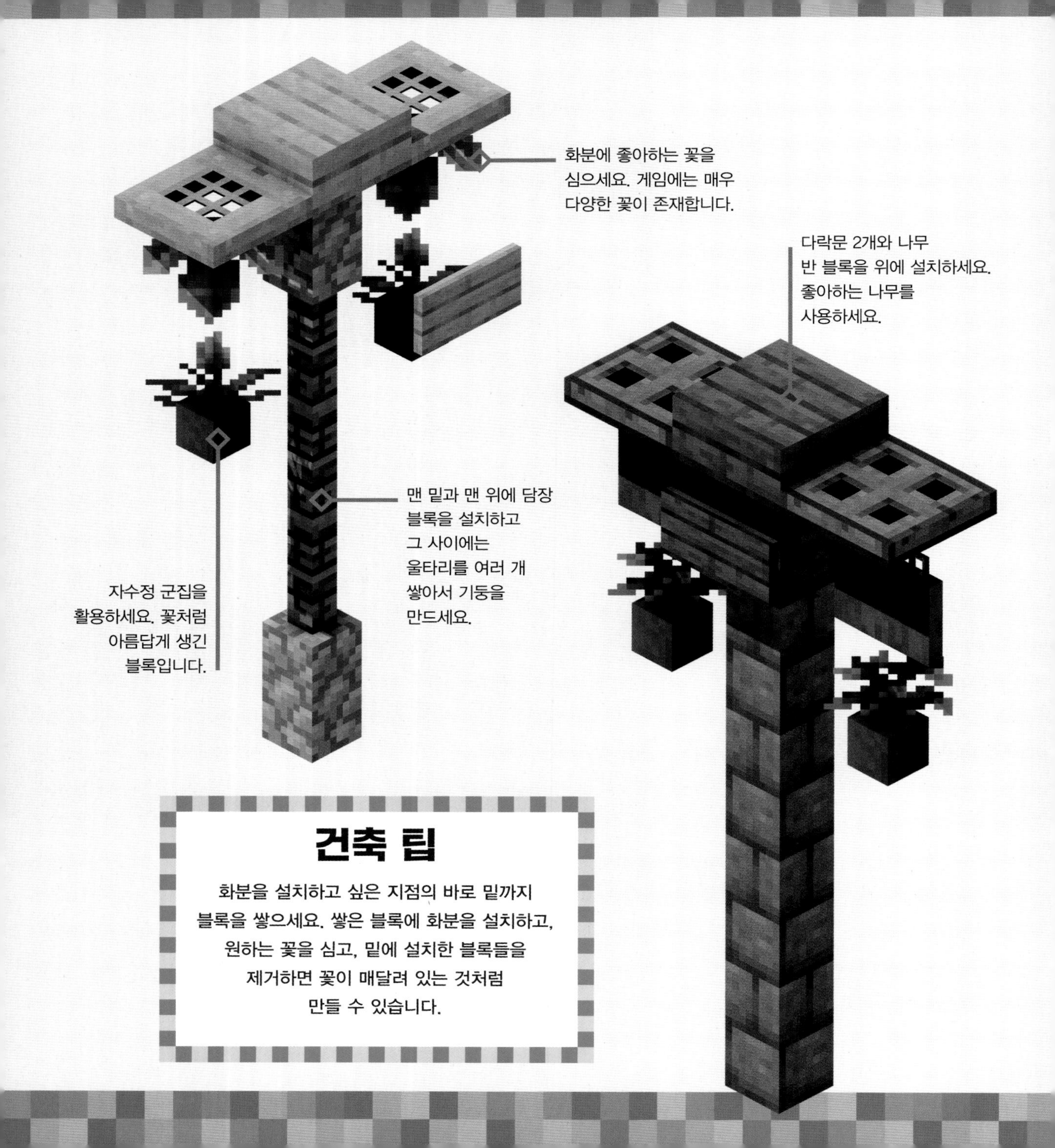

건축 팁

화분을 설치하고 싶은 지점의 바로 밑까지 블록을 쌓으세요. 쌓은 블록에 화분을 설치하고, 원하는 꽃을 심고, 밑에 설치한 블록들을 제거하면 꽃이 매달려 있는 것처럼 만들 수 있습니다.

매달린 꽃바구니

꽃이 날 수 있었으면 한 적이 있나요? 정말 재미있는 소원이네요! 날아다니는 꽃이 등장할 때까지 기다리지 말고, 아기자기하게 꽃바구니들이 걸려 있는 공중 정원을 만들어 보는 것은 어떤가요? 분명 아름다운 정원이 피어날 거예요!

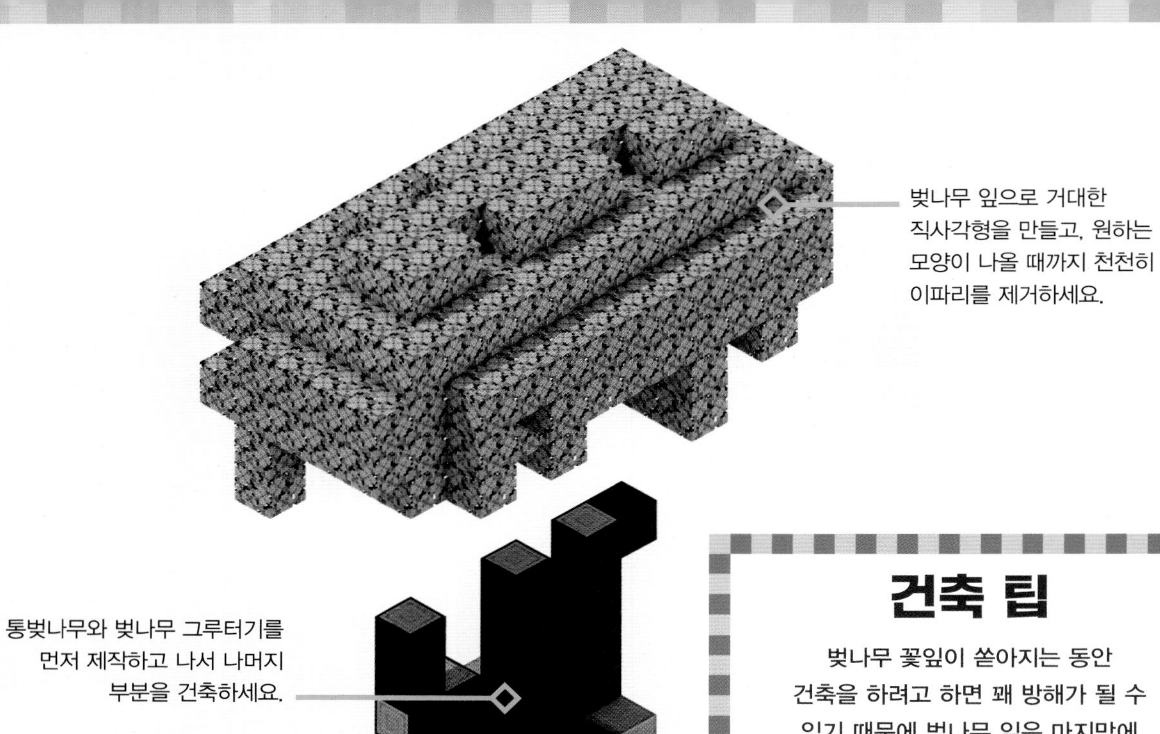

건축 팁

벚나무 꽃잎이 쏟아지는 동안 건축을 하려고 하면 꽤 방해가 될 수 있기 때문에 벚나무 잎은 마지막에 설치하는 것이 좋습니다.

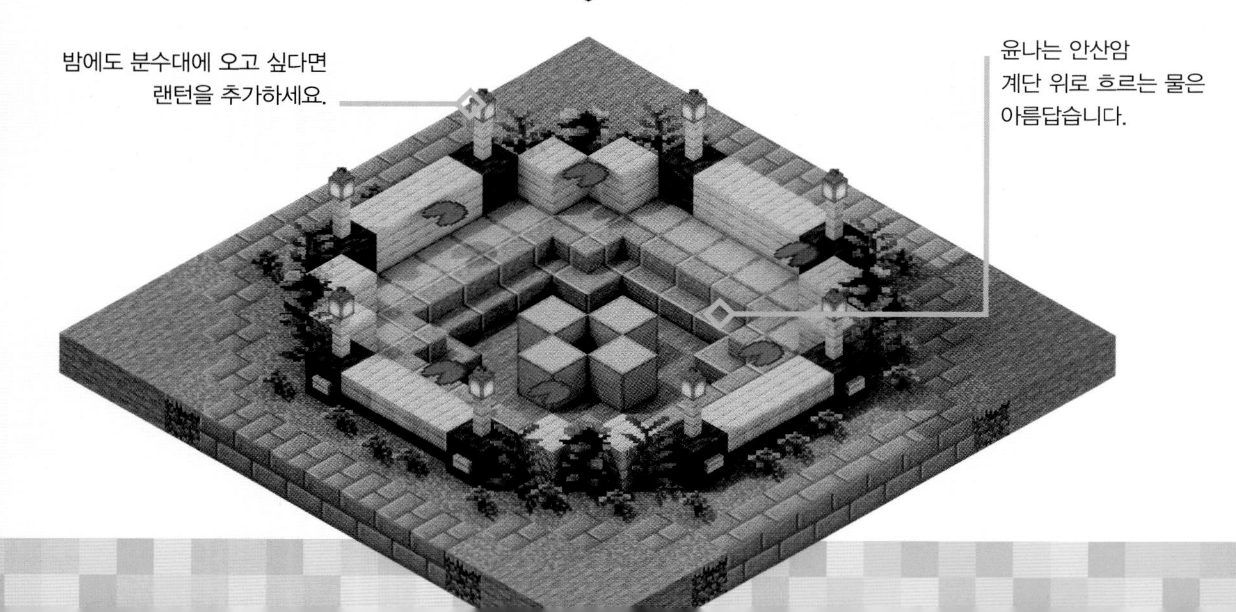

뻣나무 분수

꽃 핀 분수대를 제작해서 생물 군계에 아름다운 명소를 직접 만들어 보세요. 아름다운 꽃들이 만들어낸 그림자에서 휴식을 취하며, 살금살금 다가와 평화를 깰 크리퍼가 숨어 있지 않기를 기도하세요.

자작나무 반 블록과 매끄러운 사암으로 암초를 만드세요. 몹이 자유롭게 헤엄칠 공간을 마련하세요.

다채로운 산호 블록과 부채형 산호를 곳곳에 설치해서 생기 넘치는 수족관처럼 보이도록 만드세요.

유리 블록으로 벽을 지어서 마무리하세요. 물을 넣기 전에 유리 블록을 모두 제대로 설치했는지 점검하고 또 점검하세요.

짙은 참나무 계단 설치 시 주의하세요. 실수로 만들어진 틈을 통해 물이 흘러나올 수 있습니다.

사암
반 블록

복어

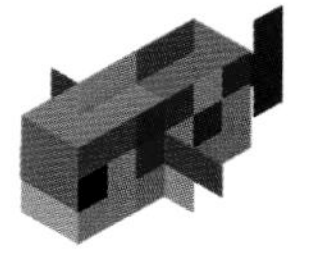

열대어

윤나는 화강암 반 블록과 대나무 다락문으로 의자를 제작하세요. 이제 다들 앉아서 당신의 작품을 감상할 수 있어요.

수족관

이 건축물에서 비린내가 느껴지나요? 그렇다면 다행이네요. 느껴지지 않는다면 올바르게 제작하지 않은 거예요! 멋진 수족관을 지어서 마인크래프트에서 제일 신비로운 물고기와 매우 위협적인 바다 몬스터들을 감상해 보세요.

뒤틀린 다락문을 사용하여 아름다운 창문 덮개를 만드세요.

울타리를 설치해서 플레이어를 과녁에서 멀리 떨어뜨려 부정행위를 할 수 없도록 하세요.

건축 팁

각 과녁 블록 윗면에 종 또는 레드스톤 램프를 설치해 보세요. 사격 솜씨가 좋을수록 이들 블록이 오랫동안 활성화됩니다.

잘못 쏜 화살이 양궁장을 탈출해서 누군가를 맞히지 않도록 껍질 벗긴 뒤틀린 균사를 이용해서 담장을 세우세요!

화살이 과녁 블록의 중앙에 맞으면 레드스톤 신호가 활성화되면서 위에 있는 종이 울립니다!

각 레인 사이에 심층암 조약돌 계단을 일렬로 설치해서 긴 도랑을 만드세요.

양궁장

친구들을 상대로 활쏘기 연습을 했더니 친구들이 싫증을 내나요? 잠깐 쉬어도 된다고 해야겠네요. 직접 양궁장을 만들어서 누구에게도 피해를 입히지 않고 사격 연습을 해 보세요!

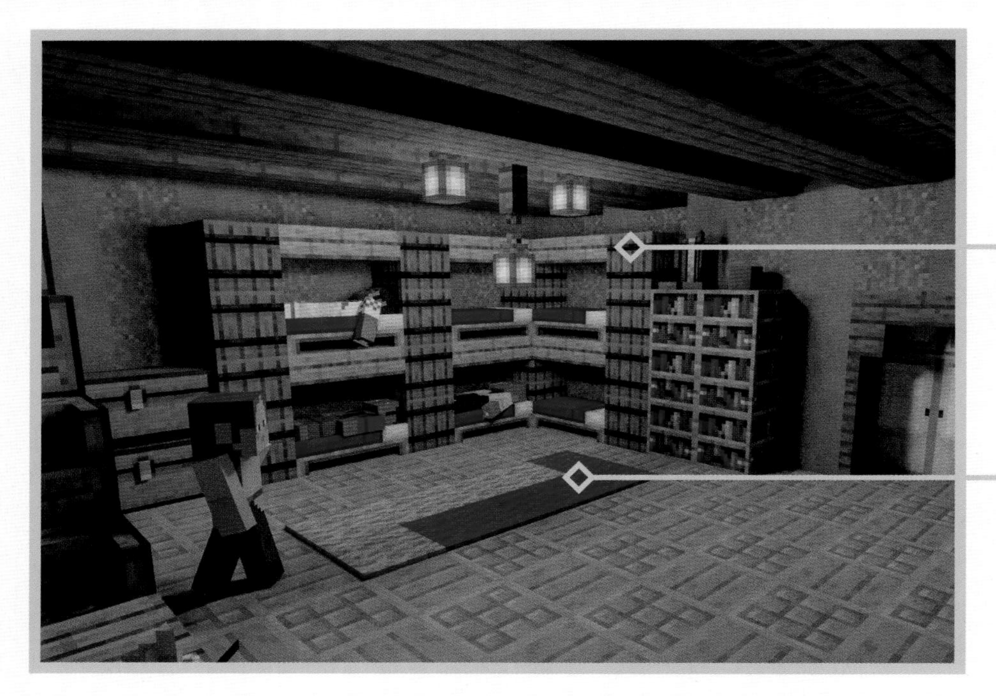

통 블록을 사용하여 침대를 나누세요. 잠자는 동안 실수로 친구를 발로 차버리면 안 되잖아요!

자홍색 및 분홍색 양탄자 블록으로 러그를 제작하세요. 하지만 꼭 이 색상이 아니어도 돼요!

각 침대 위에 참나무 반 블록을 한 줄로 설치하세요. 튼튼해 보이는 인상과 디테일을 더할 수 있습니다.

한 걸음 더

빨간색 침대도 예쁘지만, 침대를 무지개색으로 설치해서 각자 좋아하는 색상의 이불을 덮고 잘 수 있게 만들어 보세요. 그러면 남은 문제는 누가 위층을 차지하는 가겠죠!

이층 침대

친구들이 잘 곳을 만들어 두지 않은 채로 마인크래프트에서 파자마 파티를 열지 마세요. 멋진 이층 침대가 있으면 누구보다도 편안하게 밤을 지낼 수 있어요. 꿈에 가스트가 나오지만 않는다면요!

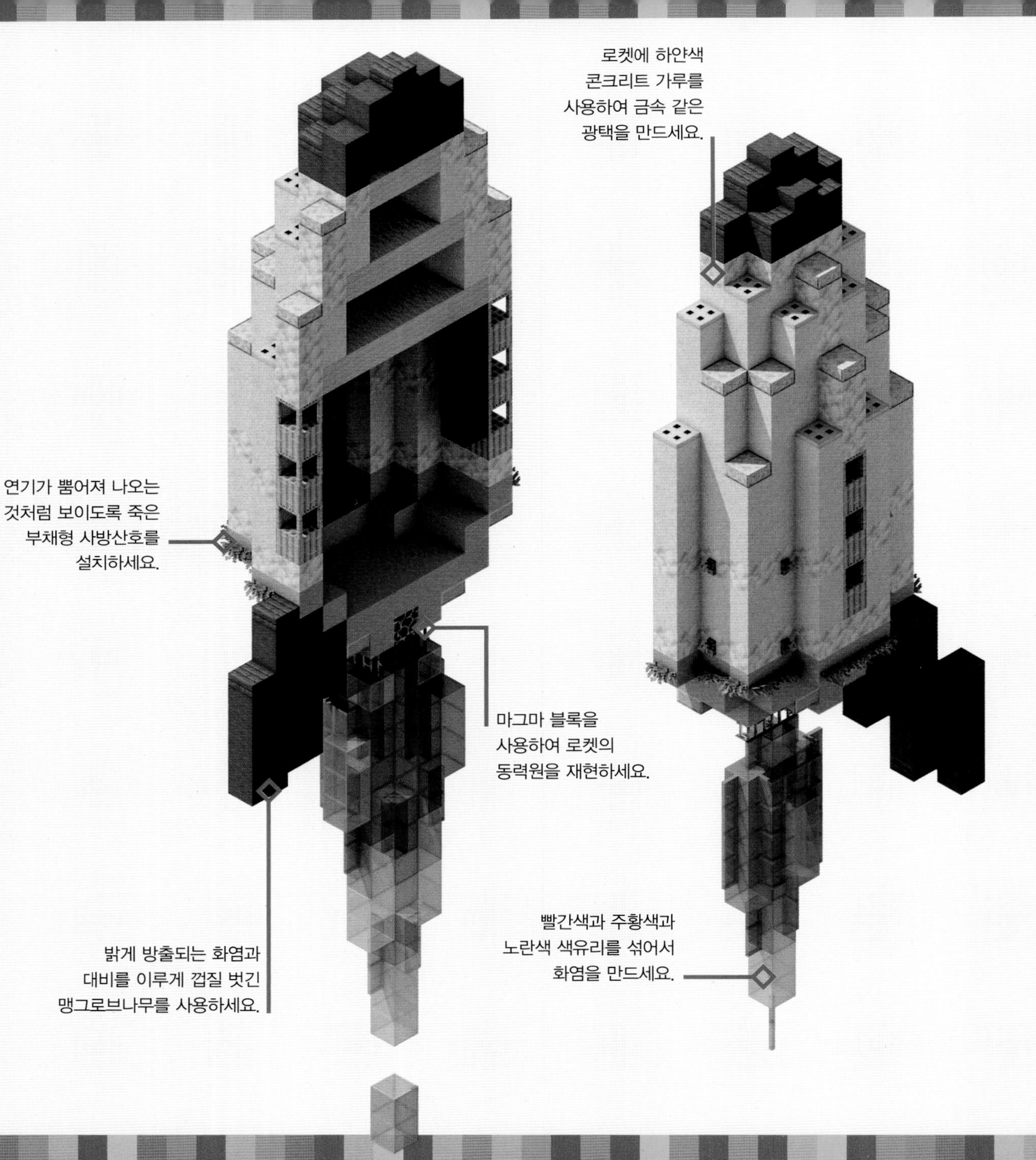
로켓에 하얀색
콘크리트 가루를
사용하여 금속 같은
광택을 만드세요.
연기가 뿜어져 나오는
것처럼 보이도록 죽은
부채형 사방산호를
설치하세요.
마그마 블록을
사용하여 로켓의
동력원을 재현하세요.
밝게 방출되는 화염과
대비를 이루게 껍질 벗긴
맹그로브나무를 사용하세요.
빨간색과 주황색과
노란색 색유리를 섞어서
화염을 만드세요.

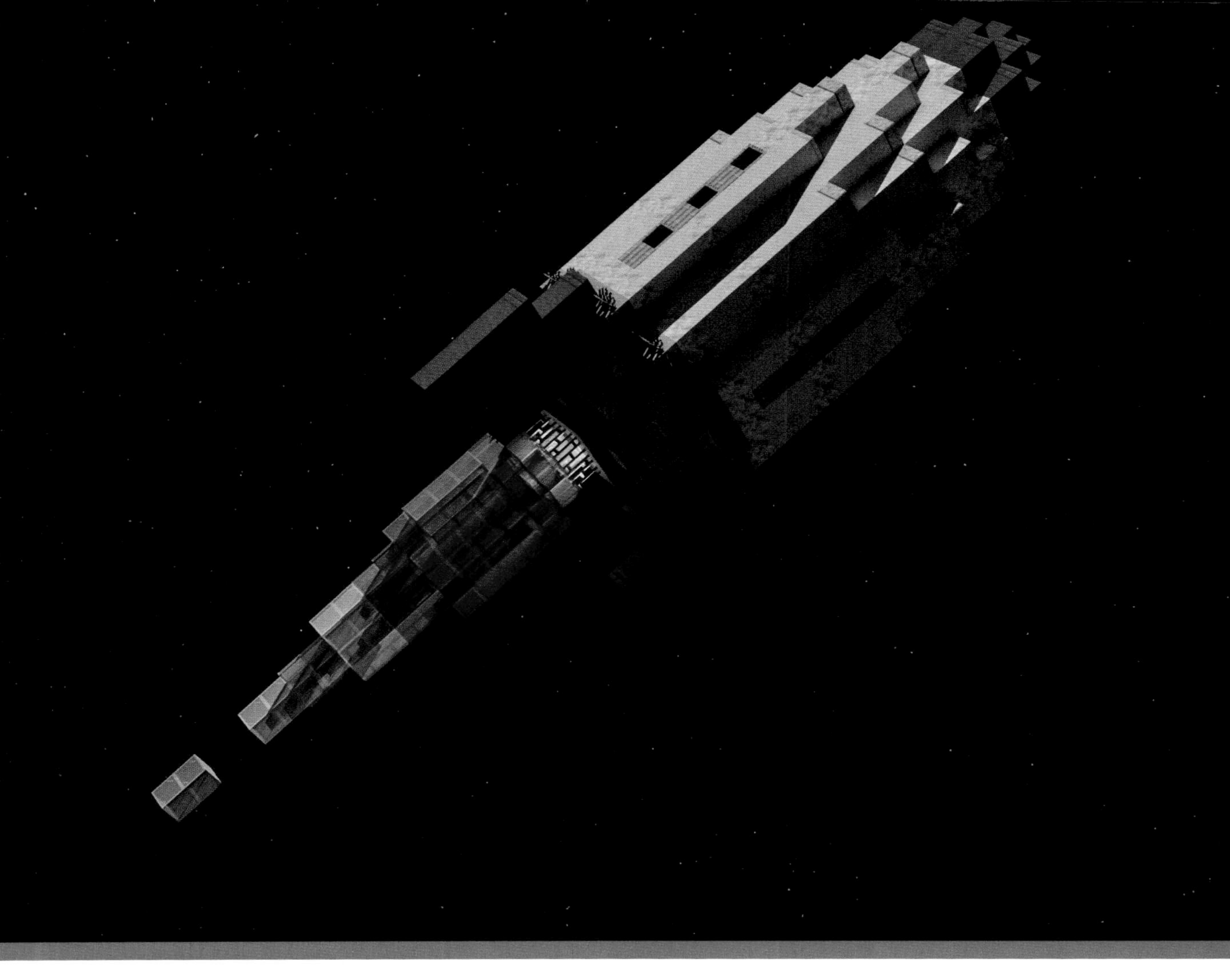

우주선

이렇게 멋진 건축물을 지어 보고 싶지 않나요? 당장이라도 만들고 싶다고요?! 돋보이는 우주선을 타고서 마인크래프트 세상의 별들이 정말로 네모난지 확인해 보세요. 궤도로 향하는 신예 우주 탐험가를 도와줄 확실한 수단입니다.

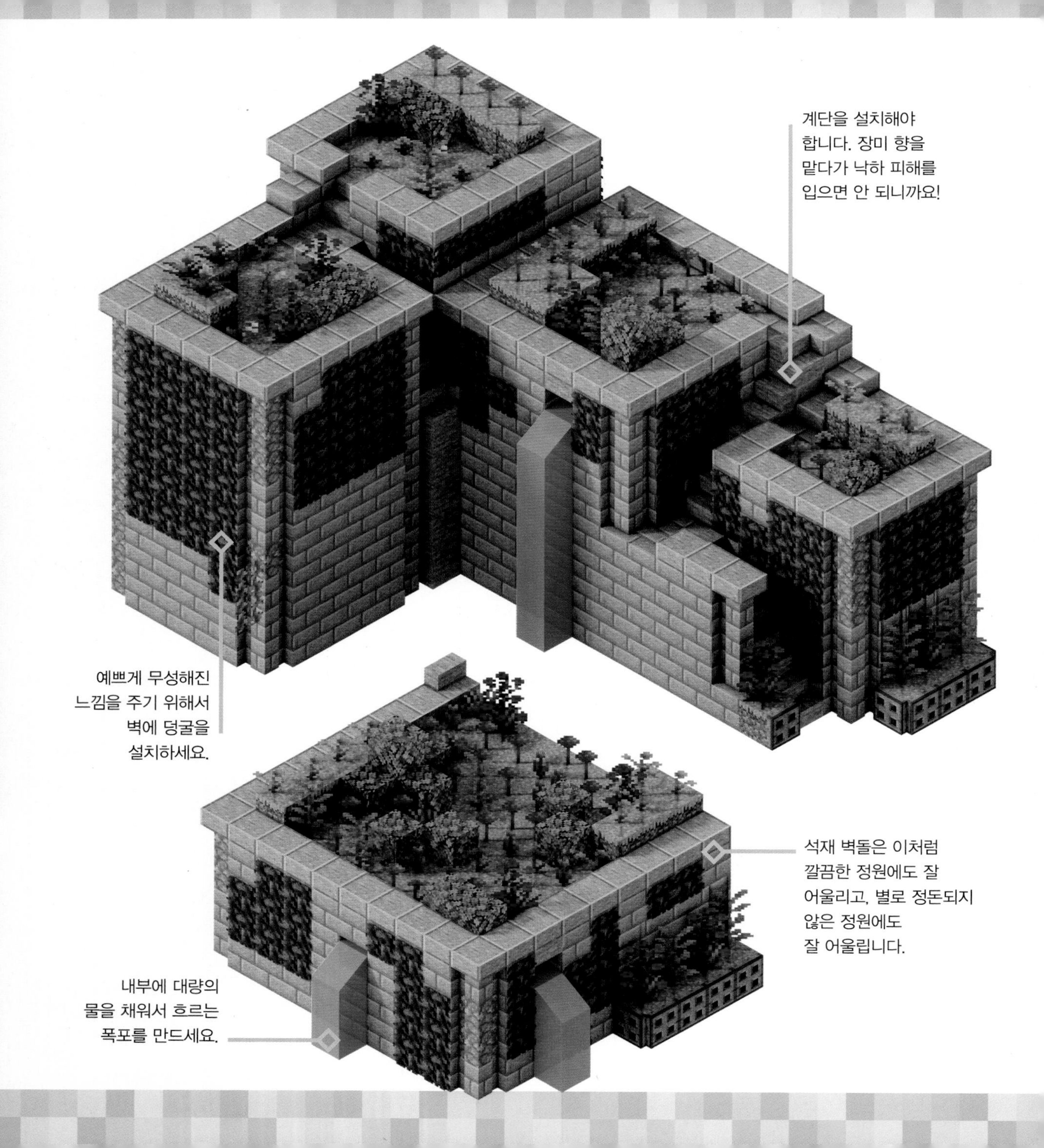
계단을 설치해야
합니다. 장미 향을
맡다가 낙하 피해를
입으면 안 되니까요!
예쁘게 무성해진
느낌을 주기 위해서
벽에 덩굴을
설치하세요.
석재 벽돌은 이처럼
깔끔한 정원에도 잘
어울리고, 별로 정돈되지
않은 정원에도
잘 어울립니다.
내부에 대량의
물을 채워서 흐르는
폭포를 만드세요.

계단식 정원

원예에 관한 일이라면 지루해서도, 평탄해서도 안 됩니다. 이 정원은 다층 구조로 이루어져 있기 때문에 고지대에 작은 정원을 만들어서 좋아하는 꽃을 기르거나, 원한다면 모든 층에 밀을 심을 수도 있습니다. 마음대로 만들어 보세요!

추천 블록

불우렁쉥이

주황색
콘크리트

이끼 블록

노란색 초

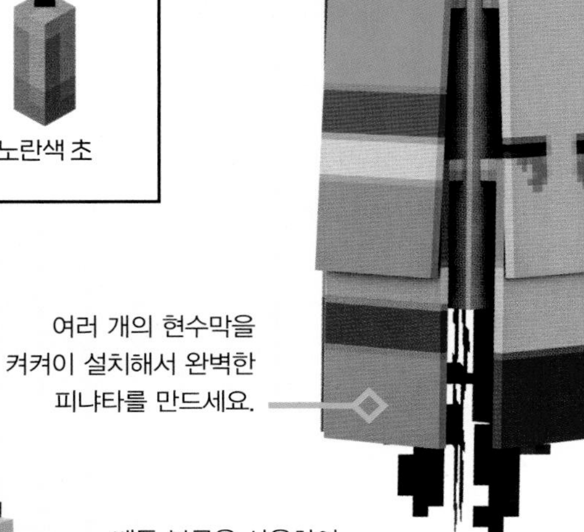

여러 개의 현수막을
켜켜이 설치해서 완벽한
피냐타를 만드세요.

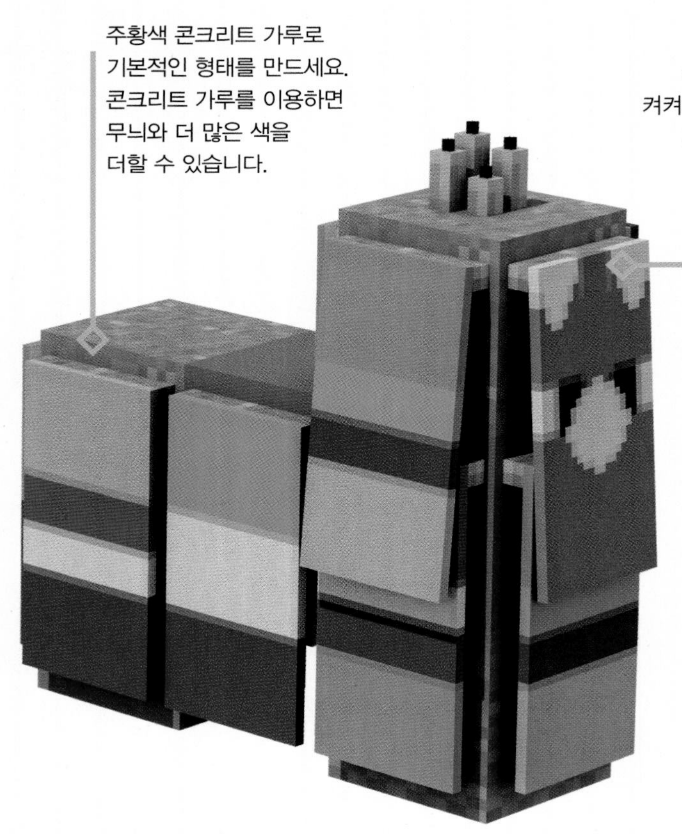

주황색 콘크리트 가루로
기본적인 형태를 만드세요.
콘크리트 가루를 이용하면
무늬와 더 많은 색을
더할 수 있습니다.

베틀 블록을 사용하여
피냐타의 얼굴이 될
현수막을 디자인하세요.
행복한 표정? 찡그린
표정? 무엇이든
좋습니다.

늘어진 덩굴을 장식용 끈으로
활용하세요. 날마다 사탕을 달라고
조른다면 누구라도 이 덩굴처럼
축 늘어질 테니까요!

피냐타

평소에 직접 만든 건축물에 친구들이 와서 막대기로 때리면 무척 기분이 나쁘겠죠. 하지만 친구들이 때리고 있는 게 다채로운 멕시코 전통 인형 피냐타라면 자연스러운 일이에요. 때리라고 있는 게 피냐타니까요!

자홍색 유광 테라코타를
사용하여 댄스 매트의 화살표를
만드세요. 멋진 춤이네요!

댄스 매트

추천 블록

짙은 참나무
다락문

가문비나무
판자

벌통

윤나는 섬록암
반 블록

당구대

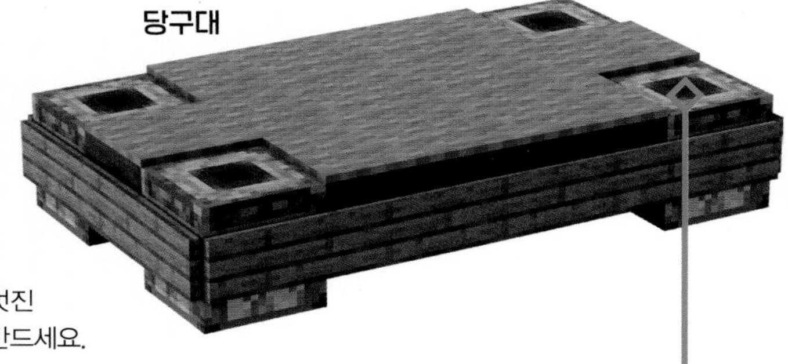

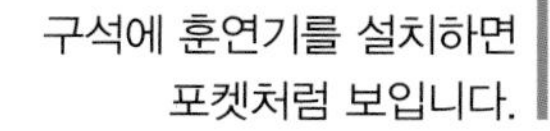
구석에 훈연기를 설치하면
포켓처럼 보입니다.

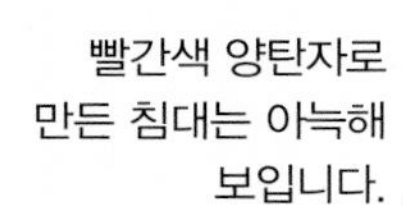
빨간색 양탄자로
만든 침대는 아늑해
보입니다.

돌 버튼을
추가해서 멋진
마우스를 만드세요.

아케이드 게임기

검은색 현수막을 설치하고
빨간색 콘크리트 블록으로
현수막 절반을 가려서
화면을 만드세요.

오락실

아직도 버려진 동굴에서 마인크래프트를 플레이하고 있나요? 더 쾌적한 장소에서 게임을 하세요! 이 오락실에는 게이머에게 필요한 모든 것이 있습니다. 대형 화면, 댄스 매트, 아케이드 게임기, 심지어 당구대도 갖추고 있어요!

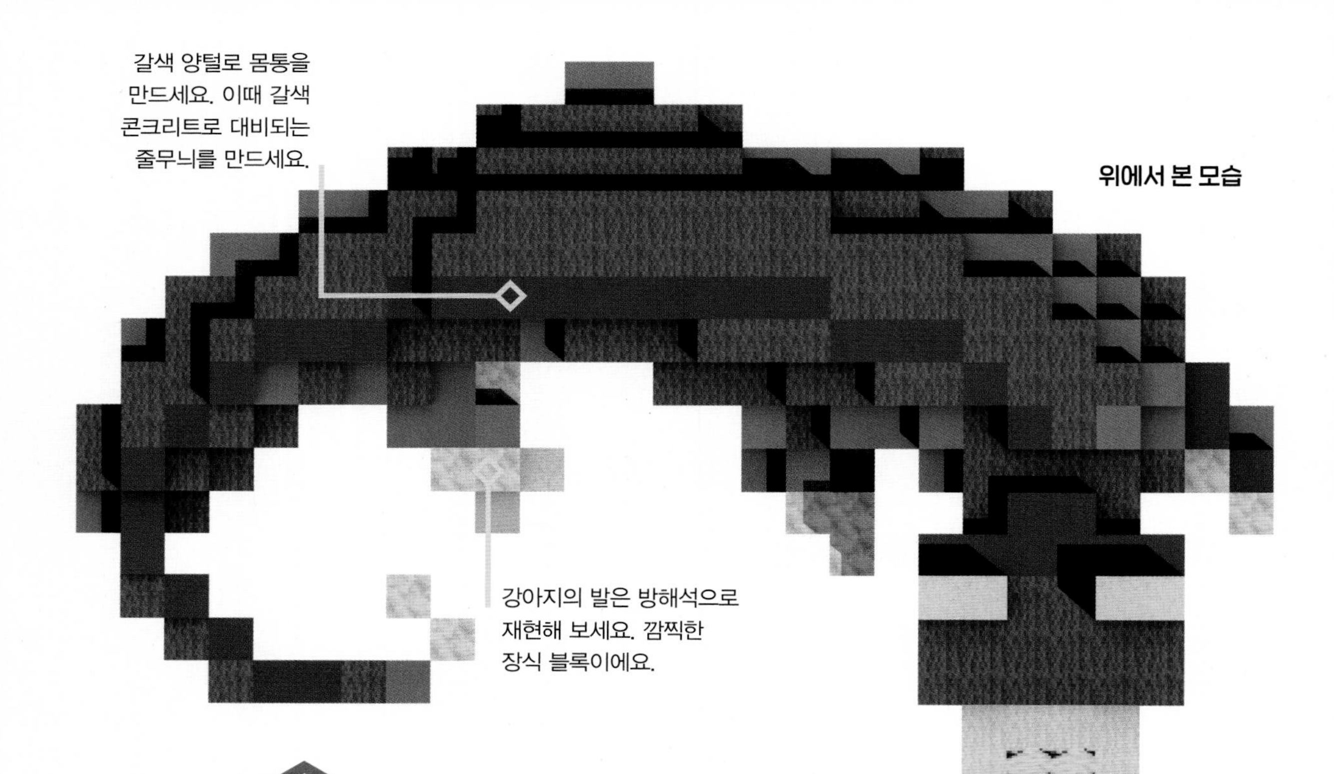

한 걸음 더

주황색 양털을 활용해서 나른한 개를 낮잠 중인 여우로 변신시켜 보세요. 이외에도 어떤 동물을 만들어 볼 수 있을까요? 코를 고는 뱀? 졸고 있는 일각고래? 꿈을 꾸고 있는 쇠똥구리?

잠든 개

파김치가 된 강아지는 한숨 자야겠죠. 분명 하루 종일 귀여운 짓을 하느라 지쳤을 테니까요. 그런 강아지를 위한 침대를 만들어 보세요. 강아지가 편안하게 자는 모습에 질투하는 다른 몹들을 조심해야 해요.

뒷면

추천 블록

초록색
콘크리트

초록색 양털

초록색
콘크리트 가루

둥글고 더욱 현실적으로 생긴 수박이 되도록 삐뚤빼뚤하게 줄무늬를 만드세요.

맛있는 부분에는 빨간색 양털과 빨간색 콘크리트 가루를 사용하세요.

검은색 콘크리트로 수박씨를 표현하세요.

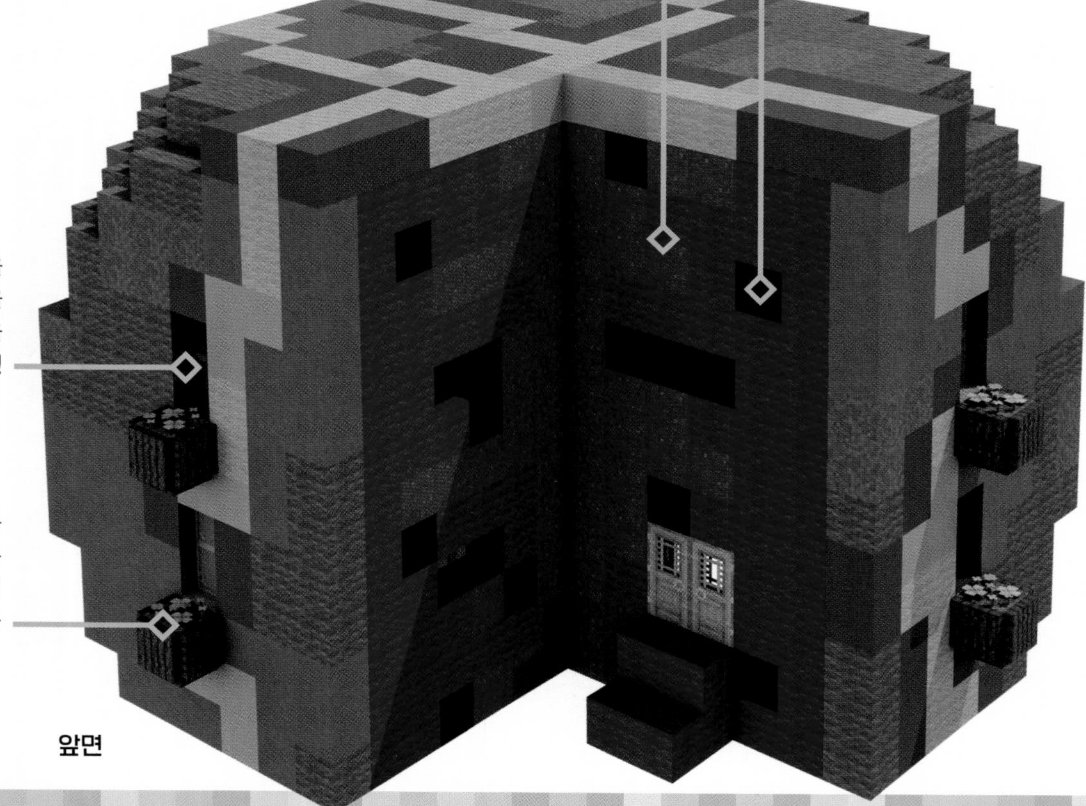

가느다란 줄을 깎아내서 창을 내세요. 채광을 할 수 있게요!

잔디 블록 1개를 가문비나무 다락문 4개로 둘러싸서 꽃바구니를 만드세요.

앞면

수박 집

그야말로 신선한 집에서 살고 싶다면 옹글고 커다란 초대형 수박을 만들어 보세요. 세련된 줄무늬와 눈에 띄는 씨앗은 당장이라도 한 입 베어 물고 싶게 생겼어요. 세상에 이런 수박이 있다니!

침대 4개를 연결해서 캐노피를 만드세요. 건축하다가 잠들고 싶은 기분이 든다면 잘 만든 거예요!

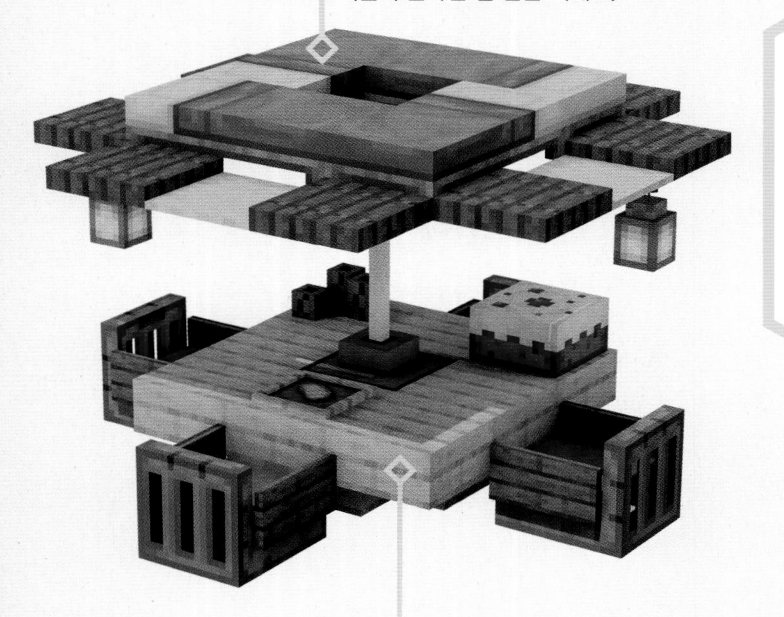

먼저 벚나무로 테이블을 만들고, 의자를 추가하세요.

한 걸음 더

직접 마음에 드는 외딴섬을 찾고, 파라솔과 일광욕 의자를 추가해서 자신만의 해변 리조트를 만들어 보세요. 그런 다음 친구들을 불러 모아 해변에서 잊지 못할 파티를 열어 보세요!

맹그로브나무 계단을 사용하여 일광욕 의자의 머리 부분을 만들고 주위에 표지판과 다락문을 설치하세요.

해변 파라솔

마인크래프트의 동굴에서 너무 오래 지내다 보면 해가 어떻게 생겼는지 잊어버리기도 합니다. 최고의 일광욕장에서 소소한 여름휴가를 즐기며 여유를 느껴 보세요.

자작나무 울타리로
예쁜 격자식 지붕을
만들어 보세요.

우물 양동이는 사슬 끝에 가마솥을 걸어 만들 수 있습니다. 되게 기발하지 않나요?

여러 종류의 사암을
사용하여 디테일이
있는 돌을 만드세요.

사암 담장으로 기둥을
만들어서 우물에 무늬를
추가하세요.

바꿔 보세요

정글나무 울타리

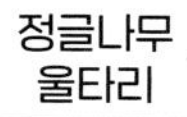

벽돌 담장

벽돌 계단

정글나무 버튼

아름다운 우물

세상에나! 이렇게나 아기자기한 장소가 마인크래프트 세계에 또 있을까요? 마인크래프트에는 이미 수많은 우물들이 존재하지만, 이만큼 고급스러운 우물은 없을 거예요. 이제 물 긷기도 세련되게 해 보세요.

사슬에 바다 랜턴을 매달고 색유리로 둘러싸서 조명 기구를 만드세요.

엔드 막대기를 램프스탠드로 활용해 보세요. 아름다운 하얀빛이 납니다.

한 걸음 더

조명을 어둡게 만들면 아늑하고 친근한 분위기를 조성할 수 있습니다. 그래도 더 밝은 게 좋으면 식탁에 초를 더 추가하세요. 그래도 어둡게 느껴진다면 붙박이장을 창문으로 교체해 보세요.

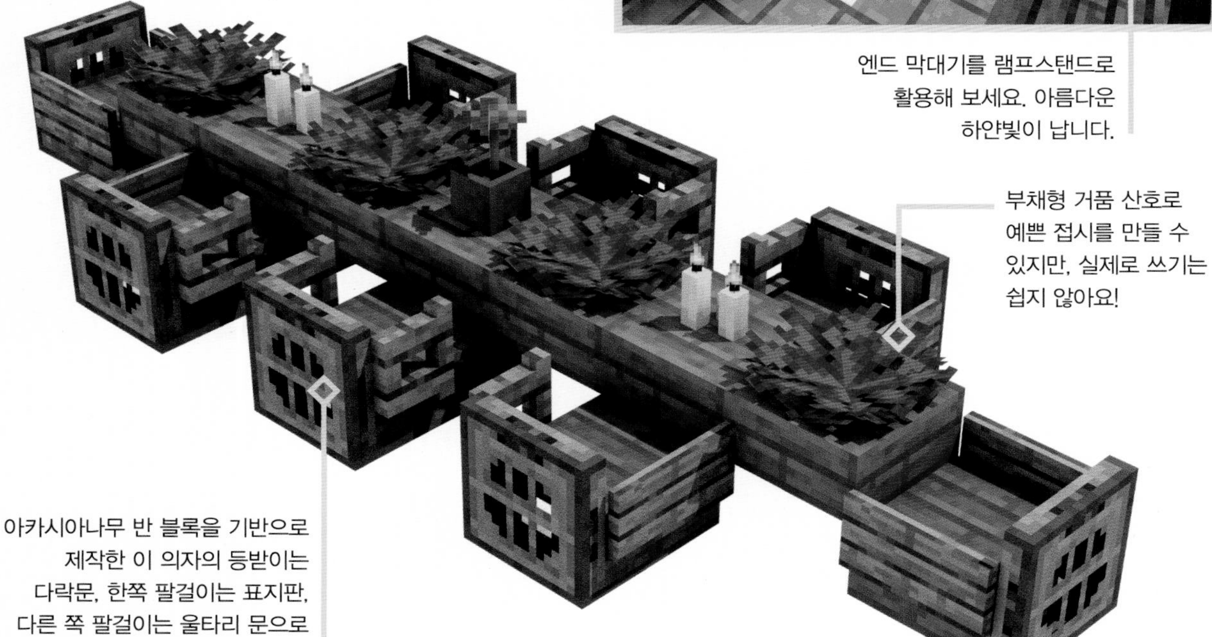

부채형 거품 산호로 예쁜 접시를 만들 수 있지만, 실제로 쓰기는 쉽지 않아요!

아카시아나무 반 블록을 기반으로 제작한 이 의자의 등받이는 다락문, 한쪽 팔걸이는 표지판, 다른 쪽 팔걸이는 울타리 문으로 만들었습니다. 편안해 보이죠?

식당

마인크래프트에서 저녁 식사를 주최할 계획인가요? 친구들과 신나게 식사를 할 수 있게 인테리어를 해서 잊지 못할 밤을 만들어 보세요. 하지만 건축에 너무 많은 시간을 쏟아붓지는 마세요. 배고픈 손님들이 기다리고 있어요!

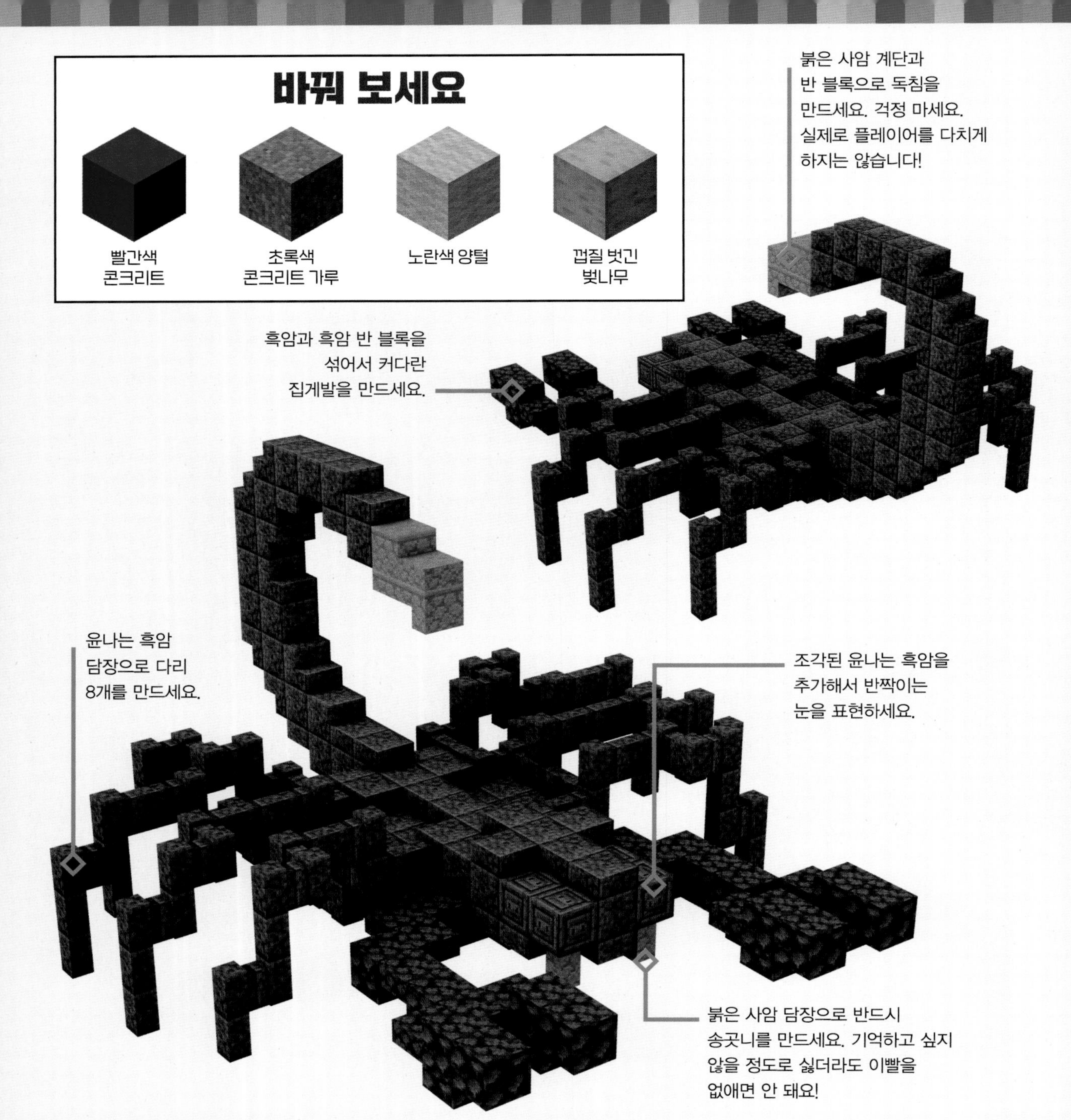
바꿔 보세요
빨간색
콘크리트
초록색
콘크리트 가루
노란색 양털
껍질 벗긴
벚나무
붉은 사암 계단과
반 블록으로 독침을
만드세요. 걱정 마세요.
실제로 플레이어를 다치게
하지는 않습니다!
흑암과 흑암 반 블록을
섞어서 커다란
집게발을 만드세요.
윤나는 흑암
담장으로 다리
8개를 만드세요.
조각된 윤나는 흑암을
추가해서 반짝이는
눈을 표현하세요.
붉은 사암 담장으로 반드시
송곳니를 만드세요. 기억하고 싶지
않을 정도로 싫더라도 이빨을
없애면 안 돼요!

전갈

마인크래프트에는 전갈이 없습니다. 절지동물을 무서워한다면 다행이라고 여길 수도 있겠지만, 두려움에 맞서기 위해 징그러운 생명체를 만들어 보는 것은 어떨까요? 그래도 독침에 쏘이지 않게 조심하세요!

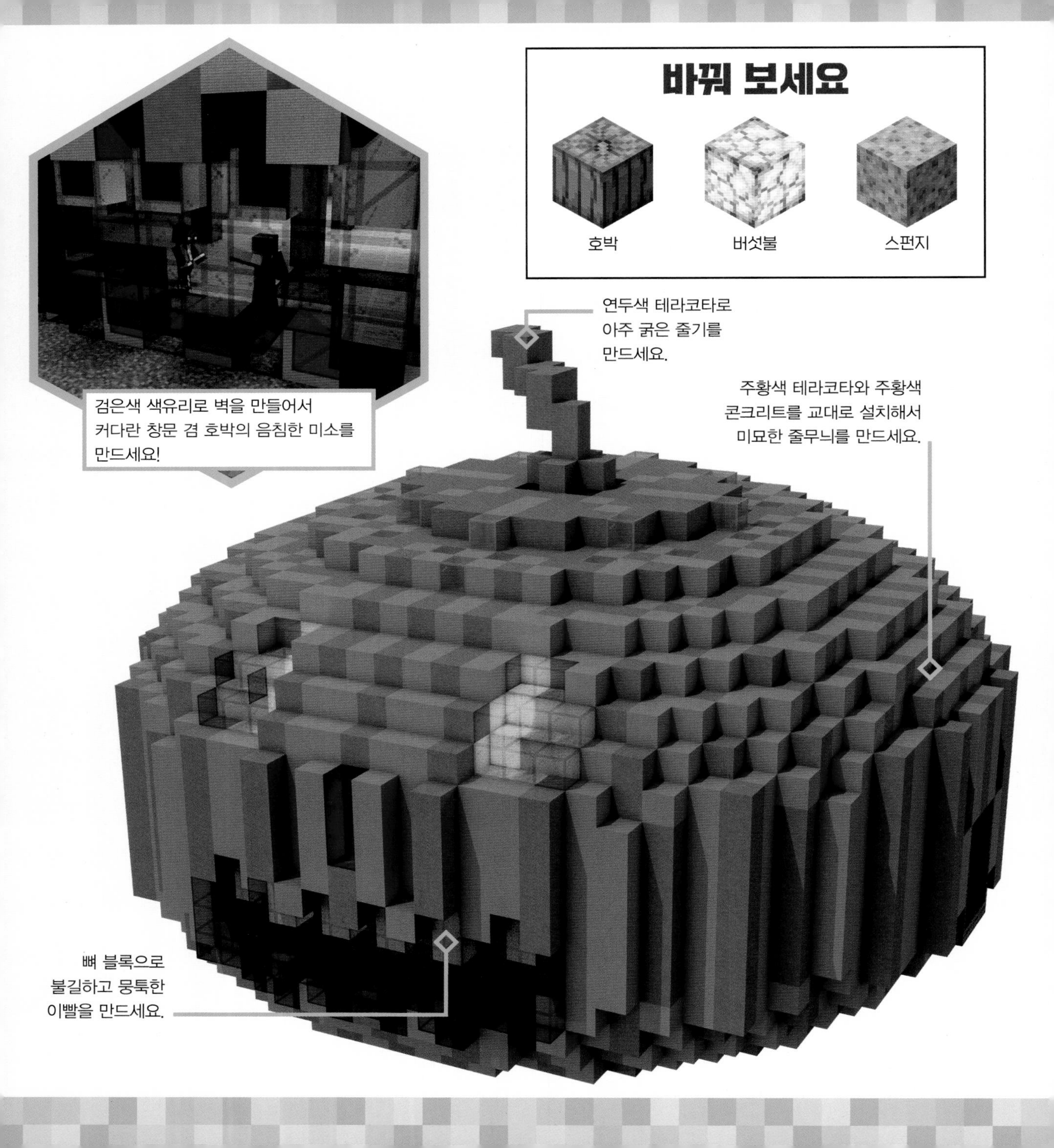
바꿔 보세요
호박
버섯불
스펀지
연두색 테라코타로
아주 굵은 줄기를
만드세요.
주황색 테라코타와 주황색
콘크리트를 교대로 설치해서
미묘한 줄무늬를 만드세요.
검은색 색유리로 벽을 만들어서
커다란 창문 겸 호박의 음침한 미소를
만드세요!
뼈 블록으로
불길하고 뭉툭한
이빨을 만드세요.

호박 집

핼러윈을 좋아한다면 으스스한 호박 집으로 이사할 때가 된 모양이네요. 이 집에서는 불청객에게 시달릴 일이 없을 거예요. 그 누구도 이렇게 오싹한 집에 방문할 용기가 없을 테니까요!

바꿔 보세요

벚나무 잎

초록색 유광 테라코타

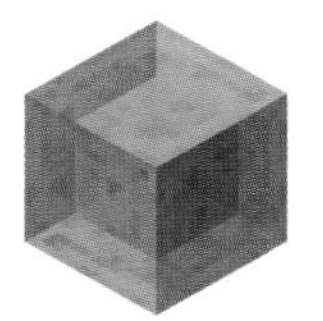

슬라임 블록

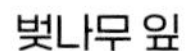

건축 팁

건축하기 전, 물길의 폭이 건너고 싶을 만큼 큰지 확인하는 것이 좋습니다. 물길의 폭이 20블록을 초과하는 경우, 아주 기이이이이이다란 다리를 지어야 해요!

자작나무와 맹그로브나무 반 블록을 섞어서 지붕을 만들어 보세요. 대비되는 두 색이 잘 어울릴 거예요.

다리에서 추락하거나 드라운드와 맞닥뜨리지 않도록 진홍빛 울타리를 설치하세요!

껍질 벗긴 참나무 원목과 껍질 벗긴 정글나무로 기둥을 만들면 자연 친화적인 분위기를 조성할 수 있습니다.

130

다리 정원

깜찍한 다리를 지어서 물 위로 마법 같은 산책을 즐겨 보세요. 나뭇잎과 진달래로 장식하고 형형색색의 꽃을 심어 놓으면 어떤 정원이나 연못과도 잘 어울리는 다리가 될 거예요.

장식용으로 서가에 양조기 하나를 설치하세요.

빈 책장처럼 보이도록 조각된 책장만 모아 놓은 구역을 만드세요.

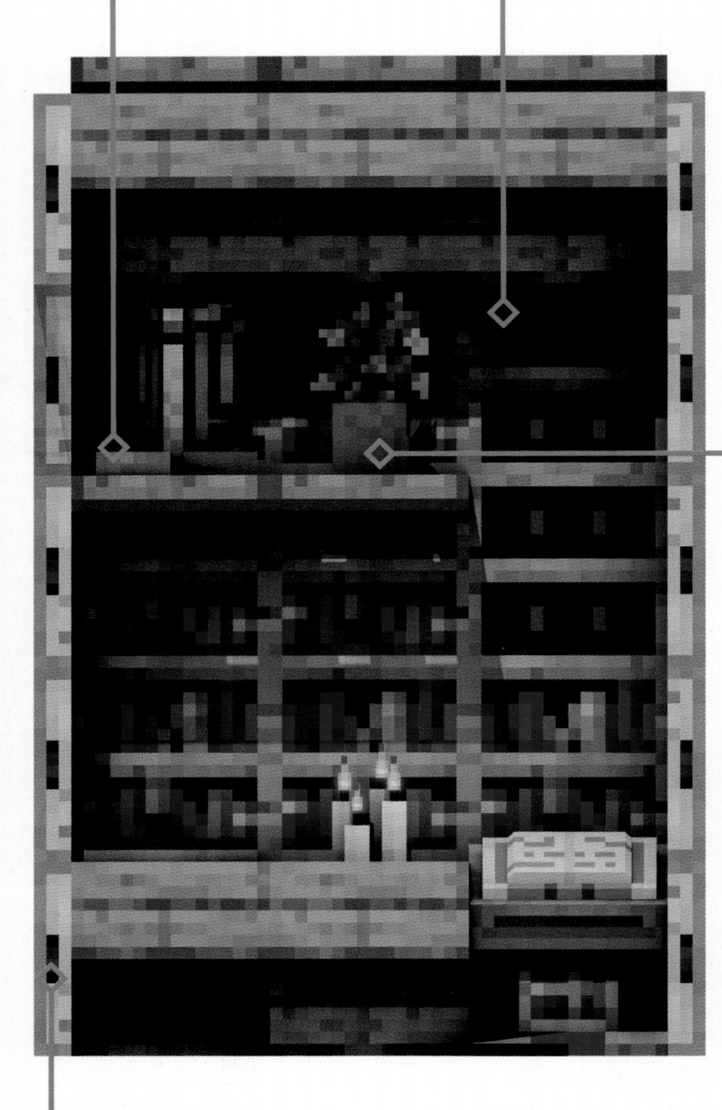

참나무 묘목 등 식물을 추가해서 독서 공간을 더욱 아늑하게 만드세요.

자작나무 다락문으로 벽감을 만드세요.

한 걸음 더

책을 읽다가 잠에 들고 싶다면 서가의 층수를 늘려서 서가를 벙커 침대로 만들어 보세요. 이것만으로는 독서에 대한 갈망을 채울 수 없다면, 이 책의 18번 건축물로 넘어가서 온전한 도서관을 만들어 보세요!

독서대를 이용하면 서가를 벗어나지 않고도 책을 읽을 수 있어요!

침실 서가

자존심 강한 책벌레에게는 침실에도 커다란 서가가 필요합니다. 마인크래프트에서는 한 블록에 촛불들을 모아서 책을 읽을 수도 있습니다. 그야말로 색다른 장식 요소가 따로 없죠!

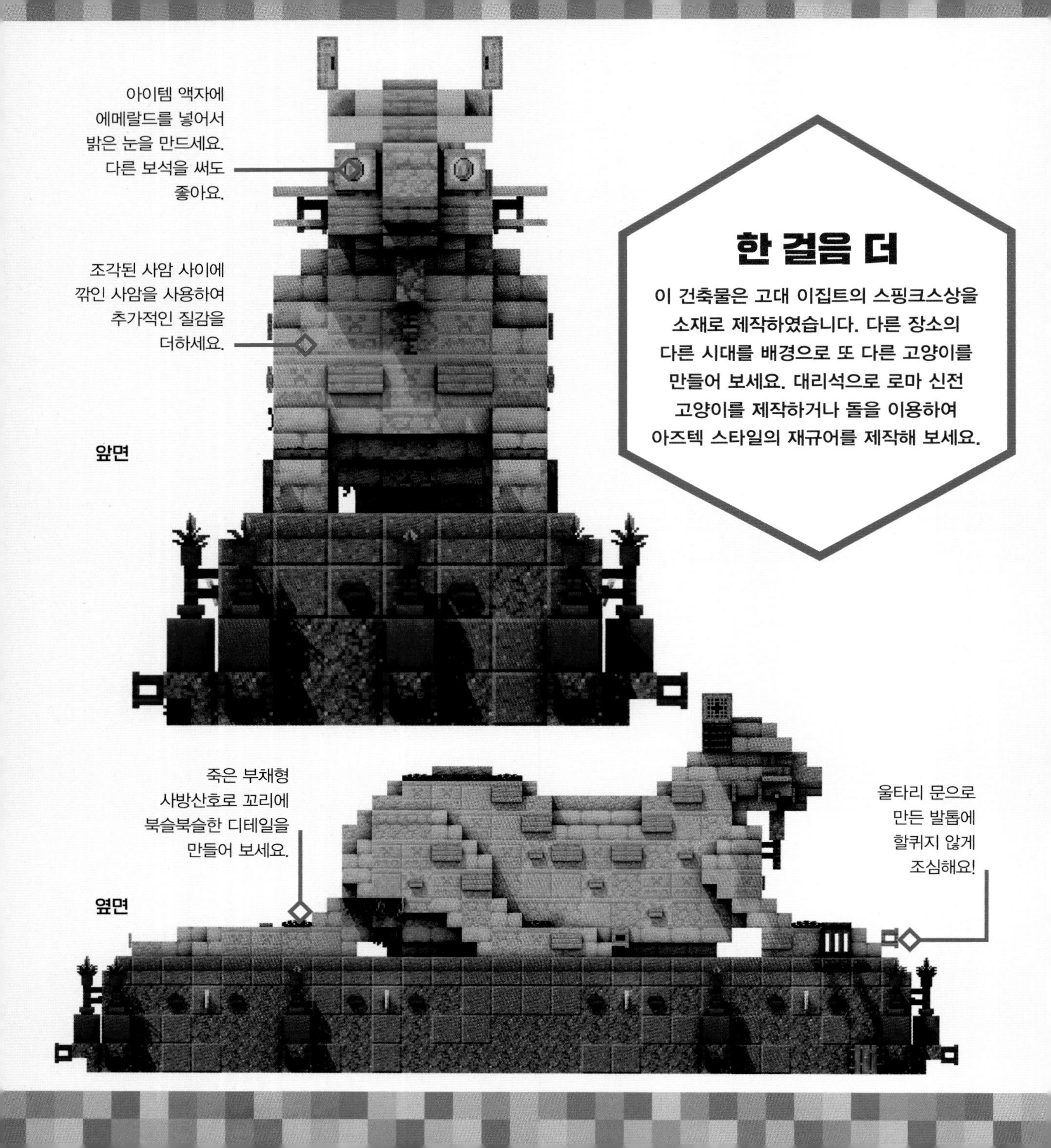

한 걸음 더

이 건축물은 고대 이집트의 스핑크스상을 소재로 제작하였습니다. 다른 장소의 다른 시대를 배경으로 또 다른 고양이를 만들어 보세요. 대리석으로 로마 신전 고양이를 제작하거나 돌을 이용하여 아즈텍 스타일의 재규어를 제작해 보세요.

이집트 고양이 석상

마침내 익히지 않은 대구를 끊임없이 달라고 조르지 않으면서 가만히 앉아 있는 고양이가 나타났어요! 매서운 에메랄드빛 눈과 무시무시한 발톱을 가진 이 이집트식 조각상은 하나의 기념비적인 고양이예요. 그야말로 기분을 고양시키는 고양이죠!

추천 블록

엔드 석재
벽돌 계단

대나무
다락문

철 다락문

조각된 석영 블록의 무늬는 회로처럼 생겨서 로봇 건축물에 활용하면 좋습니다.

뒷면

노란색 테라코타 옆에 윤나는 흑암 반 블록을 놓으세요. 호박벌이 기계로 변신이라도 한 걸까요?

발광 아이템 액자를 꼭 설치하세요. 동력원을 표현할 수 있습니다.

회색 현수막을 켜켜이 설치하고, 현수막 사이에 사슬을 추가해서 서로 연결된 것처럼 보이게 만드세요.

앞면

강력한 기계

멋있는데, 사악하고, 강력한 이 기계는 절대로 만만한 상대가 아닙니다. 벌써 오버월드를 짓밟을 준비를 한 것 같아 보이거든요! 위협적인 기계 군단을 만들어서 무시무시한 로봇 침공을 펼쳐 보세요.

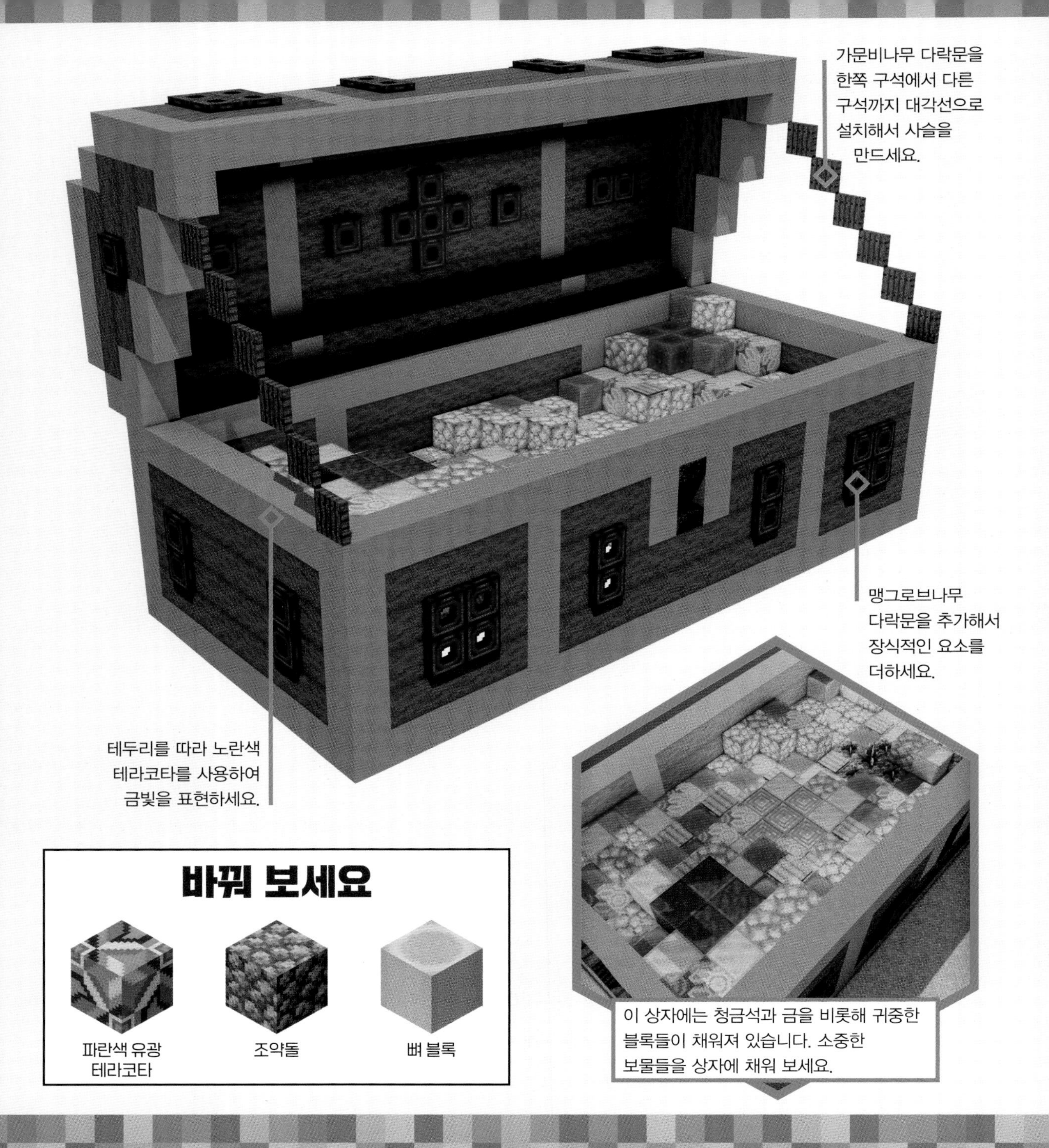
가문비나무 다락문을 한쪽 구석에서 다른 구석까지 대각선으로 설치해서 사슬을 만드세요.
맹그로브나무 다락문을 추가해서 장식적인 요소를 더하세요.
테두리를 따라 노란색 테라코타를 사용하여 금빛을 표현하세요.
바꿔 보세요
파란색 유광 테라코타
조약돌
뼈 블록
이 상자에는 청금석과 금을 비롯해 귀중한 블록들이 채워져 있습니다. 소중한 보물들을 상자에 채워 보세요.

보물 상자

마인크래프트에서 발견한 보물들을 다 어디에 보관하고 있나요? 크리퍼로 가득한 큰 구덩이에 보관하고 있나요? 무슨 일이 있어도 그러지는 마세요. 대신에 엄청난 크기의 이 상자를 만들어 보세요. 소중한 전리품을 이제는 멋있게 보관해 봅시다.

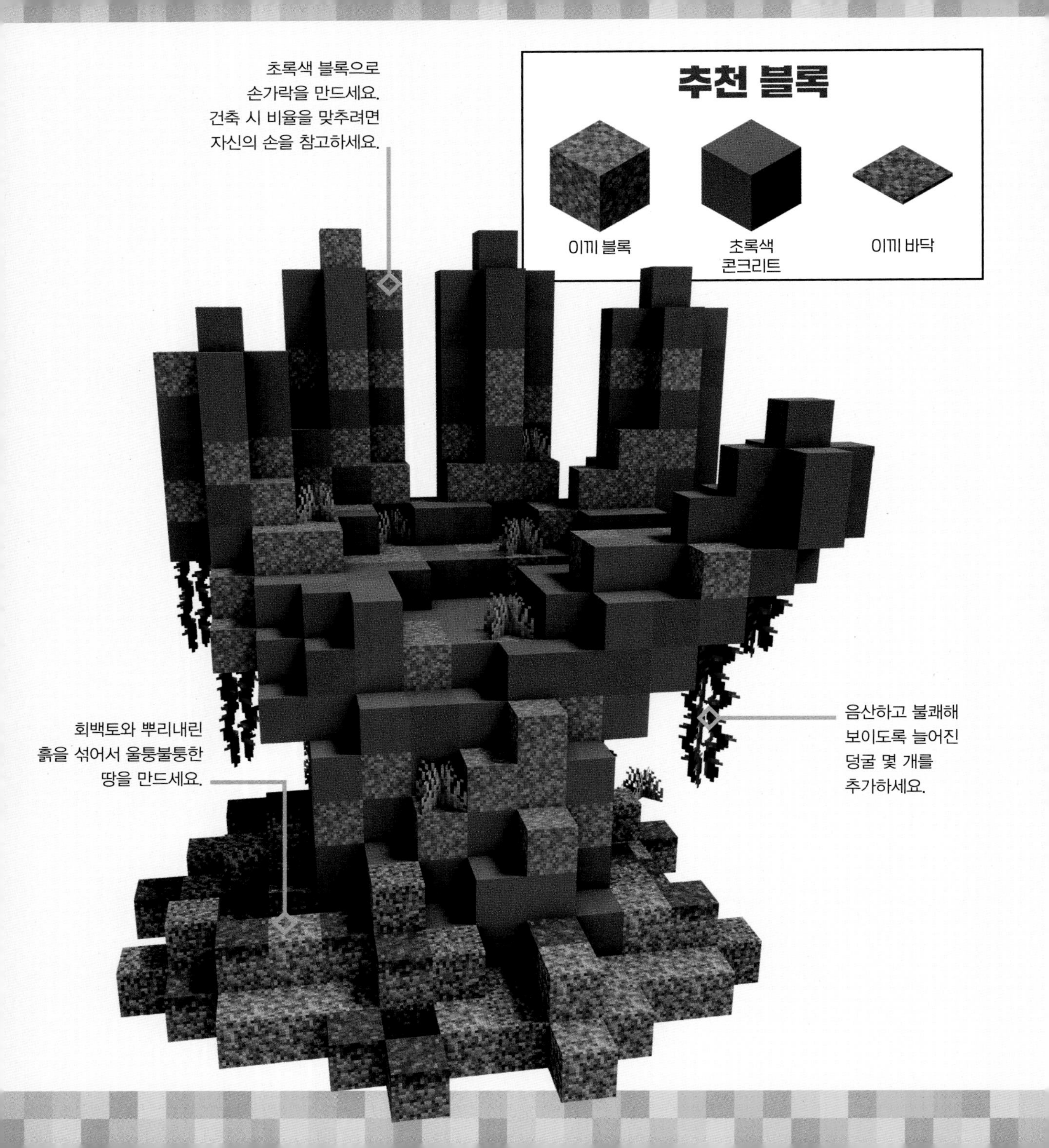
초록색 블록으로
손가락을 만드세요.
건축 시 비율을 맞추려면
자신의 손을 참고하세요.
추천 블록
이끼 블록
초록색
콘크리트
이끼 바닥
회백토와 뿌리내린
흙을 섞어서 울퉁불퉁한
땅을 만드세요.
음산하고 불쾌해
보이도록 늘어진
덩굴 몇 개를
추가하세요.

좀비 손

갑자기 땅을 뚫고 나온 듯, 소름 끼치고 거대한 좀비 손을 만들어서 친구들을 놀라게 하세요. 비명이 그치고 나면 다들 이 손과 거대한 하이파이브를 하러 올 거예요!

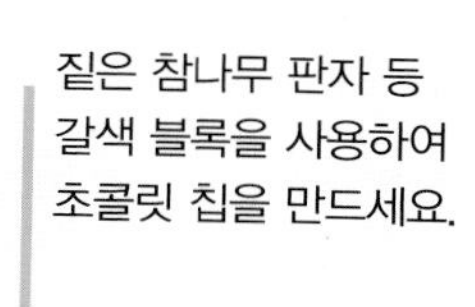

짙은 참나무 판자 등
갈색 블록을 사용하여
초콜릿 칩을 만드세요.

건축 팁

먼저 아카시아나무 하나만 가지고서
쿠키를 만드세요. 원하는 형태와 크기로
쿠키를 만들었으면 아카시아나무
일부를 다른 갈색 블록으로 교체해서
맛있는 간식을 완성하세요.

갈색 색유리로 차를 만들어
보세요. 컵의 내용물을
투명하게 볼 수 있습니다.

쿠키 한쪽 면에 검은색
테라코타를 한 줄로 설치해서
차에 찍어 먹은 것처럼 만드세요!

프리즈머린 벽돌
반 블록으로 화려한
식기를 만들 수 있습니다.

차와 쿠키

차 한 잔과 쿠키 하나만으로는 허기를 달랠 수 없어요. 물론 그 한 잔이 엄청 많고 그 쿠키가 거대하다면 얘기가 달라지죠! 이번 건축물은 식욕을 돋우기만 하는 게 아니라 엄청나게 거대한 크기를 자랑합니다.

추천 블록

매끄러운 붉은
사암 계단

아카시아나무
계단

가문비나무
판자

가문비나무
다락문

잔디와 이끼 낀 조약돌
계단을 지붕에
설치해서 매우 오래된
외양을 표현하세요.

금방이라도 무너질
듯한 느낌을 주기 위해
거미줄을 추가하세요.

갑옷 거치대피뢰침을
설치해서 꼬챙이에
가마솥을 끼운 것처럼
만드세요.

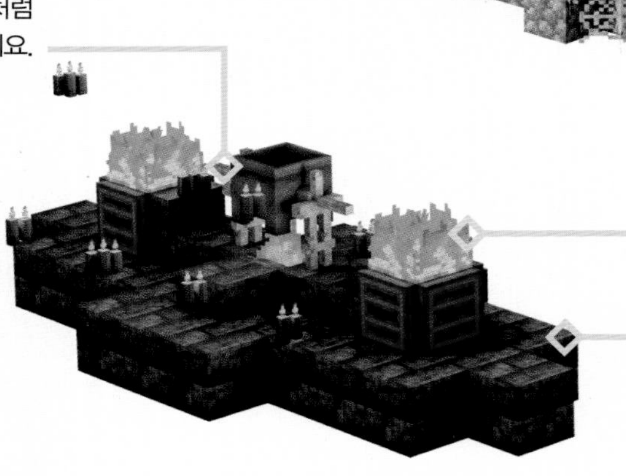

영혼 모닥불은 일반
모닥불보다 더 으스스한
분위기를 풍깁니다.

윤나는 흑암 벽돌 위로
가마솥을 만드세요.

마녀의 집

마인크래프트 서버에 찾아온 사람들은 숲 속의 이질적인 오두막을 별로 보고 싶어 하지 않을 겁니다. 쓰러져가고 삐걱대고 거미줄로 뒤덮여 있으니까요. 덕분에 강렬한 물약과 수상한 스튜는 마음껏 만들 수 있겠어요!

추천 블록

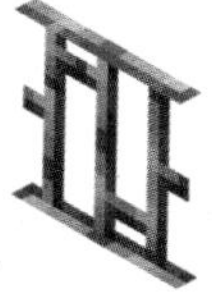

철창

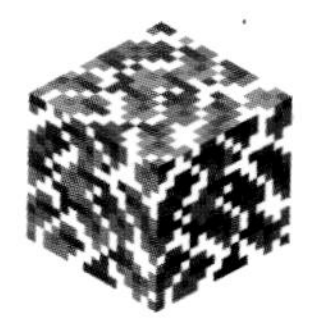

참나무 잎

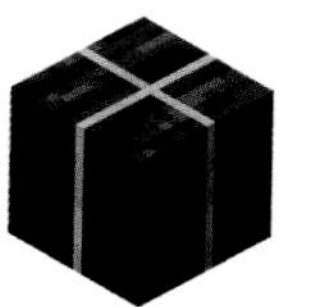

말린 켈프 블록

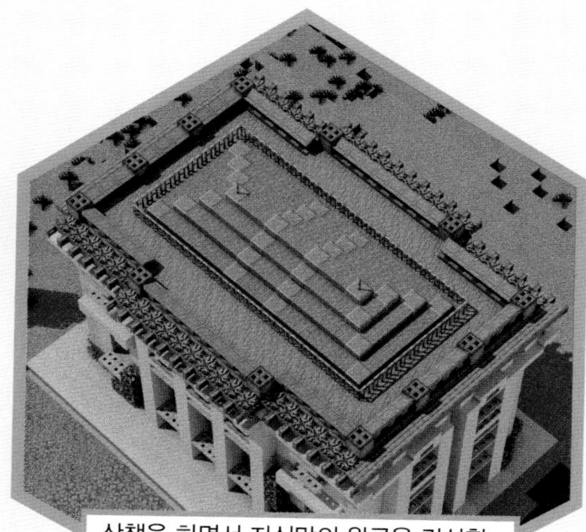

산책을 하면서 자신만의 왕국을 감상할 수 있도록 지붕을 따라 평평한 돌 길을 남겨 두세요.

장식적인 요소를 추가하기 위해서 자작나무 다락문을 꼭 설치하세요.

석영 기둥에 석영 계단을 설치해서 우아한 형태를 만드세요.

집이 커 보이는 효과를 만들기 위해 창문 주위에 철 다락문을 설치하세요.

돌 반 블록, 윤나는 안산암, 기타 유사한 색상의 블록들을 활용하세요.

대저택

장엄한 마인크래프트 집으로 친구들을 놀라게 하고 싶나요? 늪지대의 오래된 동굴로는 그럴 수 없겠지만, 소매를 걷어붙이고 이런 대저택을 짓는다면 할 수 있습니다. 분명 모두가 깜짝 놀랄 거예요!

위에는 빨간색 색유리,
아래에는 검은색 색유리를
사용하여 하트 모양의
프레임을 만드세요.

하트 프레임에 빈틈이
없는지 확인한 후
용암을 추가하세요.

하트 밑에 석영으로
수영장을 제작하세요.
만일 용암이
흘러나오더라도
수영장에 있는 물이
막아 줄 거예요!

139

용암이 흐르는 하트

용암으로 하트를 만들고 싶을 정도로 열정적이신가요? 이번 건축물은 뜨거워서 위험할 수도 있지만, 당신의 마인크래프트 서버에서 핫 플레이스로 자리 잡을 거예요. 마음이 가는 대로 마음을 담은 건축물을 만들어 봅시다.

정원에 대나무를 추가하면 마천루도 더 높일 수 있습니다.

아카시아나무 다락문과 모닥불을 사용하여 깜찍한 차양을 만드세요(방수는 안 되지만요).

심층암 조약돌 담장과 심층암 벽돌이 노트 블록을 받치고 있는 기둥을 만드세요.

엔드 막대기와 피뢰침, 사슬로 기둥들을 연결하세요. 이제 안전합니다!

추천 블록

호박

벽돌

윤나는 심층암

윤나는 화강암 계단

지붕의 한쪽 모서리를 부수고 새로운 층을 만드세요. 아늑하게요!

옥상 정원

대부분의 지붕에는 고인 빗물이나 새똥 같이 지루한 것들만 있습니다. 이런 지붕에 만족하지 마세요! 아름다운 식물들을 예쁘게 수놓은 정원을 제작해서 옥상에 오르는 일을 특별한 순간으로 만들어 보세요.

바꿔 보세요

주황색 양털

주황색 콘크리트 가루

주황색 테라코타

문을 눈에 잘 띄지 않게 만드세요. 사람들이 이 건물을 누군가의 비밀 북극 기지가 아니라 여우 조각상인 줄 알게 해야 하니까요!

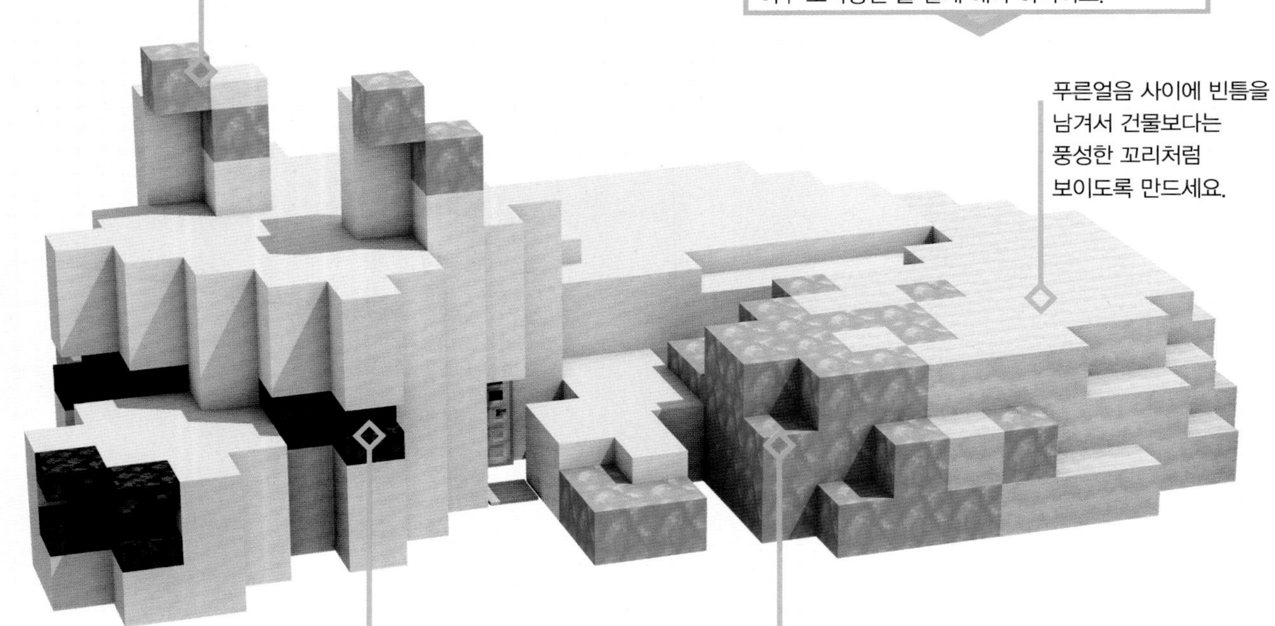

잘 안 들리나요? 이 귀는 푸른얼음 블록으로 만들었어요.

푸른얼음 사이에 빈틈을 남겨서 건물보다는 풍성한 꼬리처럼 보이도록 만드세요.

흑암 계단으로 감긴 눈을 표현해서 집이 자고 있는 것처럼 만드세요. 정말 귀엽네요!

버섯 자루 블록으로 약간 어두운 꼬리를 만드세요.

북극여우 기지

세상에서 가장 귀여운 건축물을 봤다고 생각한 순간, 사랑스럽게 자고 있는 여우 모양의 집이 나타났어요! 귀여운 집 안으로 얼른 들어와 보세요. 마인크래프트에서 제일 추운 생물 군계에서 몸을 녹이기에 더할 나위 없는 곳이에요.

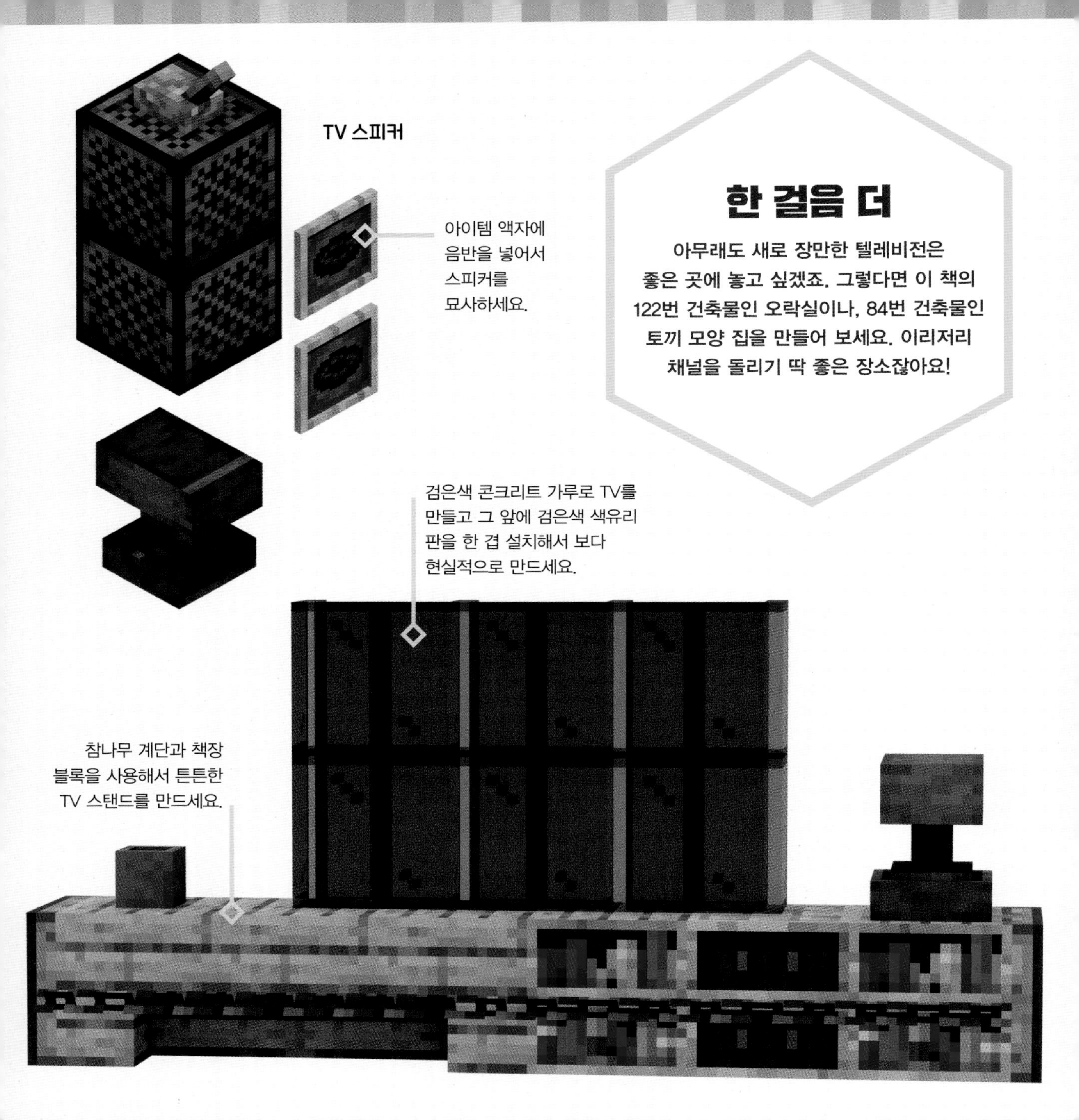

한 걸음 더

아무래도 새로 장만한 텔레비전은
좋은 곳에 놓고 싶겠죠. 그렇다면 이 책의
122번 건축물인 오락실이나, 84번 건축물인
토끼 모양 집을 만들어 보세요. 이리저리
채널을 돌리기 딱 좋은 장소잖아요!

142

텔레비전

텔레비전 앞에 앉아 하루를 낭비하지 마세요. 더 생산적인 활동을 해 보는 것은 어떨까요? 예를 들면 마인크래프트에서 대형 TV를 만든다던지요! 이 TV에는 재미없는 프로그램이 없어요. 야호!

붉은 네더 벽돌 블록과 계단으로 소름 끼치는 거미의 오싹한 눈을 만드세요.

한 걸음 더

입구에 거미줄을 추가해서 건축물을 더 무섭게 만들어 보세요. 그런 다음 거미를 십여 마리 생성해서 마무리하세요. 이렇게 하면 어느 날부터 친구가 서버에 안 보여도 이상한 일이 아닐 거예요!

심층암과 매끄러운 현무암을 사용하여 거미의 몸통과 징그럽게 털이 난 다리를 만드세요.

갈색 콘크리트 가루와 거친 흙으로 길을 제작해서 모험가들을 입구로 유인하세요.

동굴이 생물 군계의 자연 지물인 것처럼 보이도록 근처에 나무를 많이 심으세요.

건축 팁

시간을 절약하고 수고를 덜려면 마인크래프트에서 자연적으로 생성된 산에 동굴을 만드세요. 먼저 동굴을 파내고, 동굴의 위협적인 거미 모양 입구를 만들기 시작하세요.

143

거미 굴

크리퍼로 가득 찬 욕조, 엔더맨이 바글거리는 미로, 워든이 있는 식당…
어떤 장소든 거미 모양의 무시무시한 동굴보다는 좋은 장소일 겁니다.
공포스러운 건축물을 지어 볼 각오가 되었나요?

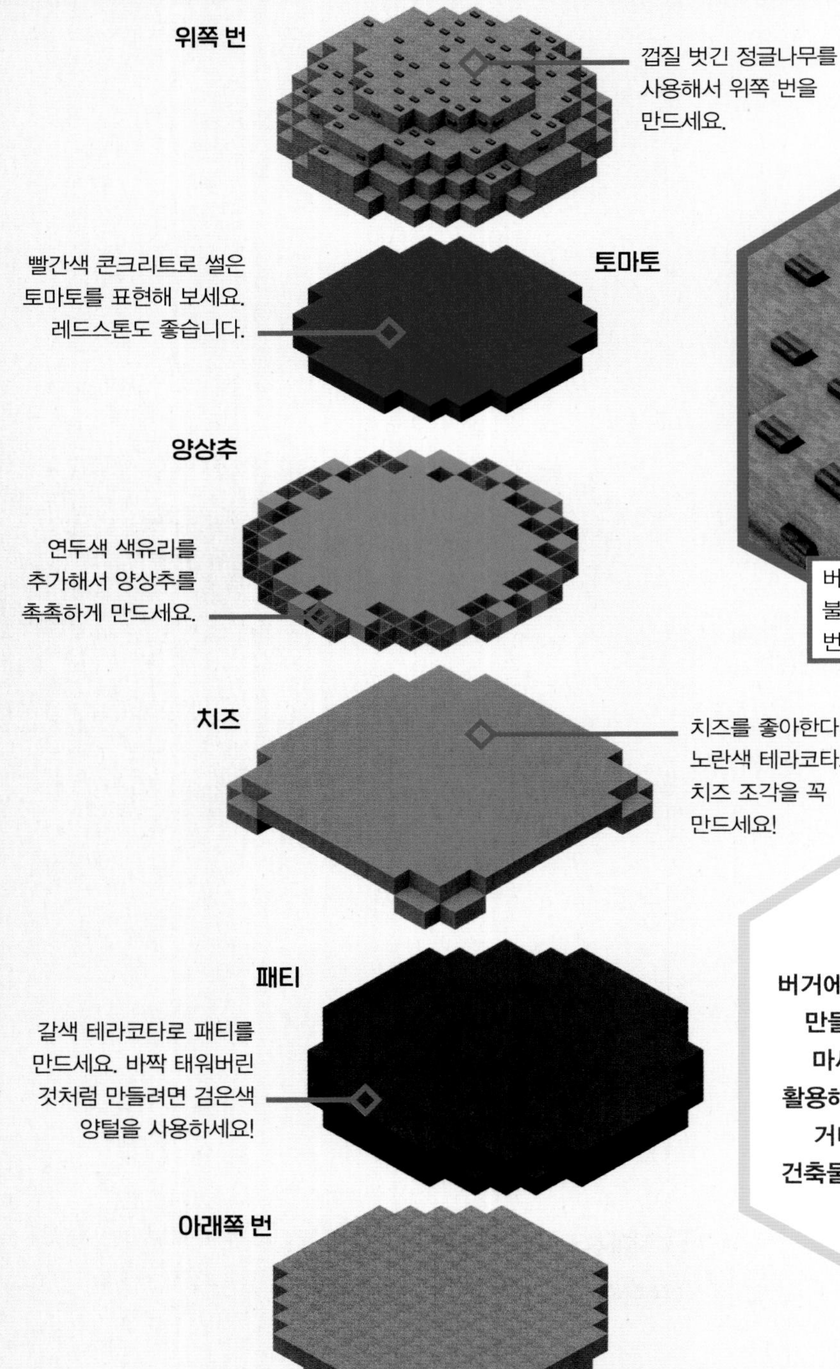

버거 윗면에 가문비나무 버튼을
불규칙적으로 이곳저곳에 설치해서
번에 참깨를 표현하세요.

한 걸음 더

버거에 재료를 더 추가해서 든든한 한 끼를 만들어 보세요. 그리고 거기서 멈추지 마세요. 이 책에 나와 있는 소재들을 활용해서 자신만의 식사를 만들어 보세요! 거대 감자튀김을 만들고 싶다면 6번 건축물을, 탄산음료를 만들고 싶다면 78번 건축물을 참고하세요.

144

커다란 버거

이 책을 읽고 있는 소 여러분, 두려워하지 마세요. 이 혁신적인 버거는 100% 블록으로 만들어져 채식주의자도 먹을 수 있거든요! 게다가 패스트푸드는 마인크래프트에서도 빠르게 만들 수 있습니다. 맛있게 드세요!

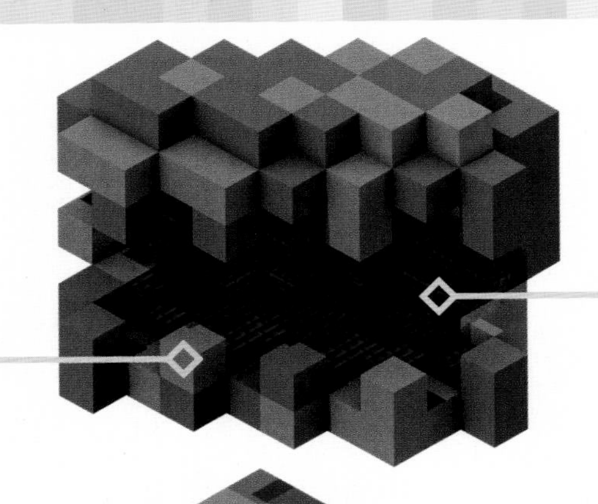

파리지옥이 닫힐 경우,
서로 맞물리도록
일종의 이빨을
배열하세요.
무시무시하네요!

붉은 네더 벽돌 계단으로
입을 채워서 흉포하고
배고픈 모습을 만드세요.

잎에는 주로 연두색
테라코타를 사용하고,
식물의 나머지 부분에는
초록색 테라코타를 더 많이
사용하세요.

바꿔 보세요

초록색 유광
테라코타

크리퍼 머리

초록색
셜커 상자

초록색
콘크리트 가루

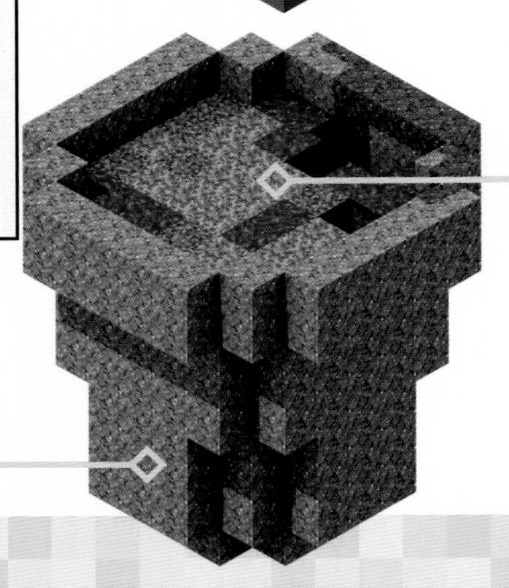

화분에는 흙과
거친 흙을 채우세요.

대량의 화강암을 사용하여
화분을 만드세요.

파리지옥

마인크래프트를 탐험하다가 식물을 짓밟으셨나요? 그 식물들이 플레이어를 잡아먹는다면 어떻게 될까요? 이 아이디어를 소재로 포악한 파리지옥을 만들어 보세요. 하지만 조심하세요. 마인크래프트에는 파리가 없는데, 저 파리지옥은 배고파하는 모양이니까요...

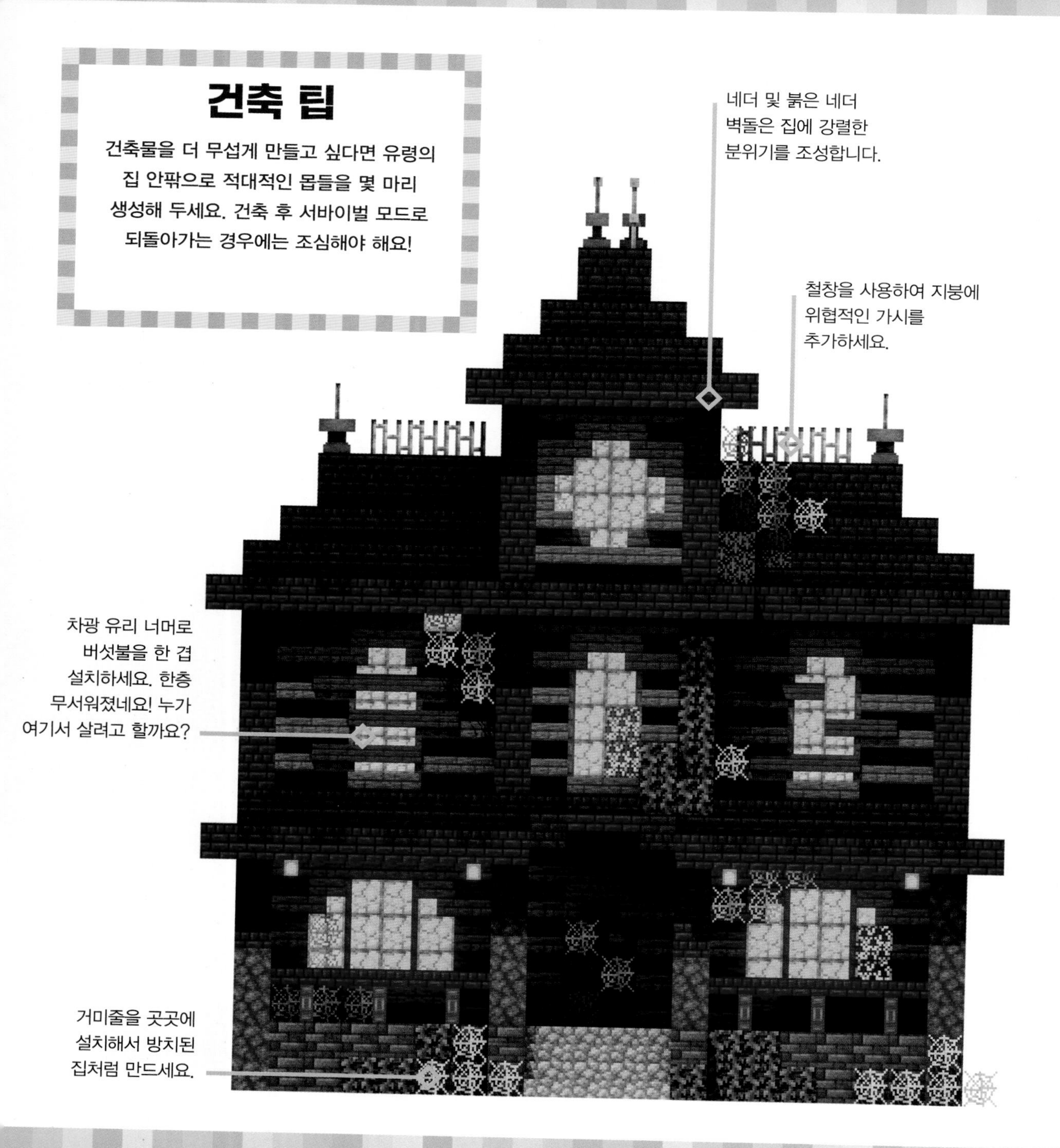
건축 팁
건축물을 더 무섭게 만들고 싶다면 유령의 집 안팎으로 적대적인 몹들을 몇 마리 생성해 두세요. 건축 후 서바이벌 모드로 되돌아가는 경우에는 조심해야 해요!
네더 및 붉은 네더 벽돌은 집에 강렬한 분위기를 조성합니다.
철창을 사용하여 지붕에 위협적인 가시를 추가하세요.
차광 유리 너머로 버섯불을 한 겹 설치하세요. 한층 무서워졌네요! 누가 여기서 살려고 할까요?
거미줄을 곳곳에 설치해서 방치된 집처럼 만드세요.

유령의 집

오싹하게 거미줄로 뒤덮인 집을 제작하기 위해서는 용감한 건축가가 되어야 합니다. 버려진 듯 보이지만, 적대적인 몹들이 언제 갑자기 들어올지는 알 수 없습니다. 친구들을 불러서 담력 시험을 해 보세요!

바꿔 보세요

윤나는
섬록암

윤나는
심층암

윤나는
흑암

하얀색
테라코타

건축 팁

주변에 다른 방을 만들기 전에 벽난로를 제작하세요. 그래야 나중에 가서 방이 생각보다 크다는 것을 깨닫고 방을 부쉈다가 처음부터 다시 지어야 하는 고생을 안 할 수 있어요!

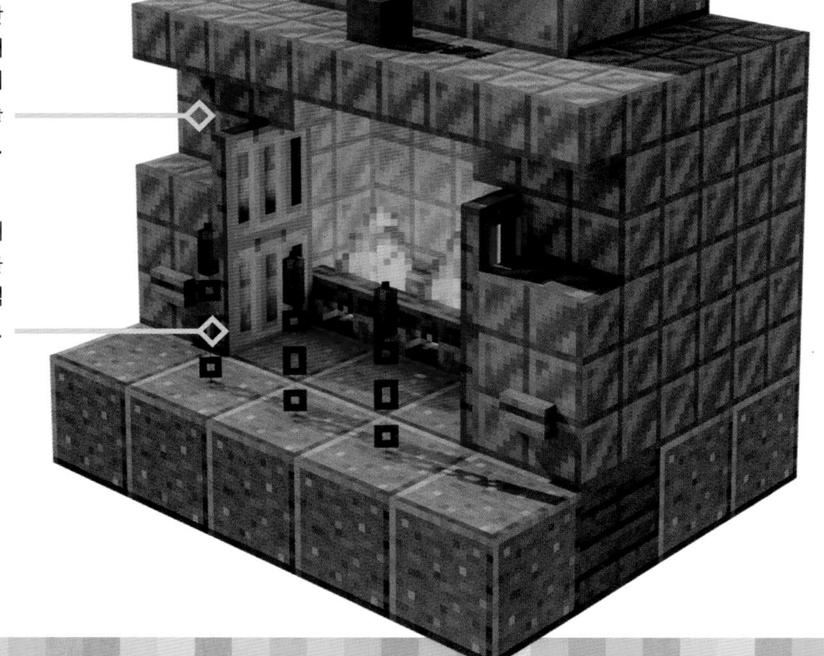

벽난로

혹시 추우신가요? 벌벌 떨면서 제작하지는 마세요! 이것처럼 고급스럽고 화려한 벽난로를 만들어서 건축물을 아늑하게 만드세요. 새로운 건축물을 구상하는 동안 따스하고 훈훈함을 느낄 수 있을 거예요.

호박 블록을 가지고서
지붕에 간단한 허수아비
하나를 제작하세요.

지붕에 밀 씨앗을 잔뜩 심으세요.
작물 재배를 하기에 적합한 곳은
아니지만, 보기에는 좋습니다.

버섯을 적극적으로
활용해서 장식하세요.

빨간색 줄무늬가 있는
하얀색 현수막은
무시룸을 닮았어요!

붉은 네더 벽돌 반 블록에
맹그로브나무 표지판을
설치해서 눈썹처럼 생긴
창턱을 만드세요.

헛간의 하얀색 부분에는
버섯 자루 블록을 주로
사용하세요.

무시룸 헛간

생기 넘치는 이 헛간은 희귀한 몹인 빨간색 무시룸에서 아이디어를 얻어 만들었어요. 헛간 안에는 방이 몇 개나 있냐고요? 그건 정하기 나름이에요. 헛간을 3층으로 지으면 이리저리 돌아다닐 수 있을 만큼 넓은 공간을 확보할 수 있겠죠!

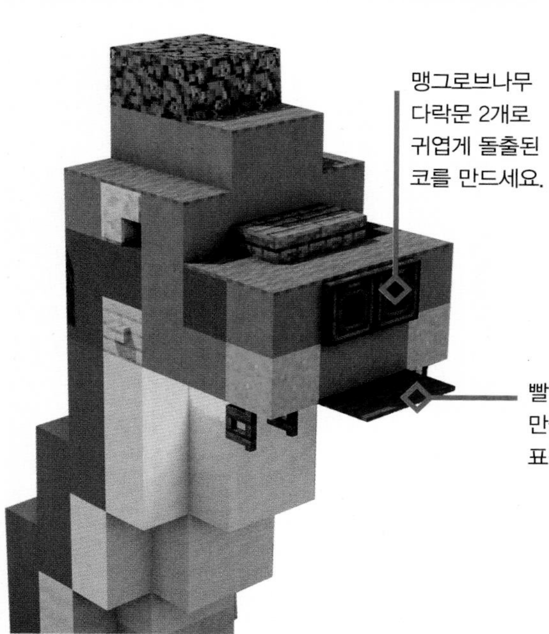

맹그로브나무
다락문 2개로
귀엽게 돌출된
코를 만드세요.

빨간색 양탄자로 혀를
만들어서 바보 같은
표정을 만드세요.

바꿔 보세요

청록색 양털

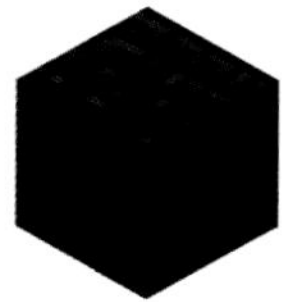

금 간 네더
벽돌

분홍색
콘크리트

여러 가지 잎을 적극적으로
활용하세요. 늪에서 몬스터가
자라나는 것처럼 보이게요!

윤나는 섬록암 계단
블록을 이용하면
동공처럼 보이는 틈을
만들 수 있습니다.

늪 괴물

소문에 따르면 어두운 늪 생물 군계에 무시무시한 몬스터가 숨어 있다고 합니다. 그 몬스터가 이 몬스터를 말하는 건 아니겠죠. 이 녀석은 확실히 귀여우니까요. 늪에 사는 몬스터들이 모두 귀엽다면 얼마나 좋을까요!

좋아하는 분홍색 블록들을
무작위로 섞어서 딸기맛
아이스크림을 한 스쿱 만드세요.

불을 끈 초는 딸기
소스병으로 활용할 수
있습니다!

한 걸음 더

**달콤한 간식을 만들 공간을
늘리고 싶다면 자동차를 더 길게 만드세요.
아니면 2층 버스로 만드는 것은 어때요?
1층에서는 아이스크림을 만들고
2층에서는 케이크와 쿠키를 굽는 거죠!**

점적석으로 만든 콘에
유광 테라코타를
사용하여 아이스크림을
만드세요.

뒤틀린 울타리 문으로
자동차의 사이드미러를
만드세요.

다양한 색상의
나무 버튼을
사용하여
장식하세요.

하얀색 색유리 판 밑에
한 칸은 비워 두세요.
이 공간을 통해
서빙하세요.